本课题受到2015年度国家社会科学基金重大项目"基于大型调查数据基础上中国城镇社区结构异质性及其基层治理研究"（项目批准号：15ZDB172）资助。

Guangzhou International Migration Report

广州外国人研究报告

主　编　梁玉成
副主编　黄柯劼

中国社会科学出版社

图书在版编目（CIP）数据

广州外国人研究报告/梁玉成主编. —北京：中国社会科学出版社，2019.8
ISBN 978-7-5203-3464-8

Ⅰ.①广… Ⅱ.①梁… Ⅲ.①外国人—生活状况—研究报告—广州 Ⅳ.①D669

中国版本图书馆 CIP 数据核字（2018）第 256977 号

出 版 人	赵剑英
责任编辑	侯苗苗
责任校对	周晓东
责任印制	王 超
出　　版	中国社会科学出版社
社　　址	北京鼓楼西大街甲 158 号
邮　　编	100720
网　　址	http：//www.csspw.cn
发 行 部	010-84083685
门 市 部	010-84029450
经　　销	新华书店及其他书店
印刷装订	北京市十月印刷有限公司
版　　次	2019 年 8 月第 1 版
印　　次	2019 年 8 月第 1 次印刷
开　　本	710×1000　1/16
印　　张	16
插　　页	2
字　　数	239 千字
定　　价	78.00 元

凡购买中国社会科学出版社图书，如有质量问题请与本社营销中心联系调换
电话：010-84083683
版权所有　侵权必究

编 者 按

2018年3月，国务院公布最新机构改革方案，其中一项是将公安部的出入境管理、边防检查职责整合，建立健全签证协调方案，组建国家移民管理局。目前，作为迅速发展的新兴经济体，中国正吸引着越来越多的外籍人士来此就业、学习、定居。组建国家移民局，改善我国在国际移民管理这一领域的机构设置、权责分配，推进相关立法进程，是具有划时代意义的改革，目的在于进一步吸纳国际人才，服务于国家建设。在我国，由于各地产业结构和经济活动存在极大差异，不同地方在国际移民数量、就业类型、融入程度、非法移民特征等方面均呈现出极大的多样性。当前移民体制改革的重中之重，在于筛选符合我国需要的国际人才并促进他们融入中国社会。针对不同地方展开有针对性的调查和对比研究，能够揭示外籍人口在华职业发展和融入的规律，具有极大的理论意义和现实意义。

从2014年开始，中山大学国家治理研究院国际移民研究团队在广州市公安局出入境办证大厅对前来进行停居留证件办理的外国人进行问卷调查。调查内容包括基本人口学信息、工作情况、在华融入等方面内容，基于这些信息的分析则揭示了来穗外国人在学历、职业类型、移民阶段、跨国行为特征、在华的经济与文化适应等方面的特征与规律。2017年，这一调查已进一步拓展到全国多个城市，持续搜集历时性数据。在中国不断吸引国际移民的历程中，这一调查将为研究在华外国人分布规律提供十分重要的数据。

以广东省为例，广东省作为全国境外人口第一大省，是中国改革开放的先行地区和长期以来的"世界工厂"，这里生产的商品吸引着来自世界各地的买家；同时，广东省也是海外华侨华人的主要来源地区。因此，在广州生活的外籍人口有自己独特的分布规律。在穗外国人以商贸人士为主，常住外国人中最大部分的则是各外企就业人员，其中又有相当比例的外籍华人。根据广州市公安局提供的数据，截至2018年6月25日，广州市实有在住外国人8.2万余人，位列前十的国家是韩国、日本、美国、印度、俄罗斯、加拿大、也门、马来西亚、印度尼西亚和澳大利亚。在穗常住外国人中，"三资"企业人员占24%，留学人员占18.7%，外籍教师和专家占4.7%，常驻代表占2.7%，各类家属占38.7%，其他人员占1.7%。

基于2016年的调查数据，本报告详细地介绍和分析了当年在穗外国人的人口、经济、社会交往、在华融入、社会服务和公共医疗使用等方面的基本状况，并对造成这种现状的结果做出初步分析。未来，本研究团队还将持续追踪在穗和在华其他城市外国人口的工作和生活状况，勾勒国际移民群体在中国这一新兴移民目的国的生活图景，揭示这一群体不同于其他成熟移民社会的生活规律。

目　　录

第一章　人口、经济、社会基本状况 ……………………………… 1
 一　人口构成及社会特征 ………………………………………… 2
  （一）性别、年龄结构 ………………………………………… 2
  （二）来源区域分布 …………………………………………… 2
  （三）文化素质与技能 ………………………………………… 5
 二　在穗外国人的工作状况 ……………………………………… 20
  （一）在业状况 ………………………………………………… 20
  （二）纵向对比 ………………………………………………… 27
 三　婚育状况 ……………………………………………………… 29
 四　观念态度 ……………………………………………………… 30
  （一）居留意愿 ………………………………………………… 31
  （二）未来信心 ………………………………………………… 32
 五　总结 …………………………………………………………… 34

第二章　融入与适应 ………………………………………………… 36
 一　移民社会融入研究 …………………………………………… 36
 二　融入与适应的指标建构 ……………………………………… 39
 三　融入与适应情况 ……………………………………………… 43
  （一）数据与样本介绍 ………………………………………… 43
  （二）在穗外国人融入与适应的总体情况 …………………… 45
  （三）在穗外国人融入与适应的个体差异 …………………… 46
  （四）不同职业群体的融入与适应 …………………………… 50

（五）来华时间与来华次数对外国人融入的影响 ········· 51
四　小结与讨论 ································· 52
第三章　来华基本过程分析 ··························· 54
　一　来华状况 ································· 54
　　　（一）来华次数分析 ························· 54
　　　（二）两地往返状况分析 ····················· 55
　　　（三）来华时间 ····························· 55
　　　（四）接近半数为短期居留，存在一定群体差异 ········· 56
　二　迁移动机 ································· 57
　　　（一）离开祖国的动机 ························· 58
　　　（二）来源国迁移原因分析 ····················· 59
　　　（三）迁移动机随时间变化分析 ················· 59
　三　来华目的 ································· 60
　　　（一）来华目的来源国差异分析 ················· 60
　　　（二）来华目的次数差异分析 ··················· 61
　四　签证类型 ································· 62
　　　（一）来源国签证差异分析 ····················· 62
　　　（二）来华次数签证差异分析 ··················· 63
　　　（三）签证类型随留华时间变化分析 ············· 64
　五　签证获得 ································· 65
　　　（一）来源国签证获得渠道差异分析 ············· 65
　　　（二）中介办理签证费用分析 ··················· 66
　六　接待状况 ································· 67
　　　（一）接待与社会关系分析 ····················· 67
　　　（二）来源国接待状况差异分析 ················· 68
　　　（三）职业差异与接待状况 ····················· 68
　七　社会资本累积及累积因果效用 ··············· 69
　　　（一）来华外籍人士社会资本 ··················· 69
　　　（二）社会网络的累积因果效应 ················· 73

目 录

第四章 生活状况 ································· 76

一 社会团体生活 ································· 76
 （一）业缘/地缘群体：商会/同乡聚会 ········· 76
 （二）志缘群体：宗教聚会 ··················· 78
 （三）趣缘群体：兴趣群体 ··················· 79
 （四）公益性团体：志愿者聚会 ··············· 80
 （五）小结 ································· 81

二 消费生活：日常花费 ··························· 82
 （一）总日常花费 ··························· 82
 （二）房租水电花费 ························· 84
 （三）吃饭食物花费 ························· 86
 （四）通信交通花费 ························· 87
 （五）人情往来娱乐花费 ····················· 88
 （六）小结 ································· 89

三 对族裔经济的依赖程度 ························· 90
 （一）餐厅/咖啡馆 ························· 90
 （二）物流 ································· 93
 （三）会计/金融 ··························· 95
 （四）日常用品 ····························· 97

四 与中国人交往意愿 ····························· 99

五 生活中与警察的关系 ··························· 102

六 来华前后收入满意度对比 ······················· 106

七 生活展望：未来信心 ··························· 108
 （一）个人在中国的未来收入信心 ············· 108
 （二）对中国未来的信心 ····················· 110
 （三）小结：对自己未来收入信心与对中国信心的
   关系 ································· 113

第五章 跨国性与跨国行为 ······················· 114

一 引言 ··· 114

二 移民跨国行为描述 ·· 116
（一）居留时间嵌入 ·· 116
（二）经济活动嵌入 ·· 124
（三）社会活动嵌入 ·· 131
三 结语 ·· 137

第六章 在穗外籍华人基本状况 ································ 139
一 基本情况总述 ·· 139
二 成长与迁移 ··· 141
（一）过去：出生成长在中国，跟随家人而离开 ········ 141
（二）现在：为工作或探亲而暂留中国，对中国最有好感 ·· 144
（三）未来：大部分离开中国，定居地看自然环境 ····· 144
三 教育 ·· 146
（一）教育地点 ·· 146
（二）教育水平 ·· 147
（三）代际教育 ·· 147
四 经济 ·· 149
（一）工作状况 ·· 149
（二）资产状况 ·· 151
（三）收入 ·· 153
（四）消费 ·· 156
（五）捐赠 ·· 157
五 阶层认同 ·· 158
（一）总体 ·· 158
（二）阶层流动 ·· 160
六 社会融入 ·· 162
（一）整体强，老年弱；发展中国家华人接纳度高 ····· 162
（二）宗教：信教比例高 ···································· 165
七 健康医疗 ·· 166

（一）健康认知 ………………………………………… 166
　　（二）医疗卫生 ………………………………………… 167

第七章　在穗外国人的社会工作服务 ………………………… 171
　一　背景 …………………………………………………… 171
　　（一）政府购买社会工作服务 ………………………… 171
　　（二）社会组织发挥作用 ……………………………… 172
　　（三）新家园社工的服务探索 ………………………… 173
　二　服务总览 ……………………………………………… 173
　　（一）专项项目 ………………………………………… 173
　　（二）家综项目 ………………………………………… 174
　三　服务人员及经费情况 ………………………………… 175
　　（一）服务人员情况 …………………………………… 175
　　（二）经费情况 ………………………………………… 176
　四　外国人需求分析与界定 ……………………………… 177
　　（一）外国人需求分析 ………………………………… 177
　　（二）外国人群体与需求界定 ………………………… 179
　五　服务内容情况 ………………………………………… 181
　　（一）市级专项服务 …………………………………… 181
　　（二）家庭综合服务中心项目 ………………………… 188
　　（三）小结 ……………………………………………… 190
　六　总结及建议 …………………………………………… 191
　　（一）服务影响 ………………………………………… 191
　　（二）服务限制及存在问题 …………………………… 193
　　（三）服务建议 ………………………………………… 195

第八章　医疗服务使用及评价状况 …………………………… 197
　一　前言 …………………………………………………… 197
　二　对象和方法 …………………………………………… 198
　　（一）调查对象与方法 ………………………………… 198

（二）调查内容与统计分析 …………………………………… 199
　三　结果 ……………………………………………………………… 200
　　（一）健康情况和对中国医疗卫生服务的评价 ……………… 200
　　（二）在中国有健康问题者对中国医疗服务的看法 ………… 201
　　（三）医疗服务评价的单因素分析 …………………………… 203
　　（四）医疗服务评价的多因素分析 …………………………… 206
　四　讨论与结论 ……………………………………………………… 207

第九章　来华高技术移民的社会融入机制探讨：基于国家流动、收入流动、文化涉入 ………………………………… 211
　一　研究背景 ………………………………………………………… 211
　二　理论回顾与研究假设 …………………………………………… 213
　三　初步探索与现实情况 …………………………………………… 218
　四　数据说明与操作化 ……………………………………………… 220
　五　实证分析结果与讨论 …………………………………………… 225
　　（一）国家流动假设的实证结果 ……………………………… 225
　　（二）收入流动假设的实证结果 ……………………………… 228
　　（三）文化涉入假设的实证结果 ……………………………… 229
　六　结论、不足与展望 ……………………………………………… 230

第十章　在穗外国人管理制度 ………………………………………… 232
　一　引言 ……………………………………………………………… 232
　二　各职能部门及其工作内容介绍 ………………………………… 234
　　（一）广州市公安出入境部门 ………………………………… 235
　　（二）市外国专家局 …………………………………………… 237
　　（三）市外事办公室 …………………………………………… 238
　　（四）市出入境边防检查总站 ………………………………… 239
　　（五）市人民政府侨务办公室 ………………………………… 240

参考文献 ………………………………………………………………… 242

第一章 人口、经济、社会基本状况

中国的发展和开放越来越吸引着国际移民，在穗外国人口也呈现多样化的增长趋势。据联合国统计数据显示①，2015年居住在我国境内的外籍人员约达97.8万人。根据2010年第六次全国人口普查，在华常住外国人口已超过50万人，其中以广东省为首，占三分之一。因此身在作为中国外向型经济前沿的广州，我们有必要了解在穗外国人的人口、经济、社会基本状况。

本章将从四个方面介绍在穗外国移民的基本状况：人口构成及社会特征、工作状况、婚育健康状况和观念态度。2016年在穗外国人调查（以下简称"此次调查"）收集了受访者的基本背景信息，包括国籍、年龄、性别、教育、语言技能、婚姻状况、子女数目、亲属在华情况、来华时间等；工作状况主要包括首次来华和此次来华的从业状态、月收入、工作时间、工作地点、工作单位等；婚育状况主要包括受访者的婚姻状况和家庭规模，特别是亲属在华情况；观念态度则包括了受访者对中国的环境、设施等方面的评价和移民意愿，以推测在穗外国移民中的潜在归化人口规模。并且，我们将以上情况分为发展中国家和发达国家两类进行对比，以明确其中的差异；同时，我们比较以上情况随着首次来华时间的变化，以观察其中的变化趋势。

---

① 摘自联合国经济与社会事务部2015年国际移民报告（International Migration Report 2015）：http://www.un.org/en/development/desa/population/migration/publications/migration-report/docs/MigrationReport2015_Highlights.pdf，2016年7月15日。

一 人口构成及社会特征

（一）性别、年龄结构

此次调查结果显示，在穗外国人以男性为主，其中，男性占74.76%，女性占25.24%，性别比为296.18。

此次调查的结果也显示，在穗外国人的平均年龄为32.74岁，其中男性和女性的平均年龄相差不大（分别为33.75岁和29.87岁），以青壮年（20—39岁）人口为主。其中20—29岁的青年人口占44.05%，30—39岁的壮年人口占30.39%（见表1-1）。以上说明，在穗外国人的人口结构以青壮年男性为主。

表1-1　　　　在穗外国人的性别、年龄构成　　　　单位:%

年龄组	男	女	合计	性别比
20岁以下	4.73	9.55	5.95	146.67
20—29岁	40.54	54.46	44.05	220.47
30—39岁	32.26	24.84	30.39	384.62
40—49岁	14.3	6.37	12.3	665.00
50—59岁	4.95	1.91	4.18	766.67
60岁及以上	3.23	2.87	3.14	333.33
合计	100	100	100	296.18
样本量	930	314	1244	

（二）来源区域分布

发展中国家和发达国家

最早的发展理论将国家根据国家工业化程度区分为两种类型：发展中国家和发达国家。这种类型划分也被广泛地应用于学术研究和调查报告，同时也是我们观察在穗外国人口差异的有力指标。在下面的

第一章 人口、经济、社会基本状况

描述分析中,我们也将加入发展中国家和发达国家这一维度的对比。

研究发现,在发达国家移民占总人口的比例大多超过10%,如美国为14.3%,加拿大为20.7%,英国为12.4%,德国为11.9%,澳大利亚为27.7%,新加坡为42.9%。但是,我国外籍人口的比例仍然较低。据联合国估计,2015年居住在我国境内的外籍人员共约97.8万人,占我国人口的0.07%①,远低于发达国家和地区的平均水平(10.8%),低于世界平均水平(3.2%),甚至低于发展中国家的平均水平(1.6%)和最不发达国家的平均水平(1.2%)。

此次调查的结果显示,在穗外国人中77.47%来自发展中国家,22.53%来自发达国家。其中来源国为发达国家的在穗外国人口性别比高于发展中国家(分别为288.62和327.69)。来自发达国家的在穗外国人的平均年龄为36.79岁,来自发展中国家的在穗外国人平均年龄为30.07岁。

从年龄结构来看(见表1-2),来自发展中国家的在穗外国人呈现出更年轻的人口结构,而来自发达国家的人口年龄结构则更为均衡。青年人口(20—29岁)比例最高,为48.95%;其次是30—39岁年龄组,发展中国家和发达国家的比例相当,分别为30.54%和30.22%;来自发达国家的在穗外国人中40—49岁年龄组比例是发展中国家的两倍多,分别为21.58%和9.62%;同样,来自发达国家50岁以上年龄组的比例均高于发展中国家。

从性别结构来看,来自发达国家的在穗外国人口性别比高于发展中国家,分别为327.69和288.62。在20—49岁的青壮年年龄组中,在穗外国人口性别比随年龄升高而上升,其中以发达国家上升更为显著;不同的是,50—59岁年龄组中,来自发达国家的在穗外国人口性别比继续上升,而来自发展中国家的在穗外国人口性别比则开始下降。

这样的人口结构可能说明,对于来自发展中国家的在穗外国人,来华是积累经济资本和人力资本的过程;而对于来自发达国家的在穗

---

① 中国2015年总人口数为1382323332人,来源于联合国相关数据。

广州外国人研究报告

外国人来说,他们在来源国已经完成了人力资本的积累,来华只是获取人力资本的回报。这样,在整体数据中才会呈现发展中国家的在穗外国人拥有更年轻的人口结构。更具体的分析我们将在第二章加以呈现。

表1-2　发展中国家、发达国家在穗外国人的性别、年龄构成　单位:%

年龄组	发展中国家				发达国家			
	男	女	合计	性别比	男	女	合计	性别比
20岁以下	4.93	11.38	6.59	125.00	3.76	3.08	3.60	400.00
20—29岁	46.34	56.50	48.95	236.69	22.07	47.69	28.06	151.61
30—39岁	32.82	23.98	30.54	394.92	30.52	29.23	30.22	342.11
40—49岁	11.13	5.28	9.62	607.69	24.88	10.77	21.58	757.14
50—59岁	2.25	1.22	1.99	533.33	14.08	4.62	11.87	1000.00
60岁及以上	2.54	1.63	2.30	450.00	4.69	4.62	4.68	333.33
合计	100	100	100	288.62	100	100.00	100	327.69
样本量	710	246	956	—	213	65	279	—

1. 大洲分布

根据联合国国际移民相关统计数据显示,全球超过一般的国际移民居住在以下十个国家,依次是:美国、俄罗斯、德国、沙特阿拉伯、阿拉伯联合酋长国、英国、法国、加拿大、澳大利亚和西班牙。根据《中国国际移民报告(2015)》,亚洲是国际移民的最大来源地。此次调查结果同样显示,在穗外国人中来自亚洲的比例将近一半,为45%;其次是非洲和欧洲,分别为28%和20%;南美洲、澳洲、北美洲、南极洲的比例较低。

2. 国籍分布

此次调查中的在穗外国人以来自印度、韩国、也门三国为最多,其他排名前十位的国家分别为俄罗斯、刚果、埃及、印度尼西亚、日本、美国、英国、尼日利亚。

第一章　人口、经济、社会基本状况

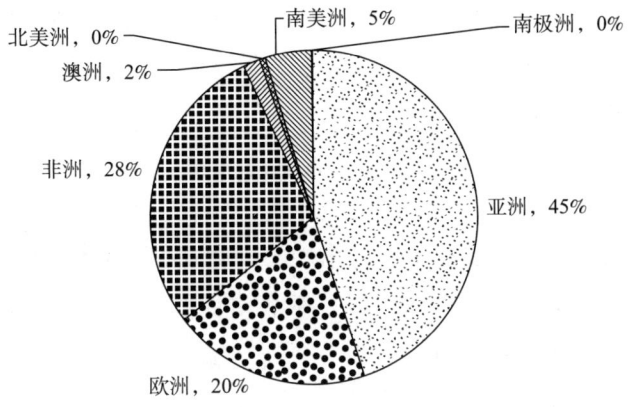

图1-1　在穗外国人的大洲分布

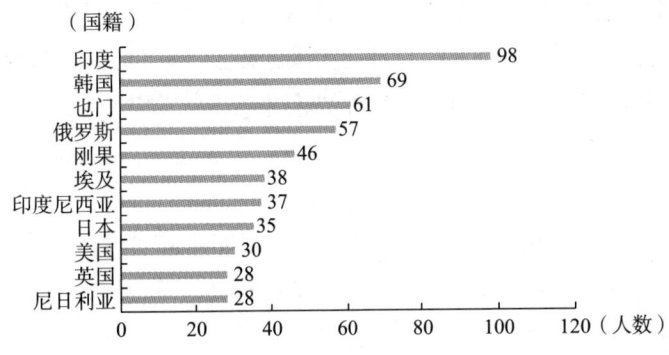

图1-2　在穗外国人的国籍分布

（三）文化素质与技能

"人力资本"这一概念由舒尔茨和贝克（Becker，1962；Schultz，1961）首次提出，认为劳动者技能对提高经济收益具有影响；后续研究同时证实，除了对个人有经济回报，人力资本积累对国家经济发展也有显著影响。这种影响在中国表现为平均教育水平的提高对中国经济成就和生产率提高做出很大贡献。移民具有的人力资本往往极大地推动了所在国的经济发展。20世纪90年代，移民对新加坡GDP增长的贡献率一度超过40%。在美国，移民已成为科技创新的重要力量，

5

其获得的创新专利量占据了总量的1/3。因此，分析在穗外国人的人力资本构成和不同人群的分布，对了解其人口特征和可能的经济、社会影响都有重要的作用。

此次调查我们搜集了被访者的最高受教育程度、外语能力等信息，作为衡量在穗外国人的人力资本的指标。受教育程度是衡量个体素质和社会地位的重要指标，外语能力则对人们的跨国迁移行为和结果有着重要影响。利用这些信息，本章对不同在穗外国人群体的人力资本构成和分布进行分析。

1. 受教育程度

在此次调查中，我们询问了受访者的最高受教育等级。考虑到各国学制不同可能导致受教育年限的计算出现误差，我们以分类变量的形式呈现教育水平的分布：1为"文盲/未上过小学"，2为"小学或以下"，3为"初中或以下"，4为"高中/中专或以下"，5为"大学或以上"。

2016年，在穗外国人的总体受教育程度较高（见表1-3），平均受教育年限为14.96年（为统一呈现，按照中国学制计算）。其中，80.98%的人接受过大学以上教育，其次有高中学历者和有初中学历者比例都很低，分别为13.7%和3.22%。

表1-3　　　　在穗外国人的受教育程度　　　　单位：%

	总计	性别		来源国家类型	
		男	女	发展中国家	发达国家
文盲	0.89	1.19	0	1.05	0.36
小学或以下	1.21	1.19	1.27	1.47	0.36
初中或以下	3.22	3.78	1.59	3.67	1.8
高中或以下	13.7	12.41	17.52	14.17	10.79
大学或以上	80.98	81.45	79.62	79.64	86.69
合计	100	100	100	100	100
样本量	1241	927	314	953	278

第一章　人口、经济、社会基本状况

续表

	年龄组					
	20 岁以下	20—29 岁	30—39 岁	40—49 岁	50—59 岁	60 岁及以上
文盲	1.35	1.28	0.8	0	0	1.35
小学或以下	0	1.28	1.33	1.96	0	0
初中或以下	13.51	2.01	1.6	5.88	5.77	13.51
高中或以下	45.95	11.7	11.7	11.11	7.69	45.95
大学或以上	39.19	83.73	84.57	81.05	86.54	39.19
合计	100	100	100	100	100	100
样本量	74	547	376	153	52	74

从性别特征来看，在穗外国人中男性受大学以上教育的比例（81.45%）略高于女性（79.62%）；女性的高中或以下教育水平比例（17.52%）则高于男性（12.41%）。从年龄特征来看，除了 20 岁以下和 60 岁以上年龄组，其他年龄组的在穗外国人均有八成以上具有大学或以上的教育程度。从来源区域差异来看，来自发达国家的在穗外国人受大学以上教育的比例（86.69%）高于来自发展中国家的比例（79.64%）。以上数据说明 2016 年在穗外国人中，相对地，更多的男性完成了高等教育，更多的女性完成了基础教育；处于劳动年龄范围内的在穗外国人口具有高人力资本的特征。

2. 外语技能

此次调查分别询问了受访者对中文、英语、法文、阿拉伯文等 9 种语言的熟练程度，在"流利""能应付日常生活""掌握很少""完全不懂"四个等级上进行自评。下文将主要对受访者的中文和英文掌握情况进行分析，理由如下：一是中文作为迁入国语言，对国际移民的经济收益和社会融入具有重要意义，而英文作为世界语言，适用范围广、使用频率高，能够作为衡量个体人力资本的指标；二是现阶段在穗外国人中掌握法文、日文或阿拉伯文作为第二语言的比例较低，进行细分研究的意义不大。

先来看对中文的掌握程度。此次调查结果显示（见表 1 - 4），在穗外国人的中文掌握程度为"流利"的比例和"能应付日常生活"的比例分别为13.59%和27.44%;表示中文熟练程度为"掌握很少"的比例最高,为40.36%,"完全不懂"中文的人口比例仅为18.61%。说明在穗外国人中的绝大部分是能够使用中文的。

表1-4　　　　在穗外国人的中文掌握程度　　　　单位:%

	总计	性别		来源国家类型	
		男	女	发展中国家	发达国家
完全不懂	18.61	16.15	25.84	18.61	18.12
掌握很少	40.36	42.78	33.22	40.13	40.94
能应付日常生活	27.44	26.28	30.87	27.58	27.9
流利	13.59	14.79	10.07	13.68	13.04
合计	100	100	100	100	100
样本量	1177	879	298	892	276

	年龄组					
	20岁以下	20—29岁	30—39岁	40—49岁	50—59岁	60岁及以上
完全不懂	9.86	15.71	19.26	23.61	35.29	27.78
掌握很少	39.44	37.74	41.08	49.31	41.18	36.11
能应付日常生活	30.99	32.38	26.06	17.36	15.69	19.44
流利	19.72	14.18	13.6	9.72	7.84	16.67
合计	100	100	100	100	100	100

从性别特征来看,在穗外国人中男性能够"流利"掌握中文及"能应付日常生活"的比例之和(41.07%)稍微高于女性(40.94%)。

从年龄结构来看,20岁以下和60岁以上年龄组能够流利使用中文的比例高于其他年龄组(分别为19.72%和16.67%),这可能是因为年轻人的语言学习能力强,老年人在中国的居留时间更长;中文能够应付日常生活的在穗外国人中以20—29岁年龄组的比例最高(为32.38%),此年龄组也是在穗外国人中的人数占比最多的年龄组,说明许多外国人是在日常生活过程中发生了语言的同化现象;完全不懂

第一章 人口、经济、社会基本状况

中文的在穗外国人中以50—59岁年龄组的比例最高，为35.29%。

从来源国家类型来看，发达国家与发展中国家的在穗外国人在中文的掌握程度上相差无几，这说明中文的普及程度在发达国家和发展中国家之间并没有出现差异。

再来看对英文的掌握程度。英语是当今世界上使用最广泛的语言。掌握英语是人们进行跨国迁移时的重要能力。此次调查结果显示，超过一半的在穗外国人能够流利使用英文，比例为56.49%；近三成（27.35%）的在穗外国人能够用英文应付日常生活；少数在穗外国人表示掌握很少（13.63%）或完全不懂英文（2.53%）。

具体来说（见表1-5），从性别特征来看，在穗外国人中男性掌握英文的程度略高于女性。从年龄结构来看，英文能力在各年龄组中呈现双峰型的分布，以30—39岁和60岁以上年龄组的英文技能最为熟练，能够流利使用英文的比例分别为61.99%和68.42%。从来源国家类型来看，来自发达国家的受访者能够流利使用英文的比例略高于发展中国家，分别为58.61%和55.89%，这可能是因为发达国家中英语国家占多数。

表1-5　　　　　在穗外国人的英文掌握程度　　　　　单位：%

	总计	性别		来源国家类型	
		男	女	发展中国家	发达国家
完全不懂	2.53	2.29	3.24	2.86	1.47
掌握很少	13.63	13.32	14.56	11.98	18.68
能应付日常生活	27.35	27.07	28.16	29.27	21.25
流利	56.49	57.31	54.05	55.89	58.61
合计	100	100	100	100	100
样本量	1225	916	309	942	273

	年龄组					
	20岁以下	20—29岁	30—39岁	40—49岁	50—59岁	60岁及以上
完全不懂	7.04	2.02	2.43	1.34	7.69	0
掌握很少	18.31	14.15	12.13	13.42	13.46	13.16
能应付日常生活	39.44	29.78	23.45	26.85	21.15	18.42
流利	35.21	54.04	61.99	58.39	57.69	68.42
合计	100	100	100	100	100	100

广州外国人研究报告

3. 随来华时间的变化

（1）背景介绍

先看国际形势。在穗国际移民的特征变化离不开国际移民浪潮的大背景，也离不开我国的相关政策。因此为了更好地理解在穗外国人的现状特点和变化趋势，我们将简要介绍国际移民的最新概况和近年来的政策措施。国际移民概况主要整理自联合国经济与社会事务部最新的 2015 年国际移民报告（International Migration Report 2015）。

联合国 2015 年国际移民报告显示①，十五年来国际移民数量迅速增长，截至 2015 年，全球有 2.44 亿人口移民海外，而在 2000 年和 2010 年该数据分别为 1.73 亿、2.22 亿。

在性别构成上，女性占比略少于一半，2015 年女性占国际移民比例为 48%，相比 2000 年的 49% 略有下降。然而在欧洲和北美洲，女性移民数量高于男性；在非洲和亚洲，移民则以男性占绝大多数。在年龄结构上，72% 为 20—64 岁工作年龄段的移民，年龄中位数为 39 岁，相比 2000 年的 38 岁略有上升；然而在亚洲、拉丁美洲等地区，年龄中位数则呈现下降的趋势。从来源国家类型来看，大部分国际移民来自中等收入国家，居住在发达国家的移民总数为 1.36 亿，占总数的 58.6%。

亚洲人成为国际移民的最大群体，2.44 亿国际移民中共有 1.04 亿（占 43%）亚洲人。其中，约有 1900 万亚洲人生活在欧洲，1600 万亚洲人生活在北美洲，300 万亚洲人生活在大洋洲。出生于拉丁美洲和加勒比地区的海外移民构成了国际移民的第二大群体。他们大部分生活在北美洲，总数达 2600 万。

2008 年国际金融危机对移民流动影响深远。2010 年以后，国际移民年均增量为 600 万人，较 2000—2010 年的年均增量多了 240 万。

再看国内政策。2005 年年底颁布的《中国利用外资"十一五"

---

① 摘自联合国经济与社会事务部 2015 年国际移民报告（International Migration Report 2015）：http://www.un.org/en/development/desa/population/migration/publications/migration-report/docs/MigrationReport2015_ Highlights.pdf，2016 年 7 月 15 日。

规划》指出，中国将有选择地引进外资，逐步提高外资质量，调整外资引入结构。从广东省外商投资企业登记数的趋势来看，其在2004—2005年经历一个平稳期后开始大幅上涨。原因在于2005年之后外资使用情况经历了一定调整。随后我们看到，2007年第三产业外商投资比重大幅上升。广东省作为外向型经济的前沿地带，对经济变动与政策都十分敏感。2008年外商投资经历了小幅下滑之后继续恢复上涨态势，这与广东政府在广州市番禺、南沙等地实行外商投资特惠政策，放宽注册条件有关。

1992年，中国通货膨胀得到控制，政治风波基本过去，西方国家逐渐解除对中国的经济制裁，外国企业对中国政府的信心增强，于是在邓小平南方谈话发表后，外商对华投资迅速增加。在这种背景下，广东掀起新一轮改革开放与发展热潮，开始全面实施外向带动战略，努力做大做强外向型经济，利用外资进入新高潮①。

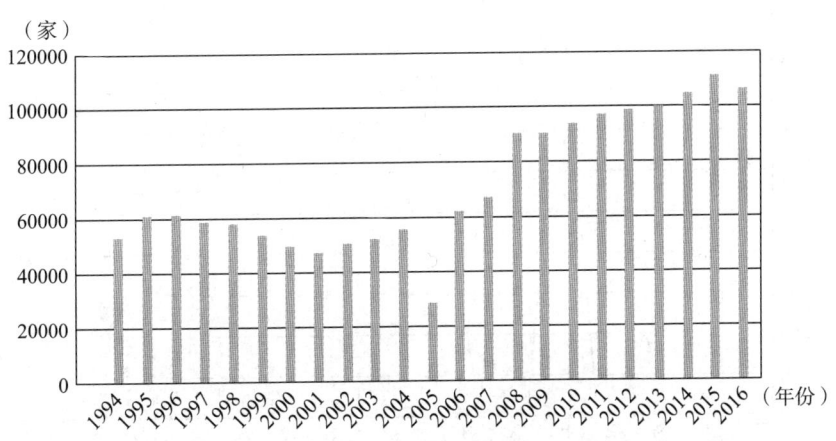

图1-3 广东省外商投资企业年底登记数趋势

资料来源：《广东统计年鉴》。数据整理自中华人民共和国国家统计局《中国统计年鉴》，http：//www.stats.gov.cn/tjsj/ndsj/，2016年7月10日。

第三个要分析的要素是绿卡制度。被称为中国"绿卡"制度的

---

① 见广东统计信息网"广东省第二次全国经济普查分析报告之六"，http：//www.gd-stats.gov.cn/tjfx/t20100722_80059.htm，2016年7月18日。

《外国人在中国永久居留审批管理办法》于 2004 年 8 月 15 日实施；2015 年，公安部决定扩大该制度中申请者的工作单位范围。简单来说，根据该法规定，夫妻团聚、亲子团聚、亲属投靠、特殊贡献、任职人员和投资人员六类人员可以申请在华永久居留①。

即便如此，中国的永久居留证仍然被称为世界上最难申请的"绿卡"。中国绿卡申请难的原因，在北京理工大学法学院教授、移民法专家刘国福看来，是因为"现行政策不利于人才引进，最重要的是想申请的很难符合条件，真正需要吸引的人也不一定愿意来"②。

（2）随来华时间的变化

本小节观察随着来华时间的推移在穗外国人口特征发生了哪些变化。本次调查受访者报告的来华时间横跨 1976—2016 年共 40 年，由于本调查实施于 2016 年 1 月，2000 年前和 2016 年的样本量较小，难以具有代表性，下文中会一并报告，但不作为总体趋势描述。

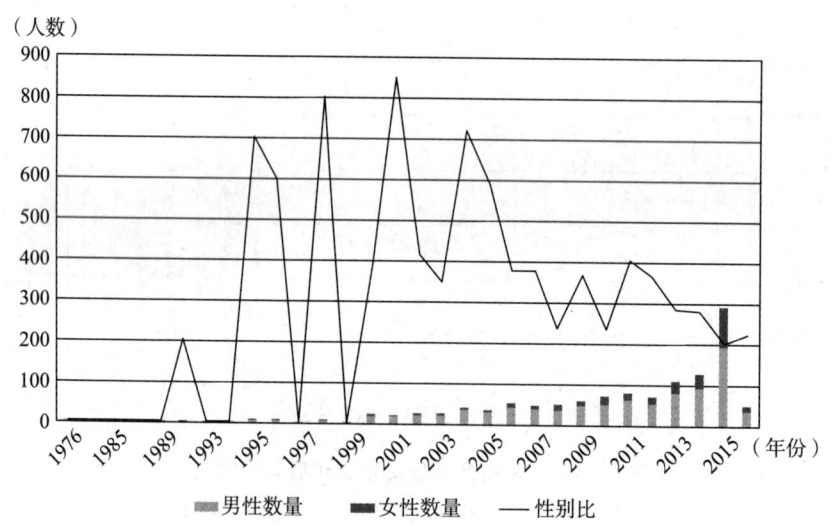

图 1-4 在穗外国人口性别结构的变化

---

① 摘自人民日报海外版，http://paper.people.com.cn/rmrbhwb/html/2012-09/26/content_1119326.htm，2016 年 7 月 3 日。

② 摘自网易新闻，http://zhenhua.163.com/16/0105/17/BCJ4PF7H0004662N.html，2016 年 6 月 20 日。

第一章 人口、经济、社会基本状况

此次调查结果显示，随着时间变化，来华人口总数呈现上升的趋势，其中尤以男性人口增长最多，但性别比却随来华时间呈现下降的趋势，这说明在穗外国人口的性别结构正在趋向均衡。

当代国际移民研究发现，国际移民正在出现女性化的趋势（feminization of migration），即国际移民女性人口的比例正在增加。此次调查可能预示了当今国际移民女性化的趋势正在中国出现。

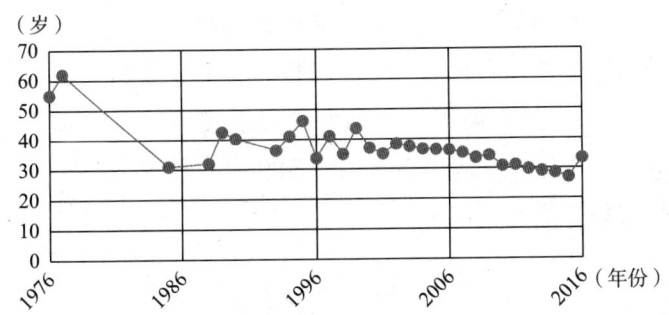

图1-5 在穗外国人口年龄结构的变化

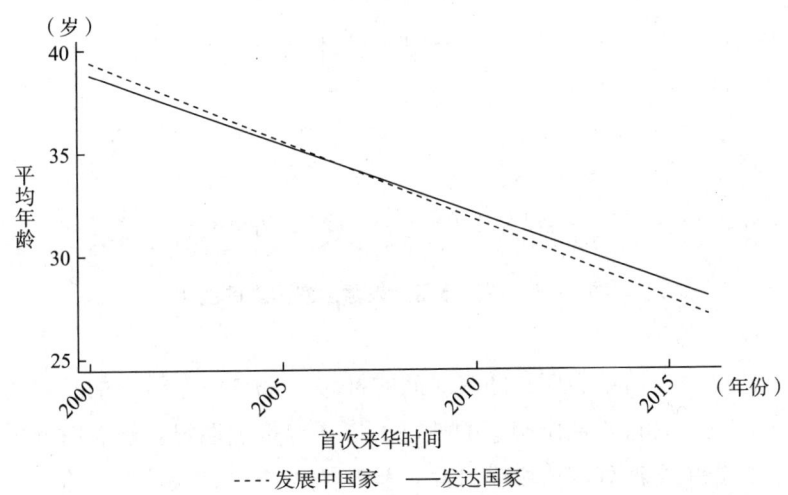

图1-6 在穗外国人口平均年龄变化

此次调查结果显示，随着时间变化，越来越多年轻的外国人来到中国。随着移民人口平均年龄的下降，我们看到发展中国家的在穗外国人年龄下降速度比来自发达国家的更高。结合下节职业分布，我们推测，一方面，这可能是因为发展中国家人口主要是来华商人，在积累一定的社会资本后移民门槛下降，随着移民网络发育，更多年轻的商人得以来华寻找机会；发达国家来华人口主要是管理人员或者专业技术人员，尽管外资企业在华增加，但人力资本积累所需的学历和经验相对固定，平均年龄不会随着时间出现明显的变化。另一方面，无业人士中，发展中国家来华移民的门槛本就高于发达国家，这也是为什么2000年前发展中国家的在穗外国人平均年龄高的原因。在经过移民经验的积累后，发展中国家的人能够减少从前的试错成本，年轻人也能够顺利来华。

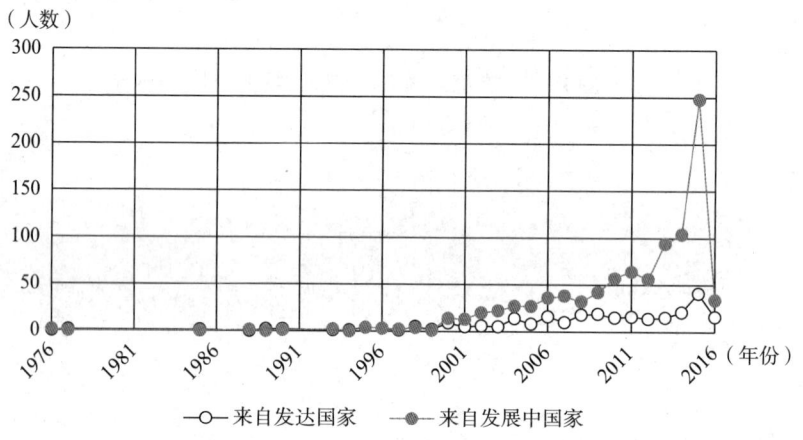

图1-7 在穗外国人来源国家类型的变化

此次调查结果表明，随着时间的推移，来自发达国家的外籍人口平缓增长，来自发展中国家的外籍人口增速更加明显。随着时间的推移，近年来在穗外国人中受过高等教育的比例一直保持在高水平，在0.8上下波动。

第一章 人口、经济、社会基本状况

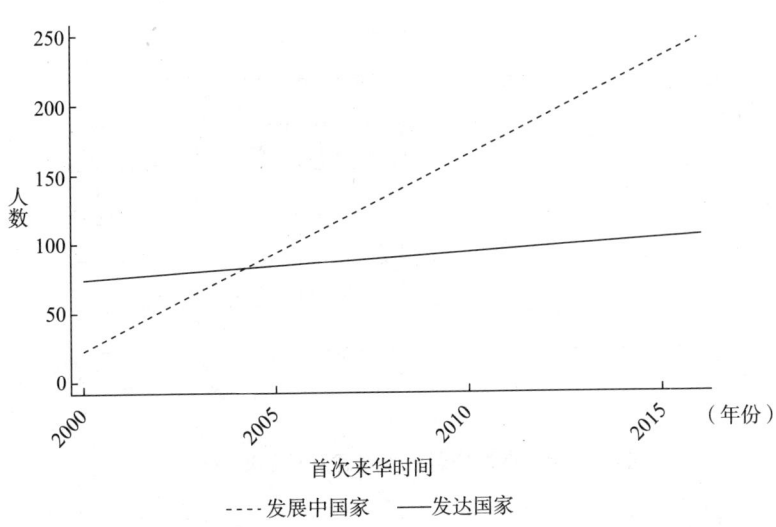

图1-8 来自发展中国家、发达国家的人口总数变化

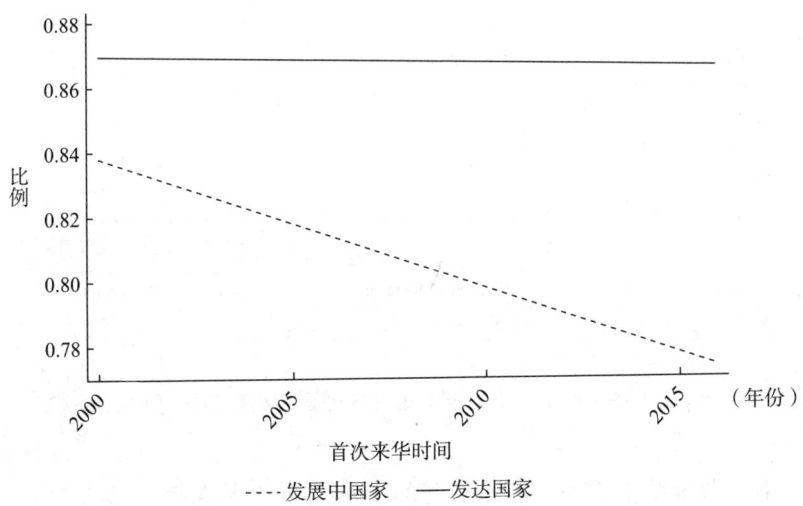

图1-9 来自发展中国家、发达国家的在穗外国人高等教育比例变化

15

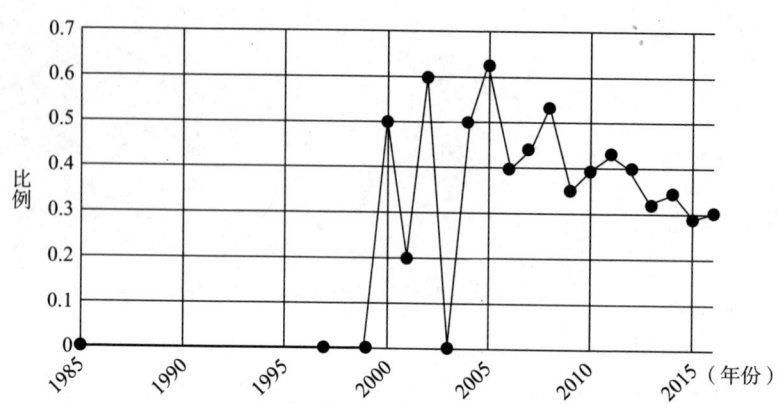

图 1-10 在穗外国人中考虑移民的比例变化

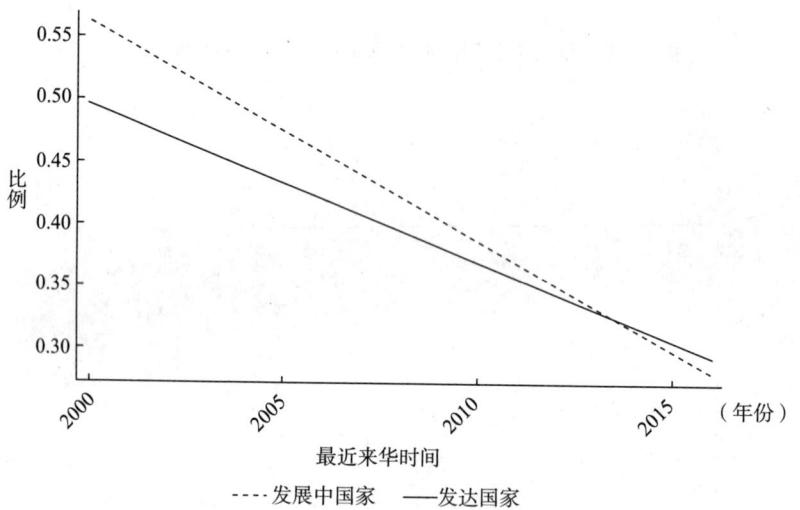

图 1-11 来自发展中国家、发达国家的在穗外国人具有移民意愿的比例变化

本次调查结果表明，随着时间的推移，近年来在穗外国人中具有考虑移民意愿的比例在波动中呈下降趋势。其中 2000 年、2005 年和 2008 年，在穗外国人中具有考虑移民意愿的比例较高。

《世界移民报告（2015）》分析，移民是发展治理中资源丰富的伙伴，移民具有身体健康、处于劳动年龄和具备多元技能等特点。本

第一章　人口、经济、社会基本状况

小节将对在穗外国人口结构、广州流动人口结构、广州本地人口结构三者进行对比。数据分别来源于2016年在穗外国人调查、2010年第六次人口普查①。

我们将广州流动人口定义为现住地为广州、户口不在本区县的人。我们遵循国家统计局的定义，将广州本地人口定义为户口在本地的人。由于本次调查中10岁以下和60岁以上年龄组样本量较小，为了不产生误导，下图中一律呈现的是11—64岁的人口结构。

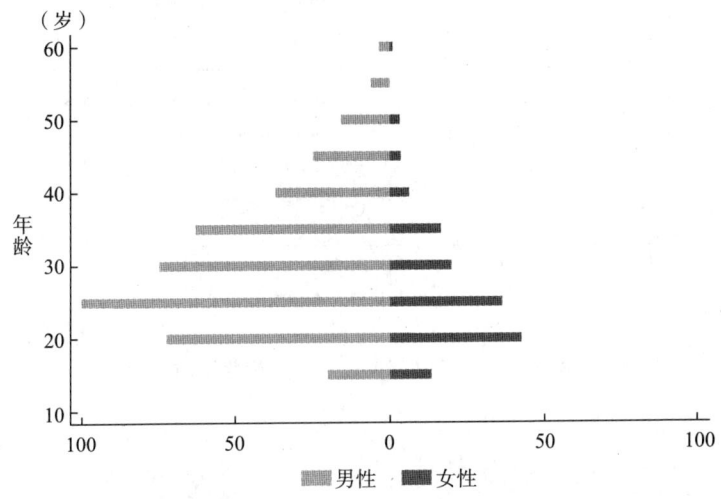

图1-12　在穗外国人口结构性别对比

正如前文所述，在穗外国人口呈现出男性为主、年轻型的特征；根据第六次人口普查资料，广州流动人口的性别结构比较均衡，年龄结构以年轻型为主；而广州本地人口则呈现"纺锤形"，性别结构同样比较均衡，但人口老龄化初现端倪。

人力资本结构对促进国家经济发展和科学进步具有重要意义。例如，"二战"后美国吸纳高教育、高技术移民的政策改善了本国的人力资本结构，大大促进了当时的经济复苏。因此，我们需要了解在华

---

① 资料来源于广州统计信息网，http://www.gzstats.gov.cn/pchb/rkpc6/index_3.htm，2016年7月3日。

国际移民的人力资本结构，并通过和本地人口的对比，探索国际移民可能给我们带来的影响。下面我们将以教育作为人力资本的指标，对比他们的人力资本构成。

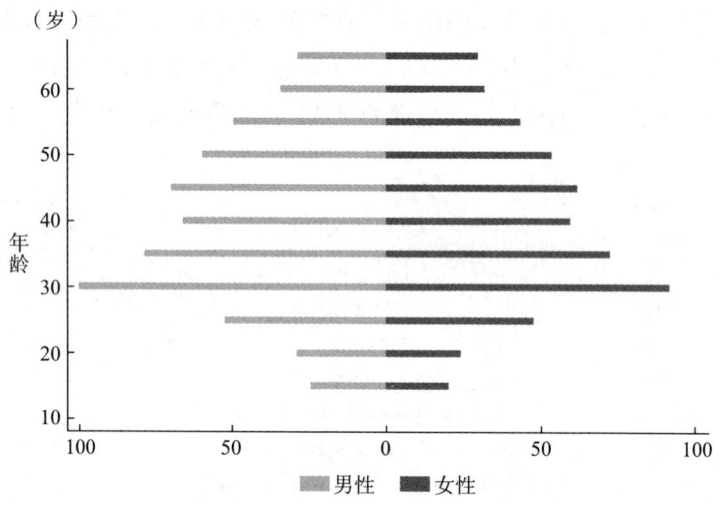

图1-13　广州市本地人口结构年龄对比

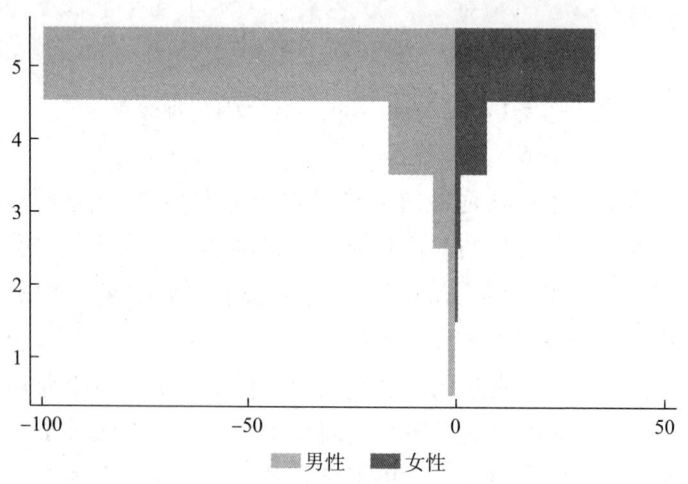

图1-14　在穗外国人教育水平结构性别对比

第一章 人口、经济、社会基本状况

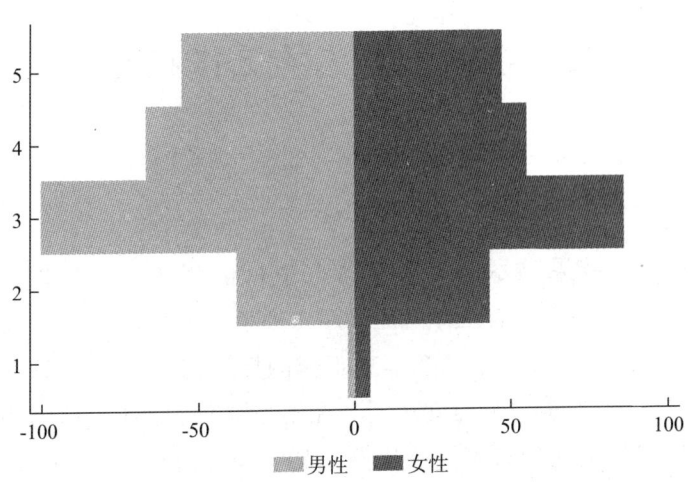

图 1-15 广州市民教育结构性别对比

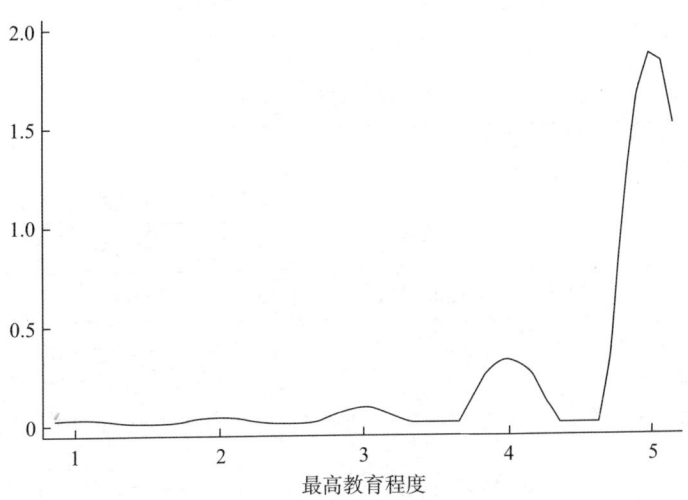

图 1-16 在穗外国人口教育密度分布

广州外国人研究报告

二 在穗外国人的工作状况

(一) 在业状况

此次调查结果显示,在穗外国人中目前在华有工作的比例为42.18%,目前在华没有工作的比例超过一半,为57.82%。从性别特征来看,在穗外国人中目前在华有工作的男性比例(47.09%)高于女性(27.42%)。从年龄结构来看,在穗外国人中,40—49岁和50—59岁年龄组目前在华有工作的比例最高,分别为64.9%和76.92%,其次是30—39岁(56.23%)和60岁以上人口(51.28%)。20岁以下和20—29岁的低龄人口在华有工作的比例较低,仅占各自群体的2.7%和27.52%。从来源国特征来看,来自发达国家的在穗外国人中有工作的比例高于发展中国家的比例。

表1-6　　　　　在穗外国人的在业状况　　　　　单位:%

	总计	性别		来源国家类型	
		男	女	发展中国家	发达国家
有工作	42.18	47.09	27.42	36.13	63.04
无工作	57.82	52.91	72.58	63.87	36.96
合计	100	100	100	100	100
样本量	1238	928	310	952	276

	年龄组						
	20岁以下	20—29岁	30—39岁	40—49岁	50—59岁	60岁及以上
有工作	2.7	27.52	56.23	64.9	76.92	51.28
无工作	97.3	72.48	43.77	35.1	23.08	48.72
合计	100	100	100	100	100	100
样本量	74	545	377	151	52	39

第一章　人口、经济、社会基本状况

1. 个人收入

根据《中国国际移民报告（2015）》援引英国汇丰集团《外派人员调查报告2014》，在中国的外籍人士年薪超过25万美元的比例是全球平均值的四倍多。

此次调查搜集询问了在华有工作者的平均每月的收入情况。下面我们将报告受访者平均月收入的中位数、平均数和极值，并去掉0%、5%和10%分别报告上述结果。除此之外，我们不对异常值进行处理。

表1-7　　　　2016年在穗外国人的平均月收入　　　　单位：美元

	平均值	中位数	标准差	极小值	极大值	样本量
原样本	12876.08	2700	86330.87	0	1500000	447
5%—95%	3487.59	2700	3240.58	300	18000	398
10%—90%	2856.91	2700	1857.48	600	9000	338

对比异常值处理的前后结果可以发现，收入平均值、极大值都有大幅下降，说明原样本中存在收入特别高的观测值，比如说已报告的极大值很可能是异常值。在这种情况下，进行一定处理能够使我们的观测结果更为符合实际。考虑到计算结果的可靠性和样本量，后面报告的内容将基于经过异常值处理样本，即去掉上下5%的样本之后的收入结果。

表1-8　　　　2016年在穗外国人的平均月收入　　　　单位：美元

	总计	性别		来源国家类型	
		男	女	发展中国家	发达国家
平均月收入	39.58	40.45	35.07	39.18	40.55
样本量	499	418	81	323	172

	年龄组					
	20岁以下	20—29岁	30—39岁	40—49岁	50—59岁	60岁及以上
平均月收入	46.5	38.01	39.87	42.2	38.59	36.53
样本量	2	145	198	96	39	19

注：经过异常值处理。

2. 从业状况

此次调查结果表明,目前有工作的在穗外国人中近一半是雇员,这是最主要的从业状态;其次,自己是老板/合伙人的比例为40.43%,零工/散工(4.06%)和其他工作(6.19%)的比例很低。

表1-9　　　　在穗外国人的从业状况　　　　单位:%

	总计	性别		来源国家类型	
		男	女	发展中国家	发达国家
自雇	40.43	43.52	24.71	51.33	20.11
雇员	49.32	46.99	61.18	35.99	74.71
零工	4.06	3.47	7.06	5.31	1.72
其他	6.19	6.02	7.06	7.37	3.45
合计	100	100	100	100	100
样本量	517	432	85	339	174

	年龄组					
	20岁以下	20—29岁	30—39岁	40—49岁	50—59岁	60岁及以上
自雇	0	28.38	47.14	47.96	30	47.37
雇员	0	56.08	44.76	44.9	62.5	47.37
零工	0	9.46	1.9	2.04	2.5	0
其他	100	6.08	6.19	5.1	5	5.26
合计	100	100	100	100	100	100
样本量	2	148	210	98	40	19

从性别结构来看,在穗外国人中男性是老板/合伙人的比例(43.52%)高于女性(24.71%);超过一半的在穗外国女性(61.18%)是雇员,高于男性(46.99%);在穗外国人中女性的职业为零工/散工的比例(7.06%)也高于男性(3.47%)。从年龄结构来看,40—49岁年龄组的老板/合伙人比例最高(47.96%),其次是30—39岁(47.14%)和60岁以上年龄组(47.37%);20—29岁

第一章　人口、经济、社会基本状况

和50—59岁年龄组的雇员比例均超过一半，其次30—39岁、40—49岁、60岁以上年龄组的雇员比例也都在四成以上。从来源国家类型来看，来自发展中国家的老板/合伙人比例（51.33%）远高于发达国家的这一比例（20.11%），而来自发达国家的雇员比例（74.71%）远远高于发展中国家（35.99%）。

3. 职业及工作单位类型

此次调查结果显示，在穗外国人的职业主要集中在商人和管理人员/专业技术人员。超过一半的在穗外国人的职业是商人（50.86%），其次是管理人员/专业技术人员（37.48%）；相对而言，白领/销售、工匠/修理工、工人（农民除外）、佣人/非技术服务人员和农民的比例较低。

从性别结构来看，超过一半的在穗外国男性（53.76%）从事商人职业，远远高于从事这一职业的女性比例（35.71%）；在穗外国女性从事管理/技术人员的比例最高（48.81%），也高于相应职业的男性比例（35.31%）。

从年龄结构来看，20岁以下、30—39岁、60岁以上的在穗外国人均有一半以上从事商人职业，其余年龄段从事商人职业的比例也均在三成以上；50—59岁的在穗外国人作为管理人员/专业技术人员的比例最高，其次是40—49岁、20岁以上各年龄段从事该职业的比例也都超过三成；从事白领/销售的在穗外国人以20—29岁的比例最高（15.33%），其次是60岁以上年龄组（10%）。

从来源国看，来自发展中国家的在穗外国人从事商人职业的比例（53.76%）远远高于发达国家的比例（35.71%），而来自发达国家的在穗外国人作为管理人员/专业技术人员的比例（48.81%）也远高于发展中国家的比例（35.31%）；从事白领/销售的发达国家的比例（9.52%）也略高于发展中国家（8.43%）。这也从侧面反映出我国和其他发展中国家的贸易往来较多，同时能够吸引发达国家高技术人才更多。

广州外国人研究报告

表1-10　　　　　　　在穗外国人的职业分布　　　　　　　单位:%

	总计	性别		来源国家类型	
		男	女	发展中国家	发达国家
商人	50.86	53.76	35.71	53.76	35.71
管理/技术人员	37.48	35.31	48.81	35.31	48.81
白领/销售	8.6	8.43	9.52	8.43	9.52
工匠/修理工	0.76	0.68	1.19	0.68	1.19
工人	0.38	0.46	0	0.46	0
佣人	1.53	1.37	2.38	1.37	2.38
农民	0.38	0	2.38	0	2.38
合计	100	100	100	100	100
样本量	523	439	84	346	173

	年龄组					
	20岁以下	20—29岁	30—39岁	40—49岁	50—59岁	60岁及以上
商人	50	48.67	54.72	49	38.46	60
管理/技术人员	0	31.33	35.85	45	58.97	25
白领/销售	0	15.33	6.6	5	2.56	10
工匠/修理工	0	2	0.47	0	0	0
工人	0	0.67	0	1	0	0
佣人	0	1.33	2.36	0	0	5
农民	50	0.67	0	0	0	0
合计	100	100	100	100	100	100
样本量	2	150	212	100	39	20

4. 工作单位类型

此次调查结果显示,有工作的在穗外国人中,超过一半人的工作单位性质为私人营利机构,比例为57.39%;其次为个体专业技术服务,比例为11.28%;政府机构、私人非营利机构、无薪的家族生意、个体非专业技术服务的比例都不足一成,比例分别为8.56%、6.23%、5.25%和5.06%。

第一章　人口、经济、社会基本状况

从性别结构看，在私人营利机构工作的在穗外国人中性别差异并不明显，男女比例分别为57.67%和55.95%；个体专业技术服务的男性比例（11.63%）略高于女性（9.52%）；在政府工作的女性比例（10.71%）略高于男性（8.14%）。

表1-11　　　　在穗外国人的工作单位类型　　　　单位:%

	总计	性别		来源国家类型	
		男	女	发展中国家	发达国家
政府机构	8.56	8.14	10.71	6.51	12.79
私人营利机构	57.39	57.67	55.95	56.51	59.3
私人非营利机构	6.23	6.28	5.95	7.69	3.49
个体专业服务	11.28	11.63	9.52	11.83	10.47
个体非专业服务	5.06	5.12	4.76	6.51	2.33
无薪的家族生意	5.25	5.58	3.57	6.21	2.91
其他	6.23	5.58	9.52	4.73	8.72
合计	100	100	100	100	100
样本量	523	430	84	338	172

	年龄组					
	20岁以下	20—29岁	30—39岁	40—49岁	50—59岁	60岁及以上
政府机构	0	10.49	8.02	5.1	12.82	10
私人营利机构	0	55.24	57.55	62.24	53.85	60
私人非营利机构	0	4.9	7.08	3.06	10.26	15
个体专业服务	0	11.19	11.79	11.22	12.82	5
个体非专业服务	50	4.2	3.77	10.2	2.56	0
无薪的家族生意	0	8.39	5.66	2.04	0	5
其他	50	5.59	6.13	6.12	7.69	5
合计	100	100	100	100	100	100
样本量	2	143	212	98	39	20

从年龄结构来看，40—49岁年龄组的在穗外国人主要工作在私人营利机构，比例为62.24%，高于其他年龄组；除了私人营利机构，

25

20—29岁和50—59岁年龄组的在穗外国人在政府工作或者提供个人专业技术服务的比例均超过一成;除了私人营利机构,30—39岁年龄组提供个人专业技术服务的比例超过一成。

从来源国家来看,来自发达国家的受访者在政府机构和私人营利机构工作的比例高于发展中国家的比例。

5. 工作时间与工作地点

此次调查结果表明,在业的受访者中平均每周工作时长为39.58小时。具体来说,男性的平均每周工作时长高于女性,分别为40.45小时和35.07小时。

从年龄结构来说,工作时长呈现先升后降的倒U形趋势:从20—39岁递增,从38.01小时增加到39.87小时;40—49岁年龄组的工作时间最长,为平均每周42.20小时;50岁之后递减,从38.59小时到36.53小时。从来源国家来看,来自发展中国家的在穗外国人的平均每周工作时长(39.18小时)比来自发达国家(40.55小时)的略短。

表1-12　　　　　　在穗外国人的工作时长　　　　　单位:小时

	总计	性别		来源国家类型	
		男	女	发展中国家	发达国家
平均每周工时	39.58	40.45	35.07	39.18	40.55
样本量	499	418	81	323	172

	年龄组						
	20岁以下	20—29岁	30—39岁	40—49岁	50—59岁	60岁及以上
平均每周工时	46.5	38.01	39.87	42.2	38.59	36.53
样本量	2	145	198	96	39	19

此次调查结果表明,2016年在穗外国人的工作地点与住所相距有一段距离,超六成在穗外国人的工作地点位于住所所在区外。

从性别结构来看,在穗外国女性在本区以外工作的比例略高于男性。从年龄结构来看，受访者在住所所在区外工作的比例由20—59岁逐渐递减，20—29岁年龄组的在穗外国人在本区外工作的比例超过一半，50—59岁和60岁及以上年龄组在本区外工作的比例不足三成。从来源国家来看，来自发展中国家的在穗外国人选择在本区外工作的比例高于来自发达国家的在穗外国人，来自发达国家的在穗外国人在本区内工作的比例超过六成。

表1-13　　　　　　　　　工作地点　　　　　　　　单位：%

	总计	性别		来源国家类型	
		男	女	发展中国家	发达国家
在本区外工作	68.57	40.73	44.71	43.6	36.78
在本区内工作	31.43	59.27	55.29	56.4	63.22
样本量	499	437	85	344	174

	年龄组						
	20岁以下	20—29岁	30—39岁	40—49岁	50—59岁	60岁及以上
在本区外工作	100	52	39.15	37.76	25	30
在本区内工作	0	48	60.85	62.24	75	70
样本量	2	150	212	98	40	20

（二）纵向对比

此次调查结果表明，随着时间的推移，在穗外国人中的在业比例呈现下降的趋势。2000—2002年，在穗外国人的在业比例急剧下降；2003—2011年，在穗外国人的在业比例波动下降；2012—2016年，在穗外国人的在业比例又有所回升。

此次调查结果表明，随着时间的推移，来自发达国家的在穗外国人平均收入随着时间上升，而来自发展中国家的在穗外国人平均收入则呈现下降趋势。

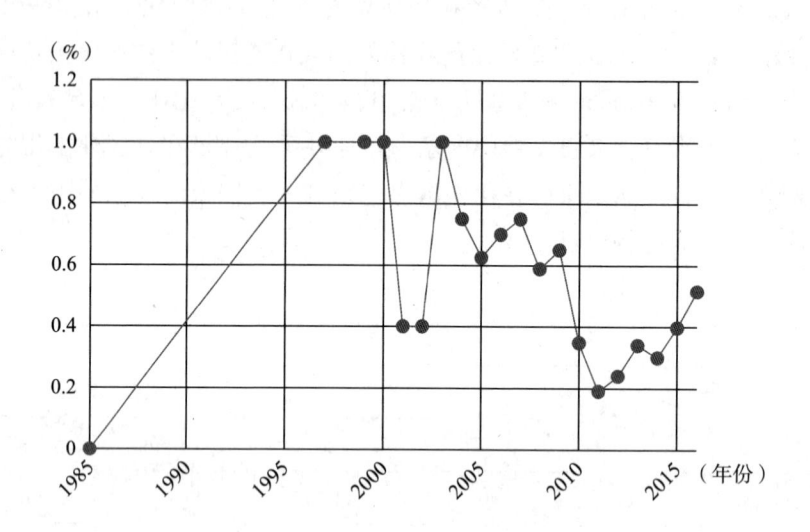

图 1–17　在穗外国人的在业比例变化

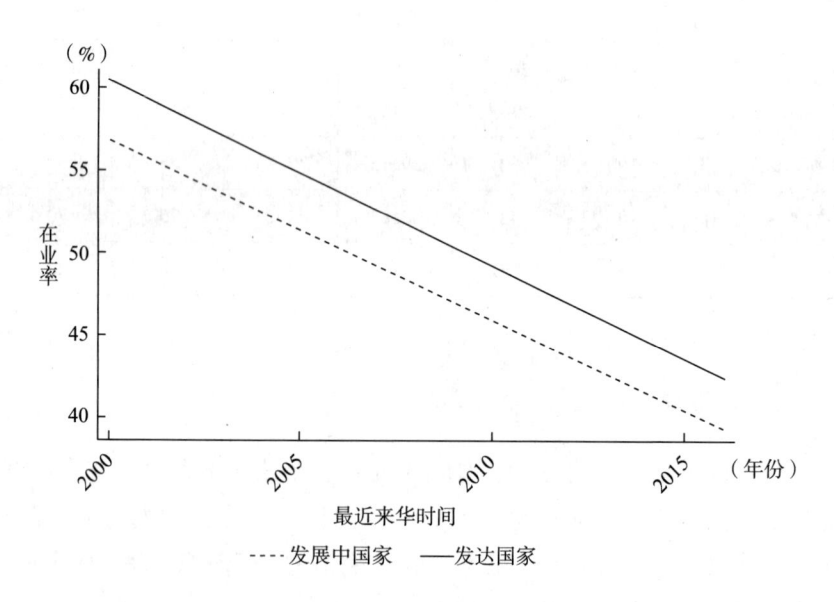

图 1–18　根据来源国划分的在穗外国人在业比例变化

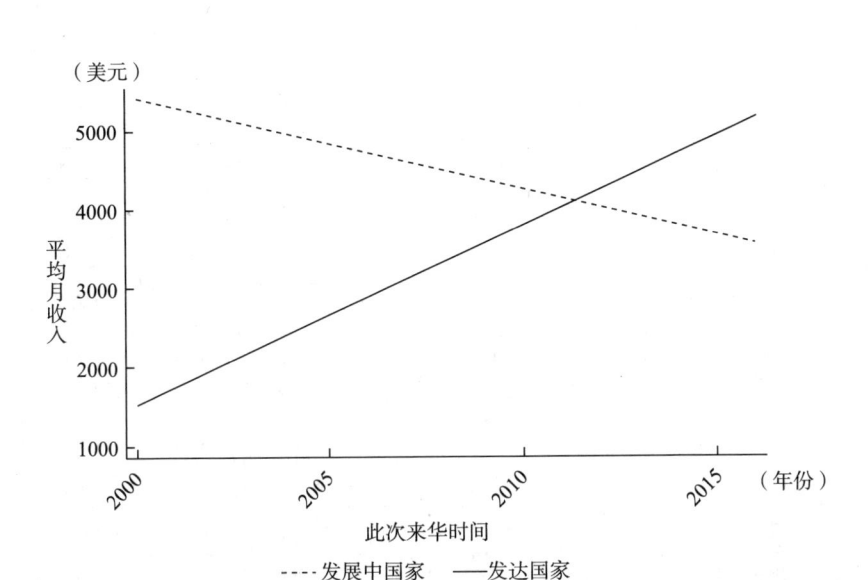

图 1-19 根据来源国和时间划分的在穗外国人收入变化

三 婚育状况

此次调查结果显示，超过一半的在穗外国人为单身状态（53.46%），已婚比例不到四成（39.13%），同居/有固定伴侣的比例为7.41%。

婚姻状况在不同特征的在穗外国人中存在差异。具体来说，女性单身的比例高于男性，而男性已婚的比例高于女性。从年龄结构来看，已婚的比例随着年龄的升高而先上升后下降，40—49岁年龄组已婚的比例超过八成，20—29岁和30—39岁年龄组之间已婚的比例上升得最为明显，说明许多受访者是在三十岁左右结婚。

表 1-14　　　　　　　　在穗外国人的婚姻状况　　　　　　　单位:%

	总计	性别		来源国家类型	
		男	女	发展中国家	发达国家
已婚	39.13	42.67	28.66	37.74	43.17

续表

	总计	性别		来源国家类型	
		男	女	发展中国家	发达国家
同居/有固定伴侣	7.41	6.14	11.15	6.71	10.07
单身	53.46	51.19	60.19	55.56	46.76
合计	100	100	100	100	100
样本量	1242	928	314	954	278

	年龄组					
	20岁以下	20—29岁	30—39岁	40—49岁	50—59岁	60岁及以上
已婚	5.48	16.45	56.88	80.39	63.46	53.85
同居/有固定伴侣	5.48	8.23	7.94	5.23	7.69	2.56
单身	89.04	75.32	35.19	14.38	28.85	43.59
合计	100	100	100	100	100	100
样本量	73	547	378	153	52	39

四 观念态度

从社会治理和社会融合的理念出发，我们需要了解在穗外国人对中国的看法和居留意愿。在概念上，暂时性/非永久性和循环迁移的基本含义都是指迁移者不打算永久改变常住地，循环迁移者还会在迁出地和迁入地之间进行多次迁移，例如，国内的农民工和在穗经商的非洲人。国际移民研究的报告表示，永久的定居迁移并不是所有移民的选择（蔡禾，2014），尤其当我国还是发展中国家和非移民国家之时。有报道也显示，在华非洲人多为往返中非的"候鸟"，时常"回流"。于是也引出了我们这一小节：在穗外国人对中国抱持什么样的态度评价？他们的移民意愿如何？对以上问题的解答不仅有助于我们对外籍人口的了解，更可以为改善外籍人口管理提供参考。

第一章　人口、经济、社会基本状况

（一）居留意愿

此次调查结果显示，超过一半的在穗外国人从没有想过申请移民到中国，为63.83%；来中国前就有考虑和来中国以后有考虑的总比例仅为31.67%（两者比例分别为12.11%和19.56%）。

具体来说，从性别结构来看，女性从未考虑移民的比例（70.13%）比男性（61.71%）高。从年龄结构来看，20—29岁年龄组考虑移民的比例最高，为32.22%；60岁及以上年龄组从没有考虑移民中国的比例最高，为72.97%。从来源国家类型来看，来自发展中国家的外国人申请移民中国的意愿高于来自发达国家，合计分别为34.51%和22.75%。

表1-15　　　　在穗外国人考虑申请移民　　　　单位:%

	总计	性别		来源国家类型	
		男	女	发展中国家	发达国家
从没有想过	63.83	61.71	70.13	60.9	72.92
来中国前考虑	12.11	12.8	10.06	12.93	9.75
来中国后考虑	19.56	20.79	15.91	21.58	13
其他	4.5	4.7	3.9	4.59	4.33
合计	100	100	100	100	100
样本量	1222	914	308	936	277

	年龄组					
	20岁以下	20—29岁	30—39岁	40—49岁	50—59岁	60岁及以上
从没有想过	63.01	62.78	62.97	66	69.23	72.97
来中国前考虑	13.7	12.59	12.43	11.33	7.69	8.11
来中国后考虑	16.44	19.63	21.89	17.33	19.23	10.81
其他	6.85	5	2.7	5.33	3.85	8.11
合计	100	100	100	100	100	100
样本量	73	540	370	150	52	37

自2004年中国实施"绿卡"制度以来，截至2013年，获得"绿

卡"人数达到7356人。我们将以下三个条件推算为潜在归化人口：其一，在华有工作；其二，四年内在中国居留累积不少于三年；其三，考虑过申请移民的。以上样本均以年满十八周岁为准。需要说明的是，由于数据所限，我们无法考察受访者的投资、职位、贡献、婚姻关系存续等情况来准确计算符合条件的潜在移民申请者，所以实际估算的每百人中的潜在归化人口可能比实际情况少。

表1-16　　　　　　在穗外国人对中国的比较评估　　　　　　单位：%

	中国更优	母国更优	差不多	不知道	总计	样本量
发展机会	49.33	18.73	24.75	7.19	100	1196
不同种族/民族之间的关系	28.28	31.69	28.79	11.24	100	1174
家庭的情感联系	16.70	39.27	32.62	11.41	100	1174
安全状况	50.52	18.90	23.63	6.96	100	1164
社会的道德观念	21.30	37.14	30.39	11.17	100	1155

此次调查结果显示，相较于母国，大约一半的在穗外国人认为中国的发展机会更好、安全状况更优（分别为49.33%和50.52%），不同种族/民族之间的关系、家庭的情感联系、社会的道德观念方面则母国更优（分别为31.69%、39.27%和37.14%），但相对而言对以上三者的评估不如对发展机会和安全状况的评估具有一致性。

（二）未来信心

此次调查结果表明，超过一半（67.68%）的在穗外国人对中国的未来有很高的信心或有信心，对中国的未来抱有中等程度的信心的在穗外国人的比例为23.14%，对中国的未来较低信心的在穗外国人的比例为4.04%。

同时，此次调查结果表明，超过四分之三的在穗外国人对自己在中国未来的收入抱有很高的信心或有信心（合计75.94%），对自己在中国未来的收入抱有中等程度的信心的在穗外国人比例为19.56%，对自己在中国未来的收入抱有低等程度信心的在穗外国人比例为4.5%。

第一章 人口、经济、社会基本状况

表1-17　　　　　在穗外国人对中国未来的信心　　　　　单位:%

	总计	性别		来源国家类型	
		男	女	发展中国家	发达国家
很高	31.54	34.43	23.23	60.9	72.92
高	36.14	33.84	42.76	12.93	9.75
中等	23.14	23.54	23.91	21.58	13
低	4.04	4.1	4.04	4.59	4.33
不清楚	6.06	4.1	6.06		
合计	100	100	100	100	100
样本量	1151	854	297	936	277

	年龄组					
	20岁以下	20—29岁	30—39岁	40—49岁	50—59岁	60岁及以上
很高	63.01	62.78	62.97	66	69.23	72.97
高	13.7	12.59	12.43	11.33	7.69	8.11
中等	16.44	19.63	21.89	17.33	19.23	10.81
低	6.85	5	2.7	5.33	3.85	8.11
不清楚						
合计	100	100	100	100	100	100
样本量	73	540	370	150	52	37

表1-18　　　　在穗外国人对自己在中国未来收入的信心　　　　单位:%

	总计	性别		来源国家类型	
		男	女	发展中国家	发达国家
很高	63.83	61.71	70.13	60.9	72.92
高	12.11	12.8	10.06	12.93	9.75
中等	19.56	20.79	15.91	21.58	13
低	4.5	4.7	3.9	4.59	4.33
合计	100	100	100	100	100
样本量	1183	883	300	936	277

续表

	年龄组					
	20岁以下	20—29岁	30—39岁	40—49岁	50—59岁	60岁及以上
很高	63.01	62.78	62.97	66	69.23	72.97
高	13.7	12.59	12.43	11.33	7.69	8.11
中等	16.44	19.63	21.89	17.33	19.23	10.81
低	6.85	5	2.7	5.33	3.85	8.11
合计	100	100	100	100	100	100
样本量	73	540	370	150	52	37

五 总 结

2016年在穗外国人调查详细搜集了受访者的背景信息。本章主要报告了此次调查中在穗外国人的人口结构及社会特征、工作状况、婚育状况和观念态度，并从发展中国家与发达国家的对比、随来华时间的变化两个角度分析上述情况的差异。主要结论如下：

（1）在穗外国人口是以男性为主的青壮年型人口结构，但女性的比例呈现上升趋势。

（2）在穗外国人口主要来自亚洲和非洲，国籍主要分布在印度、韩国和也门等国。

（3）在穗外国人口中来自发展中国家的比例是来自发达国家的两倍以上。其中相对而言，来自发展中国家的在穗外国人呈现出性别比更均衡、更年轻的人口结构，来自发达国家的在穗外国人的年龄结构则更为均衡。随着时间的推移，发展中国家来华人口增长迅猛，发达国家来华人口增长平缓。这可能跟其本身的职业结构有关，即发展中国家来华人口主要是年轻人经商。进一步说，发展中国家进行跨国迁移的门槛较发达国家更高，同时也有更大的潜力空间，随着时间向后推移，发展中国家的年轻人才逐渐开始具有跨国迁移的能力。

（4）在穗外国人的总体受教育程度较高，超过八成接受过大学或以上教育。但随着时间的推移，受访者的高等教育比例呈现下降的趋势，其中来自发展中国家的在穗外国人的高等教育比例下降速度更快。

（5）在穗外国人的中文掌握程度一般，能够流利使用中文和应付日常生活的比例仅为四成；相对来说，在穗外国人的英文掌握程度更熟练，超过一半的受访者能够流利使用英文。

（6）在穗外国人口结构是以男性为主的年轻型人口结构；广州市流动人口结构为性别均衡的年轻型人口结构；广州本地人口结构属于初级塔形结构，老龄化初现端倪。从这点来看，外来人口，无论是国际移民还是国内移民，都会对广州本地人口结构有所改善。

（7）在穗外国人以大学以上教育程度为主，广州本地人则以初中或以下教育程度最多，高中或以下、大学以上次之，可见在穗外国人能够提高当地的平均教育水平。

（8）在穗外国人有工作的比例约为四成，其中从来源国家类型来看，来自发达国家的受访者在业比例高于发展中国家；从就业状态来看，在就业的受访者中近半数为雇员，四成为自雇；从职业分布来看，在业的受访者中超过一半是商人，约四成是管理/技术人员；从工作单位类型来看，超过一半的在业受访者在私人营利机构工作；在业的受访者平均每周工作时长为39.58个小时，大部分人的工作地点位于住所所在区外。

（9）随着时间的推移，受访者的在业比例呈现下降的趋势，从下降的速度来看，发展中国家和发达国家没有明显差异。

第二章 融入与适应

流动人口在流入地中不可避免地经历适应和融入新的文化、制度、社会网络重建的过程。在穗外国人的社会融入和适应状况不但影响其生活状况，也会对广州社会经济产生作用。同时，在穗外国人的融入和适应状况受到所在地社会经济制度的影响，对流入地的社会治理政策具有参考意义，因而也成为2016年"在广州生活工作的外国人调查"的重要内容。已有相关研究提出了移民社会融入的不同维度，包括经济、文化、心理和身份等方面的融入和适应等。然而，较之国外学术界对国际移民及其社会融入状况的相对高度关注，国内相关研究的关注点大多集中在以进城农民工为主的国内移民社会融入问题，仅有少部分以定性角度切入考察国际移民社会融入问题的研究。本章旨在基于国内外已有研究的基础之上，结合中国的社会制度背景，建构一个相对完善且可信度较高的外国人融入和适应状况指标，并呈现2016年"在广州生活工作的外国人调查"数据所反映的在穗外国人社会融入与适应状况，并对融入与适应状况的个体差异展开初探。

一 移民社会融入研究

社会融入是一个反映移民在移居地生活状态的概念，不同的学者给出了反映这一状态的不同概念，如同化、社会融合、社会融入、社会适应和文化适应等，概念的内涵存在交叉与互补，指示移民融入的多个维度（杨菊华，2009；梁波、王海英，2010）。由于社会融入与适应的概念范畴较为广阔，能涵盖经济、文化、社会生活等层面，且相对于双向的融合，单向的融入与适应也更符合2016年"在广州生活工作的外国人调查"所收集的数据，因此本章使用社会融入与适应的概念建构指标。

早期的移民融入理论将移民群体的社会融入分为文化性融入和结构性融入两方面，其中文化性融入指移民在价值导向和社会认同上向流入国社会群体的趋同，结构性融入则意味着移民在社会制度层面的适应，即在教育体系、劳动力市场等制度与社会组织中社会参与度的增加（Gordon，1964），并认为移民会随时间递进逐步实现文化融入和结构性融入，从而完全融入主流社会之中（Gordon，1964；Marston、Van Valey，1979）。这一理论被称为经典的融入理论或同化理论，在两方面受到学界批判：一方面，学者认为移民的社会融入还存在其他的维度，如政治与合法性融入，即获得与流入国社会的公民同样的身份和政治待遇（Junger-Tas，2001），以及主体社会对移民的态度维度，即东道国主体社会对移民的排斥和接纳程度（Entzinger、Biezeveld，2003）。另一方面，批评者提出多元文化主义论，认为移民并非必然会完全融入主流社会，相关实证研究显示部分移民群体会在流入地形成自己的关系网络和文化传统，移民个体与群体在融入过程中呈现出多样化和差异化的特点（Kallen，1970；Hirschman，1983；Alba、Nee，2009）。移民融入所呈现的个体差异的影响因素研究也由此得到发展，学者继而提出人力资本、社会资本、金融资本、族裔社会结构与文化、流入国制度政策及上述因素的互动作为国际移民社会融入差异的主要解释（杨菊华，2009；周敏、林闽钢，2004；梁波、王海英，2010）。

国内的移民社会融入研究的对象多为国内移民，例如，张文宏、雷开春（2008）利用探索性因子分析的方法将上海市新移民中白领人群的社会融合归纳为文化、身份、经济、心理四个方面的融合，并发现这一群体在心理和身份上的融合较快，而文化与经济则融合得相对迟缓。另有学者提出国内农民工的城市适应有经济层面、社会层面和心理层面三个层次的递进和三个阶段的发展，心理和文化的融合是移民真正融入城市的标志，而农民工的城市融合主要停留在经济层面（田凯，1995；朱力，2002；叶俊焘、钱文荣、米松华，2014）。然而，李培林、田丰（2012）将社会融合划分为经济层次融入、社会层次融入、心理层次接纳和身份层次认同四个维度，并通过对全国大型调查数据的分析验证农民工在城市融入的四个层次间不存在因果递进关系。杨菊华（2009，2015）则将社会融入划分为经济整合、文化接纳、行为适应和身份认同四个方面，并根据流动人口在上述四个方面不同的融入程度，提炼出隔离型、多元型、融入型、选择型、融合型五种流动人口的社会融入模式，认为不同类型的移民在不同的层次与维度上呈现相异的融入和适应程度，这种模式化、类型化的移民融入观点也得到王处辉和孙晓冬（2014）实证研究的支持。以上述为例的研究为在华国际移民社会融入的层次、维度和模式分析提供了有益参考。

同时，国内不乏对在华国际移民、特别是在广州的国际移民的实证研究，但多为基于观察、访谈、小组工作等方法的定性研究，且基于某一特定群体，如非洲人、韩国人，缺乏对国际移民群体的整体考察和对其社会融入状况的定量测量。对上海外籍人士（孙烨，2010）、北京望京地区韩国人（朱秉渊，2013）和广州韩国移民（周大鸣、杨小柳，2015）的研究都得出在华外籍人士经济融入程度较高、文化与心理融入程度较低、整体融入度较低的结论。周大鸣和杨小柳（2015）在研究中提出了"浅层融入，深度区隔"的概念，即广州韩国人在开展基于生存和发展需要的浅层融入的同时，出于强烈的民族自豪感和优越感，通过强调群体的排他性和封闭性，保持自己文化的独特性和优越性，与周边社会保持"深度区隔"。朱力（2011）在基于对在华技术移民的研究中也发现，越是来自发达国家、收入与生活质量越高的人群，越是有优越心态，就越不容易融入当地社会。对广州的非洲人的研究则体现这一群体在以消费观念为主的物质经济融入和以生活方式及宗教信仰差异为主的文化融入上遭遇的困难和由此引发的与当地人的冲突（温国砫，2012；田慧，2015）。这些研究说明在华外国人较低的融入程度，并指示了对来自不同国家与区域的在华外国人的融入和适应,和对在华外国人在经济、文化、社会生活等不同方面的融入情况的研究需要。

二 融入与适应的指标建构

基于上述文献所涉的研究思路和实证研究结果,本章将外国人的社会融入情况提炼为经济、社会、文化和政治四个层面,建构一个用于测量外国人在中国的融入和适应程度的指标。通过选取反映外国人在穗融入情况的变量,并根据其代表性和区分度进行赋值,获得总分各为25分的经济、社会、文化和政治整合指数,再加总得到满分为100分的总体整合指数,以反映在穗外国人在各方面以及整体的社会适应和社会融入状况。简明的指标内容和测量见表2-1,对指标体系的详细说明与解释如下。

在经济层面的指标分为在华经济嵌入和收入倾向性:前者是考察在华经济现状的客观指标,考察外国人是否出于直接的经济目的来华及在华是否有医疗保险、房产或企业投资,体现其经济生活嵌入于中国经济社会的程度;后者则反映外国人对自己在中国的经济收入的主观满意度和在华进一步获取经济收入的倾向性,内容包括外国人对其来华后较之来华前的收入满意度和对自己在中国未来收入的信心。初步的数据分析显示,是否出于经济目的来华、在华是否有医疗保障、在华收入满意度、在华收入信心这四个变量在个体间具有相对较大的区分度,因而在指标建构中被赋予较高的权重;而在华有房产或企业投资的外国人数量较少,若赋值过高会降低整体区分度,因而赋予的权重较低。

社会层面的指标囊括外国移民在华的社会距离、社会生活嵌入和在华时间嵌入的测量。社会距离采用单向度的社会距离量表,即受访者与中国人一起从事聊天、工作等亲密程度不等的活动的意愿强度。除了主观意愿,在穗外国人在中国活动和与中国人往来的实况也纳入指标之中,具体包括总的在华时间长度、认识的且目前在广东的人中

表2-1 在华外国人总体整合指数的指标体系

一级指标	二级指标	三级指标	三级指标计算方法
总体整合指数（100分）	文化整合指数（25分）	中文水平（8分）	是否在中国受过教育（2分）	是=1 否=0
			有无中文名字（2分）	有=1 无=0
			中文的熟练程度自评（4分）	流利=1 可应付日常生活=0.67 掌握很少=0.33 完全不懂=0
	中式生活接受情况（8分）	在餐馆或咖啡馆主要依赖的服务提供者（2分）	主要依赖中国人=1 中国人和本国人各一半/中国人和外国人各一半=0.5 主要依赖本国人/主要依赖外国人/没有使用过=0
		有物流需求时主要依赖的服务提供者（2分）	
		有会计或金融需求时主要依赖的服务提供者（2分）	
		有购买日常用品需求时主要依赖的服务提供者（2分）	
	家庭嵌入（9分）	目前孩子是否在华（3分）	是=1 否=0 无小孩=0.5
		孩子是否有学习中文（3分）	
		配偶目前是否在华（3分）	是=1 否=0 单身=0.5
社会整合指数25分	中国社会距离（10分）	是否愿意和中国人一起聊天（2分）	非常愿意=1 愿意=0.75 无所谓=0.5 不愿意=0.25 绝对不愿意=0
		是否愿意和中国人一起工作（2分）	
		是否愿意和中国人做邻居（2分）	
		是否愿意和中国人做好朋友（2分）	
		是否愿意自己或者自己的儿女和中国人结婚（2分）	

续表

一级指标	二级指标	三级指标	三级指标计算方法
总体整合指数（100分）	社会整合指数（25分）	社会生活嵌入（12分）	是否参加过在广州的商会/同乡聚会（1分）	是=1 否=0
			是否参加过在广州的宗教聚会（1分）	
			是否参加过在广州的兴趣群体的活动（1分）	
			是否参加过在广州的志愿者聚会（1分）	
			认识并目前在广东的人里中国人的数量（4分）	0人=0，1—5人=0.25，6—10人=0.5，11—50人=0.75，50人以上=1
			认识并目前在广东的人中，中国人的数量是否多于本国人或国际移民的数量（4分）	认识的中国人数多于本国人数和国际移民数=1；认识的中国人数等于本国人数或国际移民数=0.5；认识的中国人数少于本国人数和国际移民数=0
		在华时间嵌入（3分）	总来华时长（3分）	2个月以下=0，2—4个月=0.2，5—12个月=0.4，13—24个月=0.6，25—36个月=0.8，36个月以上=1
	经济整合指数（25分）	收入倾向性（10分）	对自己在中国未来收入的信心（5分）	很高=1 高=0.67 中=0.33 低=0 不清楚=.
			和没有来中国之前相比，对自己来华之后的收入满意度（5分）	非常满意=1 满意=0.75 一般=0.5c 不满意=0.25 很不满意=0
		在华经济嵌入（15分）	是否出于自主创业/为公司工作/寻求商业机会的目的来华（6分）	是=1 否=0
			在中国期间，有无任何医疗保险保障在中国的医疗支出（6分）	有=1 没有=0 不知道=0.3
			在中国有无房产或企业投资（3分）	有=1 没有=0

续表

一级指标	二级指标	三级指标	三级指标计算方法
总体整合指数（100分）	政治整合指数（25分）	公民身份倾向（7分）	有无考虑向中国政府申请移民到中国（3分）	有考虑=1 没有想过=0
			对中国的未来的信心（4分）	很高=1 高=0.67 中=0.33 低=0 不清楚=。
	移民网嵌入（18分）	有没有介绍或带领祖国的朋友或亲属来中国（3分）	有=1 没有=0
		介绍或带领过多少亲朋好友来中国（3分）	1—2人=0.25，3—5人=0.5，6—9人=0.75，9人以上=1
		来中国的次数（2分）	1次=0，2—5次=0.33，6—10次=0.67，10次以上=1
		认识并目前在广东的人中，来自祖国的人的数量（3分）	0人=0，1—5人=0.25，6—10人=0.5，11—50人=0.75，50人以上=1
		认识并目前在广东的国际移民数量（3分）	
		居住地国际移民聚居数量评估（2分）	没有=0 很少=0.25 一些=0.5 很多=0.75 全部=1

中国人的人数，以及在广州参加商会聚会等群体活动的情况。由于外国人在广东可能同时与本国人、国际移民和中国人互动，融入和适应三个群体的社会生活之中，因而认识的现居广东的中国人数量相对于本国人和国际移民的数量也被纳入了社会嵌入指标中，以反映外国人与中国人的互动频率相对于其与本国人或国际移民的互动频率。同样出于区分度的考虑，社会距离变量、认识的人数变量和在华时间变量被赋予较高的分值，纳入社会整合指数的计算之中。

在华外国人的中文水平、中式生活接受情况和家庭嵌入则构成文化整合指数。中文水平不仅体现于受访者对其中文熟练程度的自评，也在一定程度上反映出其是否在中国接受过教育以及有无中文名。外国人在餐馆与咖啡馆、物流、会计与金融、日常生活用品购买的日常活动中，若主要依赖中国人，则能反映对中式生活较高的接受程度，若主要依赖本国人或国际移民，则说明对中式生活的接受和适应程度较低。配偶与孩子是否在华、孩子是否学习中文两个变量指涉在华移民的家庭生活嵌入于中国文化和中国社会的程度，因而也是文化整合指数的重要内容。

政治整合指数下有公民身份倾向和移民网嵌入两个二级指标。在华外国人是否考虑申请移民到中国、对中国未来的信心，在不同程度上反映出获取中国公民身份的意愿，属于其融入中国政治生活的程度体现。另外，移民在华的非华人社会网络反映了移民作为群体直接参与或间接影响中国政治社会的潜在能力，因而在华移民网嵌入也反映了政治整合程度。这一二级指标的主要变量由来华次数、介绍或带领来中国的本国朋友或亲属数量、认识的在广东的本国人和国际移民数量组成，其次是其居住地的本国人和国际移民聚居数量。

三　融入与适应情况

（一）数据与样本介绍

本章所分析的数据来自 2016 年展开的"在广州生活、工作的外国人调查"（以下简称"2016年在穗外国人调查"）。调查于2016年在广东省公安局出入境大厅展开，为期一个月，借助电脑辅助系统、提供14种语言选择供外国人回答问卷，最终收集了1244个样本信息。由于对外国人适应与融入的探讨集中关注的是在华时间较长的群体，因而数据处理中去除了此次访华目的仅为观光，且在华时间小于或等于三个月的样本，使对在穗外国人融入与适应的分析更为有效。数据处理后的有效样本数为1207个，样本特征如表2-2所示。

表2-2　　　　　　2016年在穗外国人调查样本描述

变量	类别	样本量	百分比
性别	男	910	75.39
	女	297	24.61
国家类型	发展中国家	928	77.46
	发达国家	270	22.54
在华职业	商人	265	21.96
	管理/专业技术人员	196	16.24
	其他职业	195	16.16
	学生	393	32.56
	无业	158	13.09
在华累计时长	0—6个月	396	34.25
	6—11个月	152	13.18
	12—23个月	144	12.49
	24—47个月	190	16.48
	48个月或以上	271	23.5
来华次数	1次	290	24.07
	2—5次	396	32.86
	6—10次	158	13.11
	10次以上	361	29.96

续表

变量	类别	样本量	百分比
居住地	天河区	309	29.32
	越秀区	205	19.45
	白云区	146	13.85
	番禺区	141	13.38
	海珠区	106	10.06
	荔湾区	75	7.12
	花都区	27	2.56
	黄埔区	23	2.18
	增城区	10	0.95
	南沙区	8	0.76
	从化区	4	0.95

（二）在穗外国人融入与适应的总体情况

如表2-3所示，对2016年在穗外国人调查的数据统计显示，在穗外国人的平均总体整合指数为52.73分，1030个样本的最低得分为25.94分，最高分则有83.2分。其中社会整合指数均值最高（14.49分，构成总体整合指数均值的27%），经济整合指数（13.04分，25%）和文化整合指数（12.94分，25%）次之，而政治整合指数最低（11.96分，23%）。由此可见，外国人在穗的融入和适应的总体程度不高，且相对而言在社会生活和社会活动上融入广州社会程度最高、在政治层面融入程度最低。从各指数的标准差可见，在经济和政治层面的适应程度上，在穗外国人个体之间的差异较大，而在社会适应和文化适应上则差异较小。

表2-3　　　　　　　　2016年在穗外国人整合指数

指数	均值	标准差	最小值	最大值	样本量
社会整合指数	14.49	3.89	0	25	1152
经济整合指数	13.04	4.6	0	25	1175

续表

指数	均值	标准差	最小值	最大值	样本量
文化整合指数	12.94	3.67	1.32	22.68	1132
政治整合指数	11.96	4.39	0	24	1137
总体整合指数	52.73	10.07	25.94	83.2	1030

(三) 在穗外国人融入与适应的个体差异

本章对已有文献的回顾表明，来自不同国家的移民的融入与适应状况不同，而且影响不同移民群体的融入状况的主要因素也不同，或是民族自豪感，或是消费观念和宗教信仰差异等。政府对待来自不同国家和地区、来华目的和在华职业不同的移民可能有不同的政策，当地人也可能因为不同移民群体的特征而对其有不同的态度，这些因素也可能导致在穗外国人融入与适应呈现出带有群体特征的个体差异。随着来华时间与次数的变化，融入和适应的情况也可能发生变化。本节将呈现不同国家类型、国籍、居住地、职业类型、来华时间和来华次数的在穗外国人的融入与适应情况差异。

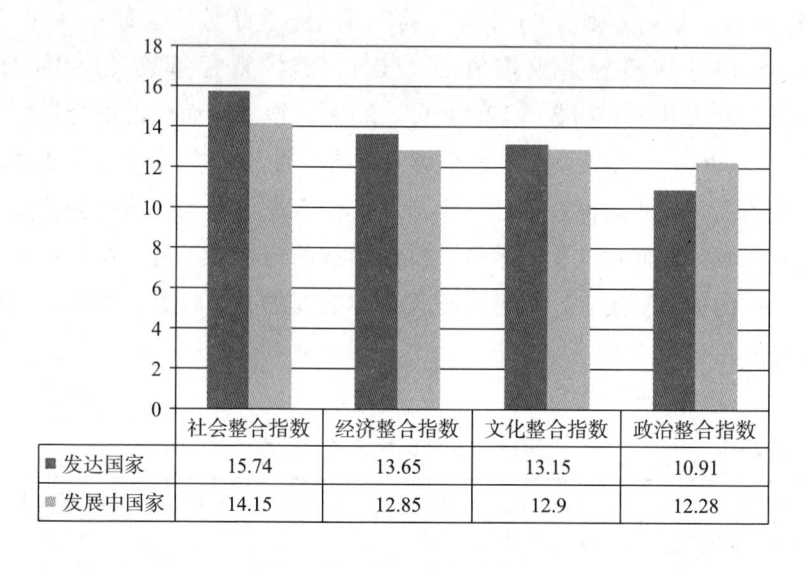

	社会整合指数	经济整合指数	文化整合指数	政治整合指数
发达国家	15.74	13.65	13.15	10.91
发展中国家	14.15	12.85	12.9	12.28

图 2-1 来自发达国家和发展中国家的在穗外国人整合指数比较

图 2-1 呈现了 2016 年在穗外国人调查数据所示的来自两类国家的移民在融入与适应方面的指数差异。在文化、经济和社会整合指数上，来自发达国家的移民的得分都高于来自发展中国家的移民的得分，且差距逐个提高。具体而言，来自两类国家的移民在文化整合上相近（相距 0.25 分），但来自发展中国家的在穗外国人的经济融入程度稍低于来自发达国家的同类群体（相距 0.8 分），而其社会整合程度则显著低于后者（相距 1.59 分）。另外，来自发展中国家的在穗外国人的中国政治嵌入性高于来自发达国家的移民，前者的政治整合指数高出 1.37 分。总体而言，来自发达国家的总体整合指数为 53.41 分，来自发展中国家的则为 52.5 分，前者稍高于后者。以下将对两个群体在二级指标上呈现的差异进行分析，以进一步了解二者在华融入与适应情况与逻辑的差异。

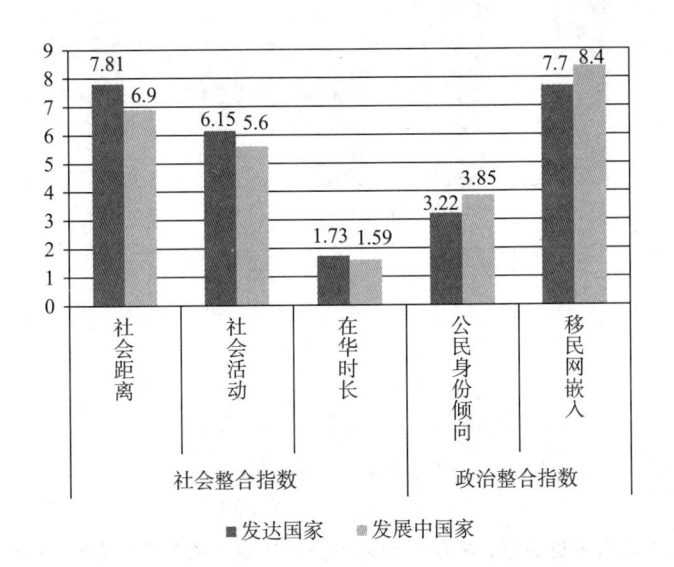

图 2-2 来自发达国家、发展中国家的在穗外国人社会与政治整合指数比较

由图 2-2 可见，在社会整合指数的各项二级指标下，来自发达国家的在穗外国人的整合指数都高于来自发展中国家的移民，而在政治整合指数下则反之。来自发达国家的在穗外国人的社会距离指数更大，即更愿意与中国人来往，社会活动参与指数也更大，即参与中国的社会活动频率更大、认识的中国人数也相对更多。但在广州生活、工作的外国人中来自发达国家的群体的公民身份倾向相对于来自发展中国家的群体较低，成为中国公民的意愿和可能性较低，其移民网络嵌入程度也低于后一群体的相应数值，即在中国的移民群体网络规模较小，政治影响力因而也较小。来自发展中国家的在穗外国人的公民身份倾向和移民网嵌入程度都更高，但社会整合程度却较低。具体而言，来自发展中国家的在穗外国人对中国未来有更高信心和有意愿向中国政府申请移民的比例更大，但他们更多地发展本国人和外国人的网络，而与中国人的交往意愿和频率相对更低。这是否与广州政府政策和市民态度相关，值得进一步的研究。

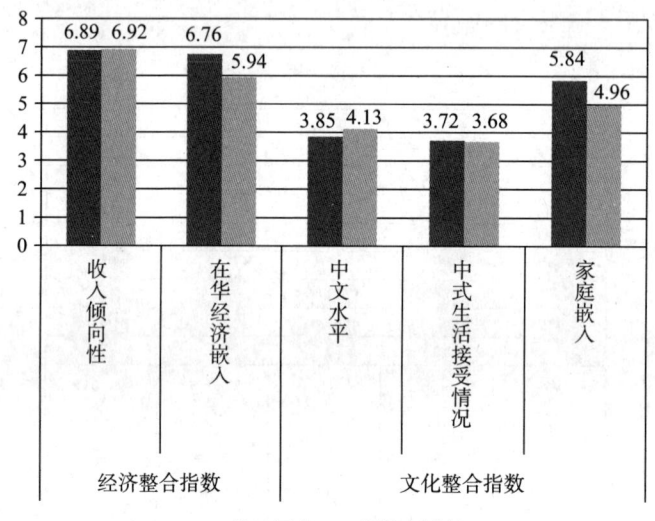

图2-3 来自发达国家、发展中国家的在穗外国人经济与文化整合指数比较

图2-3则反映在经济融入和文化融入方面两个群体的差异。来自发达国家和发展中国家的在穗外国人的收入倾向性相似，但前者的在华经济嵌入程度稍高，这可能与发达国家的个体更高的平均收入水平相关。在中文水平和对餐饮、物流、金融和购物方面的商品和服务的本地提供者的接受程度上，两个群体的差异较小，但来自发达国家

第二章 融入与适应

的移民的家庭嵌入程度相对更高。对这一二级指标下的变量统计也显示，来自发达国家的在穗外国人有配偶与孩子在华和有孩子在学习中文的比例都更高。

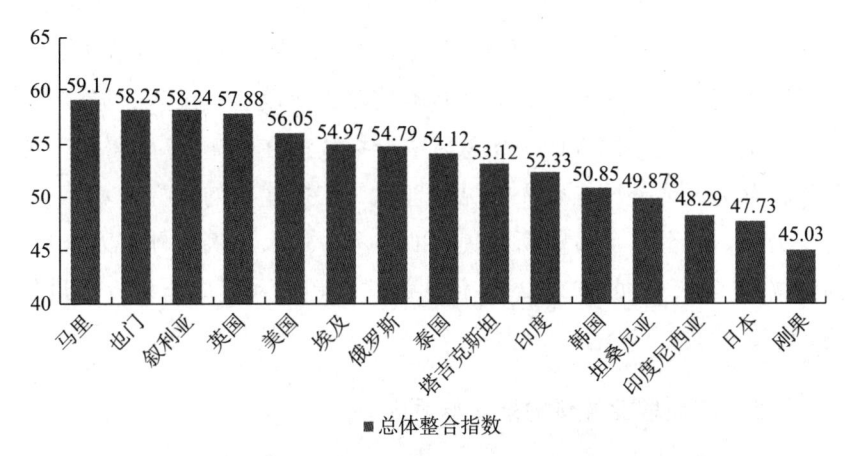

图2-4 15个国籍的在穗外国人的总体整合指数比较

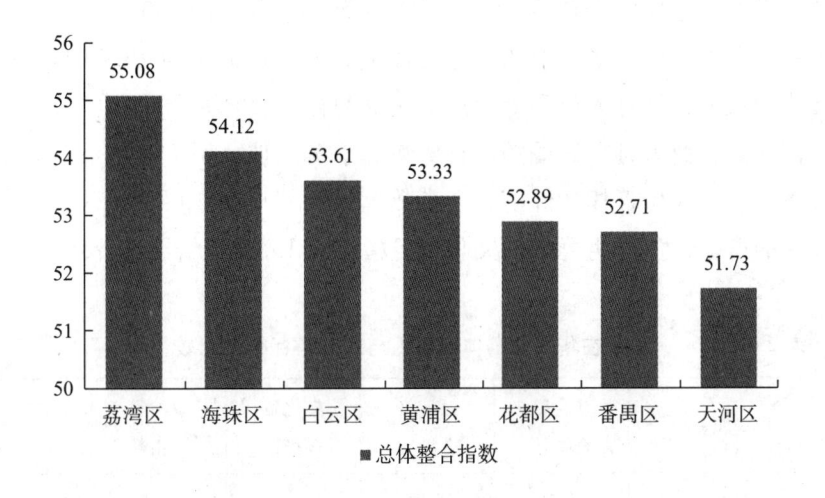

数据（从高到低）：马里59.17、也门58.25、叙利亚58.24、英国57.88、美国56.05、埃及54.97、俄罗斯54.79、泰国54.12、塔吉克斯坦53.12、印度52.33、韩国50.85、坦桑尼亚49.878、印度尼西亚48.29、日本47.73、刚果45.03

图2-5 居住于不同市区的在穗外国人的总体整合指数比较

数据（从高到低）：荔湾区55.08、海珠区54.12、白云区53.61、黄浦区53.33、花都区52.89、番禺区52.71、天河区51.73

本次调查共收集了来自133个国家的样本，其中样本数在15或以上的有15个国家，图2-4呈现了样本中这15个国家的在穗移民的总体整合指数。来自马里的在穗外国人的融入和适应情况最佳，总

49

体整合指数为 59.17 分；来自刚果的在穗外国人的相应得分则只有 45.03 分，融入情况最差。而来自发达国家的在穗外国人中，英国人和美国人的适应和融入程度最高，平均总体整合指数分别为 57.88 分和 56.05 分；韩国人和日本人的融入程度则最低，相应得分分别为 50.85 分和 47.73 分。调查同时获取了被调查者居住地区所在的市区，除了增城区、南沙区和从化区因样本数较少而没有被纳入，居住在广州市其他市区的外国人的平均总体整合指数都在图 2-5 中得到呈现。居住在荔湾区的外国人融入情况最理想，依据建构的指标计算其平均得分为 55.08 分，而调查所收集到的样本中最大比例的外国人来自天河区（29.32%，见表 2-2），但它的平均融入和适应指标得分最低，为 51.73 分。

（四）不同职业群体的融入与适应

如表 2-4 所示，在华的外国人群体中，商人和管理人员、专业技术人员的总体整合指数最高，分别为 56.18 分和 56.43 分，高于总体平均分，目前在华无业的群体总体整合指数最低，为 49.45 分。在具体指数上，管理人员和专业技术人员的社会整合指数和经济整合指数都最高，商人则以微弱的得分劣势处于第二位。由于相对而言缺乏经济收入，学生群体的经济整合指数远低于其他职业群体，包括在华无业的群体，但学生群体的文化整合指数以 13.65 分居于最高位。政

表 2-4　不同在华职业群体的融入与适应指标得分比较

在华职业	社会整合指数	经济整合指数	文化整合指数	政治整合指数	总体整合指数
商人	15.16	15.46	12.39	12.87	56.18
管理/专业技术人员	15.67	15.87	12.68	11.78	56.43
其他工作	14.75	13.73	12.37	11.4	52.45
学生	13.67	10.3	13.65	11.99	50.03
无业	13.55	11.44	13.02	11.24	49.45

治整合指数上，商人群体的得分最高，为 12.87 分，而其他群体的得分都在 11—12 分，这说明了在穗外国商人个体之间可能具有较强的联系度。对政治整合指数统计发现，在五类职业群体中，商人的移民网嵌入得分最高（9.08 分），同时，商人群体中有考虑向中国政府申请移民的比例也仅次于学生群体中的比例（39.18%），达 36.40%。

（五）来华时间与来华次数对外国人融入的影响

外国人的在华累计时长和访华累计次数与其融入与适应的关系能在一定程度上反映其在华社会融入的境遇和经历过程。如表 2-5 所示，随着在华时长的提高，在穗外国人的融入与适应程度也逐渐提高，其中在华时长累计为 0—6 个月的外国人的评价总体整合指数为 47.51 分，而在华时长累计为四年或以上的总体整合指数则高达 58.41 分，在华累计一年以上的外国人总体整合指数均值高于总体均值。经济整合指数、文化整合指数和政治整合指数都随着在华时长的提高而上升，但经济与文化融入与适应程度的加深并不明显，在华时长最短与最长的两个分类下对应的两个指数差异仅在 1 分以上；而政治整合指数提高则相对明显，从 10.27 分提升至 13.79 分。由于社会整合指数以在华时长作为重要指标，此处的分析对这一指数并不适用。

表 2-5　　融入与适应指标得分随在华时长的变化

在华时长	社会整合指数	经济整合指数	文化整合指数	政治整合指数	总体整合指数
0—6 个月	12.15	12.59	12.41	10.27	47.51
6—11 个月	13.86	13.06	12.81	12.14	51.9
12—23 个月	14.63	12.99	13.28	12.01	53.19
24—47 个月	16.11	13.19	13.11	12.89	55.3
48 个月或以上	17.06	13.87	13.61	13.79	58.41

同样地，由表 2-6 可见，在穗外国人的融入与适应程度也随着来华次数的上升而逐渐提高，体现在总体整合指数的提升上：在穗外

国人中，来华次数越多，总体整合指数的平均值越高，其中来华1次和来华2—5次的在穗外国人总体整合指数分别为47.12分和51.07分，低于总体均值，而来华6—10次和10次以上的外国人的总体整合指数均值则分别达54.17分和58.39分，高于总体均值。值得关注的是，随着来华次数的提升，社会整合指数和经济整合指数都有较明显的提高，而文化整合指数则不然，保持在13分左右。这说明来华次数更多的外国人，在中国的社会活动和经济活动上更加活跃，嵌入、融入与适应的程度更高，但文化鸿沟却没有减小的趋势。较多的来华次数通常指示多重访华目的或者多次的商业交易，因而能够部分解释经济和社会活动随访华次数增加的提升；但随着在华时长和来华次数的增加，在穗外国人的文化适应和文化融入总体保持在较低的水平，这一现象则值得进一步反思和探讨。

表2-6　　　　融入与适应指标得分随来华次数的变化

来华次数	社会整合指数	经济整合指数	文化整合指数	政治整合指数	总体整合指数
1次	12.55	11.47	12.83	9.88	47.12
2—5次	14.23	12.41	13.16	11.06	51.07
6—10次	15.32	13.17	12.61	12.86	54.17
10次以上	15.95	14.97	12.91	14.27	58.39

四　小结与讨论

本章建构了一个测量在穗外国人融入与适应情况的指标体系，并用2016年《广州外国人研究报告》数据呈现了2016年外国人在穗融入和适应的情况。指标体系的建构基于已有相关研究的理论、思路和实证研究结果之上，将外国人的社会融入分为经济、社会、政治和文化四个层面，通过对多个变量的不同赋值建构各个层次的整合指数，经过加总得到反映融入和适应程度的总体整合指数。这一指标的建立

第二章 融入与适应

有助于对在穗外国人的社会适应和社会融入情况做较为全面的初探和进一步的定量分析。

数据结果表明，在作为非移民国家的中国，外国人的在穗总体融入程度较低，总体整合指数得分较低。同时，在穗外国人在不同的社会生活层面有着不同融入程度，在以与中国人的心理距离、在广州参与社会活动、认识的中国人数量和来华时长为主要变量的社会整合层面得分较高，社会融入程度较高，经济嵌入和文化适应程度稍低，政治整合指数最低。换言之，外国人在穗参与社交、社会活动和经济活动的活跃程度高于其接受中国生活方式与文化及融入中国政治社会的程度。

进一步的分析发现来自不同国家类型、在华从事不同职业的在穗外国人有着不同的融入逻辑。来自发达国家的在穗外国人在社会、经济和文化层面都显示出更好的总体适应和融入情况，而发展中国家则显现出更强的中国公民身份倾向和更大的移民网络，形成更高的政治整合。来自发达国家的在穗外国人的平均融入程度稍高于来自发展中国家的群体，但总体指数没有明显差异。同时，不同国籍和现居所市区不同的在穗外国人的总体融入和适应情况也呈现不等的差异。在穗的外国管理者和专业技术人员群体、商人群体在社会、经济和政治层面都显示出较高的活跃性和适应性，是融入程度最高的两个职业群体，而在穗外国学生群体则在文化融入上呈现了明显的优势。

随着来华时间和来华次数的提高，在穗外国人在各方面和整体的融入程度都有不同程度的上升，但在文化融入上的提升较不明显。结合数据所呈现的较高的社会整合指数得分和较低的文化整合指数得分，在穗外国人较低的文化融合程度值得进一步的探讨：尽管在穗外国人与中国人接触与往来的意愿较高，但在参与当地的活动、实际的中文水平和中文运用、在日常生活中对中国人的依赖，或家庭嵌入中国社会等方面却有相当大的提升空间。由于对外国人在中国的融入和适应研究具有相当的学术意义和政策意义，因而我们迫切需要对在华外国人聚集的其他城市的相应数据进行搜集和比较，也需要做出更多详尽而严格的相关性分析。

第三章 来华基本过程分析

本章将基于调查数据，对在穗外国人的来华基本过程做简要描述和分析。

一 来华状况

（一）来华次数分析

调查显示，在穗外国人逾七成为多次来华，发达国家受访者来华次数较多。在来华次数方面，25.36%的受访者为首次来华，32.69%的受访者来过2—5次，12.80%的受访者来过5—10次，29.15%的受访者来过10次以上。

在来华次数上，来自发达国家的外籍人士要高于来自发展中国家的外籍人士。过半数发达国家外籍人士的来华次数都在6次以上，特别地，有38.49%的受访者来华次数在10次以上，这一比例远高于来自发展中国家的群体，来自发展中国家的受访者来华次数集中分布于5次以下，其中27.99%只来过中国1次，有33.02%来过中国2—5次（见表3-1）。

表3-1　发达国家和发展中国家群体来华次数比较 N=1242　　单位:%

	1次	2—5次	6—10次	10次以上
发达国家	16.19	31.29	14.03	38.49
发展中国家	27.99	33.02	12.37	26.62

第三章　来华基本过程分析

（二）两地往返状况分析

本次调查询问了被访者去年往返自己祖国和中国之间的次数，这体现了他们在近期的迁移频密程度。结果显示：受访者去年平均往返次数为1.92次，即接近2次，在平均迁移次数上，发展中国家和发达国家不存在显著差异，而来华参与商贸活动者与专业技术人员之间却存在着差异，来华经商的受访者去年平均来华次数为2.64次，要高出专业技术人员的1.88次。

为了更好地呈现情况，接下来对往返次数进行进一步划分，将其分为：0次、1次、2次以及3次及以上。结果显示，无论是发达国家还是发展中国家，都呈现着与受访者总体相似的比例，即往返1次的比例最高，2次的比例最低。而依据职业类型划分的群体却在这一指标上呈现出一定的差异，具体表现为：对于商贸人士，往返祖国与中国的次数越多，对应的比例也越高，3次以上的比例占到了近四成，要远高于专业技术人员，而专业技术人员的比例分布与总群体类似，由此可见，商贸人士短期往返的频繁程度十分突出。

表3-2　　　　不同群体去年往返祖国与中国次数比较　　　　单位：%

	0次	1次	2次	3次及以上
全体受访者（N=1182）	24.37	29.95	21.40	24.28
发达国家（N=268）	22.76	32.46	19.40	25.37
发展中国家（N=904）	24.89	29.31	21.79	24.00
商贸人士（N=472）	14.71	22.69	24.16	38.45
专业技术人员（N=541）	21.44	32.16	21.63	24.77

（三）来华时间

在来华时间方面，本书以加入世贸和举办奥运这两个重要节点为分界，将来华时间分成三个阶段，分别是：1976—2000年、2001—2008年和2009—2016年。结果显示，无论是来自发达国家还是发展中国家的外籍人士，在奥运后来华的比例均为最高，发展中国家超过七成，而发达国家也接近六成。在来自发达国家的受访者中，有 11.81% 在加入世贸以前就已经来到中国，而这一比例在发展中国家受访者中仅为 3.48%。

表 3-3　　发达国家和发展中国家群体来华时间比较 N=1217　　单位:%

	"入世"前 （1976—2000 年）	加入世贸到举办奥运 （2001—2008 年）	奥运后 （2009—2016 年）
发达国家	11.81	30.26	57.93
发展中国家	3.48	22.70	73.81

（四）接近半数为短期居留，存在一定群体差异

在居留时间方面，本调查将居留时间划分为：1 年以下、1—3 年以及 3 年以上，分别代表短期居留，中长期居留以及长期居留。

对于总群体而言，超过半数的受访者为短期居留，除此之外，居留时间在 3 年以上的比例为 24.54%，居留时间在 1—3 年的比例最低，为 21.34%。

表 3-4　　　　不同群体居留时间比较 N=1182　　　　单位:%

	1 年以下	1—3 年	3 年以上
全体受访者（N=1182）	54.12	21.34	24.54
发达国家（N=270）	55.48	21.27	23.25
发展中国家（N=912）	48.52	21.85	29.63
商贸人士（N=489）	59.10	13.91	26.99
专业技术人员（N=542）	63.47	16.24	20.30

无论是发达国家还是发展中国家的受访者，其居留时间都和受访者总体情况呈现相似的态势，但仍然存在着一定的差异，发达国家受访者留华时间在 1 年以下的比例为 55.48%，要高于发展中国家的

48.52%，而发展中国家在3年以上居留时间的比例为29.63%，超过了发达国家的23.25%。

不同职业类型同样在居留时间上存在一定差异，商贸人士的平均居留时间接近3年，居留时间在3年以上的比例为26.99%，专业技术人员的平均居留时间较商贸人士少了近半年，且3年以上的长期居留比例也低于前者，为20.30%。

二 迁移动机

迁移动机指的是促使受访者离开祖国的原因。本书在总体描述的基础上，依据来源国、从事职业、来华时间等要素对群体进行划分并展现其在迁移动机上的差异。对于迁移动机，问卷设置了如下选项：追求好的工作、改善生活水平、为了家庭团聚、访问/交流、观光、求学、逃避战乱、逃避种族清洗、逃避政治迫害以及逃避环境污染。

为了更清晰地呈现情况，需要进行进一步划分，而学界对于国际移民的划分也存在着不同的标准，如迁移数量、迁移距离、迁移动机、迁移者身份、合法性等，而本书主要选取迁移意愿作为分类标准，迁移意愿可分为自愿迁移和非自愿迁移，其中自愿迁移是指迁移者出于改善、提高福利为目的迁移，包括经济迁移、团聚迁移、学习休闲迁移；非自愿迁移则是指受影响人群无非是选择是否迁移或被强制进行迁移的人口迁移与经济社会系统的重建活动，它主要来源于一些重大的社会事件（如政治运动、战争、瘟疫、宗教迫害等），除此之外大规模的工程建设、城市化的发展也是造成人口迁移的原因，我们主要针对冲突和环境恶化带来的迁移进行了探究。综上所述，形成了如下五种分类：

（1）经济迁移：这一类主要包括技术移民、工作移民和投资移民等。在地区经济发展差异的背景下，为了追求更理想的经济利益，进而改变个人和家庭的命运，人们选择离开祖国，进行跨国迁移。在本次调查中对应设置了两个选项，分别是追求好的工作以及改善生活水平。

（2）团聚迁移：这一类主要指的是家庭团聚，当一个家庭成员到达新的国家并获得正式接纳后，其直系亲属有权通过申请"家庭团聚"到该国团聚定居。各国法律对此有不同界定，但基本包括移民的配偶和子女。在本次调查中对应设置了一个选项：为了家庭团聚。

（3）学习休闲迁移：这一类主要与各类文化娱乐活动挂钩，教育的全球化与商业化趋势、大众媒体的发展与推广，都使得国际学术、文化与娱乐互动更为频繁与密切。在本次调查中对应设置了三个选项：访问/交流、观光、求学。

（4）冲突性迁移：这一类一般因种族、宗教、政治等因素胁迫或发生战争而造成，根源是地区、族群内部或彼此之间的政治、宗教、文化冲突或社会、经济、资源的利益争夺。在本次调查中对应设置了三个选项，分别是逃避战乱、逃避种族清洗以及逃避政治迫害。

（5）环境性迁移：这一类主要指的是由于人口快速增长、资源开发、环境日益恶化带来的人口迁移，国际移民组织在2007年对于"环境移民"概念进行了界定，指出"环境移民是指由于不可抗拒的突发性或渐进性的环境因素，使得其生活或生存条件受到不利影响，从而被迫或自愿离开居住地的个体或群体。"在本次调查中对应设置了一个选项：逃避环境污染。

（一）离开祖国的动机

数据显示，来华外籍人士大多出于学习娱乐以及经济原因而离开祖国，其中学习休闲迁移的比例最高，占到了48.04%，而经济迁移的比例同样也超过了四成，除此之外，有7.01%的受访者是为了家庭团聚而进行迁移，冲突性和环境性迁移的比例较低，分别为3.09%和0.50%。

表3-5　　　　离开祖国原因的比较 N=1199　　　　单位:%

	经济迁移	团聚迁移	学习休闲迁移	冲突性迁移	环境性迁移
比例	41.37	7.01	48.04	3.09	0.50

(二) 来源国迁移原因分析

依据受访者来源国进行比较时可以发现，发达国家和发展中国家的受访者选择的倾向存在差异。发达国家受访者经济迁移占比最高，发展中国家受访者学习休闲迁移表现突出。近半数的发达国家受访者为经济迁移，其次是学习休闲迁移，占 37.12%，团聚迁移的比例也超过了一成；而发展中国家受访者的迁移原因则集中于学习休闲以及经济考虑。对比两类群体可以发现，发展中国家受访者因为观光、求学等文化原因离开祖国相对要高，而发达国家受访者则主要考虑经济因素和家庭因素。除此之外，发展中国家受访者冲突性迁移的比例相对要高于发达国家，这主要是由一些发展中国家复杂的社会经济环境所致，而发达国家受访者由于环境原因离开祖国的比例则相对高于发展中国家，这是因为发达国家的经济已经发展到较高水平，这使得人们转而提高了对于环境因素的关注度。

表3-6 发达国家和发展中国家离开祖国原因的比较 N=1199　　单位:%

	经济迁移	团聚迁移	学习休闲迁移	冲突性迁移	环境性迁移
发达国家	48.86	11.74	37.12	1.52	0.76
发展中国家	39.14	5.73	51.24	3.46	0.43

(三) 迁移动机随时间变化分析

对于不同来华时间上受访者离开祖国原因的变化趋势，可以看到，在初期，经济迁移的比例较高，但随后逐渐呈下降趋势，而学习休闲迁移则呈现上升态势，并在2012年后逐渐超过了经济迁移，而团聚迁移的比例也略有提高，从中可以看出，迁移者的迁移动机正在逐步从过往的单一经济因素考量，向包括教育、休闲、环境等多元要素综合考虑转变。

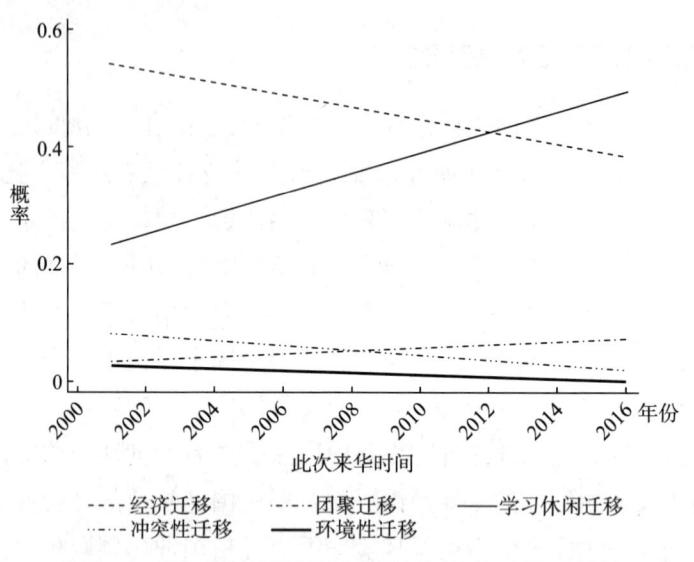

图 3-1 不同来华时间离开祖国原因比较（N=1199）

三 来华目的

如图 3-2 所示，受访者对于来华目的的考虑与离开祖国的原因基本一致，主要集中于工作和学习。超过三成的受访者来中国主要是为了进行自主创业，而 24.60% 的受访者则选择来华进行学术研究，13.18% 的受访者则是来华寻求商业机会，而在选择为公司工作的受访者中，占比最高的是为跨国公司工作（11.09%），总体来看，在全球化形势下，中国在经济文化层面的对外辐射已取得了一定成果。

（一）来华目的来源国差异分析

发达国家受访者工作探亲比例高，发展中国家受访者自主创业高。发达国家和发展中国家的受访者在来华目的的选择上同样存在差异，这也与他们的离国原因相匹配。来自发达国家的受访者选择的前三大原因分别是：为中资公司工作（17.99%）、跟随家人或探亲（15.47%）以及自主创业（14.75%），前两项的比例都显著高于发展

第三章 来华基本过程分析

```
传教          0.96
其他          5.47
为祖国公司工作   6.35
为中资公司工作   7.23
跟随家人或探亲等 8.68
观光          10.69
为跨国公司工作   11.09
来华寻求商业机会/商务 13.18
交换学生/学者   24.60
自主创业       31.83
```

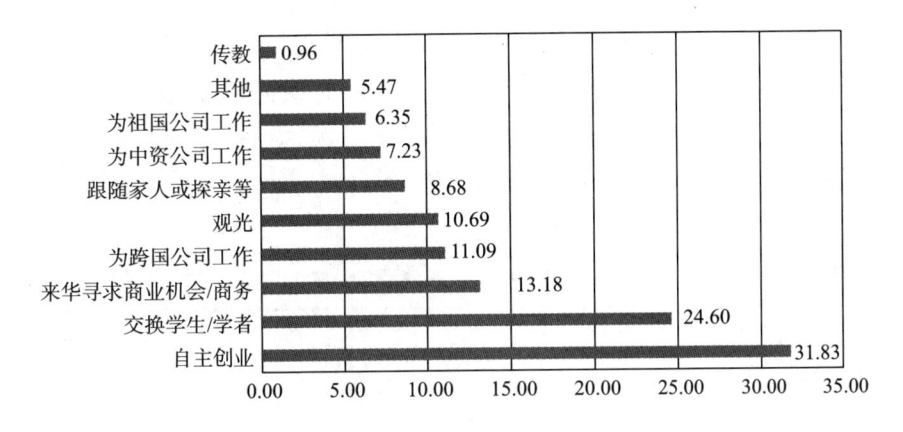

图 3-2　来华主要目的的比较（N=1166）

中国家的受访者的选择比例，而"交换学生/学者""为跨国公司工作""为祖国公司工作"以及"观光"的选择比例同样超过了10%。来自发展中国家的受访者离开祖国的最主要原因则是自主创业（36.92%），其次为交换学生/学者（27.72%）以及寻求商机/商务（14.23%）。

表3-7　发达国家和发展中国家来华目的的比较　N=1166　　单位:%

	自主创业	交换学生/学者	寻求商机/商务	观光	跟随家人/探亲	为中资公司工作	为祖国公司工作	为跨国公司工作	其他	传教
发达国家	14.75	14.39	9.71	11.51	15.47	17.99	12.23	13.31	7.91	0
发展中国家	36.92	27.72	14.23	10.36	6.69	4.08	4.71	10.36	4.71	1.26

（二）来华目的次数差异分析

调查显示，过半数首次来华者为学习观光，多次来华者集中于商业活动。本次调查将目的进一步分为四大类：创业或经商（包括自主创业以及寻求商机/商务）、为公司工作（包括为跨国公司工作、为祖国公司工作以及为中资公司工作）、陪伴家人（跟随家人或探亲）以及文化与娱乐活动（包括交换学生/学者、观光、传教）。

61

对比首次来华群体和多次来华群体,结果显示,对于首次来华群体,过半数为来华从事文化与娱乐活动,其次是创业或经商,占22.18%,而对于多次来华群体,从事文化娱乐活动的比例大幅下降,而创业经商、来华工作的比例则有所上升。

表3-8　　　　　　首次来华和多次来华目的比较　　　　单位:%

	创业或经商	为公司工作	陪伴家人	文化与娱乐活动
首次来华	22.18	18.09	3.41	56.31
多次来华	35.02	20.86	7.98	36.14

四　签证类型

(一)来源国签证差异分析

调查数据显示,发达国家长期签证比例高,发展中国家短期签证比例高。持学生签证入境的外籍人员比例最高,占调查总群体的近30%。其次为工作签证(24.66%),商业签证的比例也在20%以上,除此之外,旅游签证、居留签证的比例也相对较高,分别达到了13.99%和6.87%,这反映了外籍人员来华主要从事的是学习、工作以及商贸等相关活动。

按照来源国划分群体进行对比,可以看到发达国家和发展中国家的受访者在获得的签证类型上同样存在着一定差异,近四成发达国家受访者的主要签证类型为工作签证,其次为商业签证(19.05%)和旅游签证(15.38%),学生签证和居留签证的比例相当,均超过一成。而发展中国家受访者获得最多的签证类型是学生签证,比例高达31.34%,商业签证的比例也超过了发达国家的受访者,达到了24.63%,而排名第三的是工作签证(21.17%)。与发达国家相比,发

第三章 来华基本过程分析

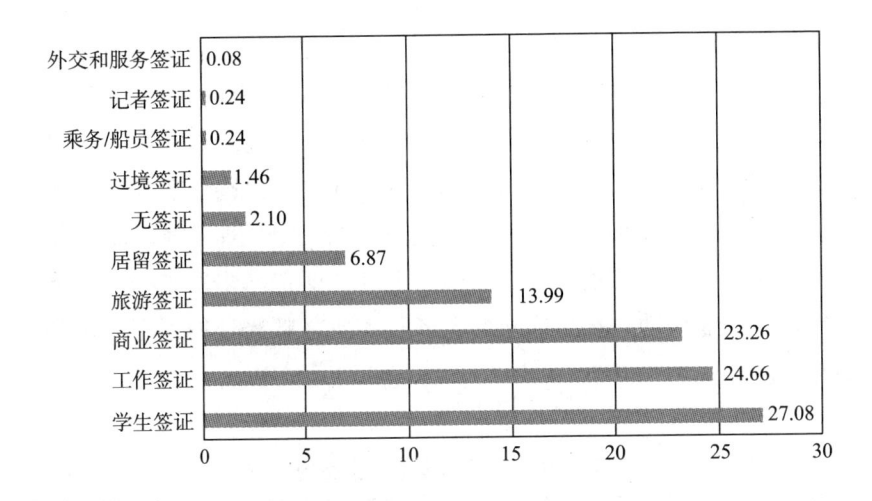

图 3-3 签证类型 (N=1237)

签证类型	百分比
外交和服务签证	0.08
记者签证	0.24
乘务/船员签证	0.24
过境签证	1.46
无签证	2.10
居留签证	6.87
旅游签证	13.99
商业签证	23.26
工作签证	24.66
学生签证	27.08

展中国家受访者获得居留签证和过境签证的比例较低，分别为5.24%和1.15%，无签证的比例则是发达国家的两倍。而值得注意的是，在诸如工作签证、居留签证等长期签证方面，来自发达国家的受访者的比例要高于发展中国家的受访者；而在商业签证、学生签证等短期签证方面，发展中国家的受访者的比例则相对较高。

表 3-9 发达国家和发展中国家受访者签证类型的比较　　单位：%

	无签证	旅游签证	商业签证	工作签证	学生签证	乘务/船员签证	记者签证	过境签证	居留签证	外交和服务签证
发达国家 N=273	1.10	15.38	19.05	36.26	12.82	0.37	0.37	2.20	12.45	0
发展中国家 N=954	2.20	13.73	24.63	21.17	31.34	0.21	0.21	1.15	5.24	0.10

（二）来华次数签证差异分析

首次来华短期签证比例高，多次来华长期签证比例高。按照来华次数进行对比,可以看到,对于首次来华的受访者,持有比例最高的是短期签证,42.04%的受访者持学生签证,18.47%持旅游签证,除此之外,工作签证和商业签证的比例也都超过了一成,分别为16.88%和13.69%,无签证的比例为2.55%。而随着来华次数的增加,学生签证和旅游签证这类短期签证的比例逐渐下降,而工作签证、商业签证、居留签证的比例逐渐上升,即选择多次来华的群体多在华从事商业活动,正是这样的经济联系使之频繁地往返于祖国和中国之间。

表3-10　　　　不同来华次数受访者签证类型的比较　　　　单位:%

	无签证	旅游签证	商业签证	工作签证	学生签证	乘务/船员签证	记者签证	过境签证	居留签证	外交和服务签证
1次 (N=314)	2.55	18.47	13.69	16.88	42.04	0	0.64	2.87	2.87	0
2—5次 (N=404)	1.73	14.85	24.75	19.55	33.66	0.5	0	0.25	4.7	0
6—10次 (N=158)	3.16	12.66	24.05	29.75	18.35	0	0	0	12.03	0
10次以上 (N=359)	1.67	9.75	29.81	34.82	10.58	0.28	0.28	2.23	10.31	0.28

(三)签证类型随留华时间变化分析

随着留华时间增加,短期签证比例下降。按照在华居留时间进行对比,可以看到,随着留华时间的增加,旅游签证、学生签证等短期签证的比例出现了下降的趋势,分别从17.47%和25.74%下降到7.59%和22.41%,而居留签证、工作签证等长期签证则在上升,其中工作签证更是来华三年以上受访者最主要的签证类型,这一趋势同样反映了"工作留人"和"商贸留人"的情况。

表3-11　发达国家和发展中国家签证类型的比较（N=1183）　　单位:%

	无签证	旅游签证	商业签证	工作签证	学生签证	乘务/船员签证	记者签证	过境签证	居留签证	外交和服务签证
小于1年	2.34	17.47	26.05	21.06	25.74	0.16	0.16	1.72	5.30	0
1—3年	1.19	8.73	22.62	24.60	36.90	0.40	0	0.79	4.76	0
3年以上	2.07	7.59	17.93	35.17	22.41	0.34	0.34	1.38	12.41	0.34

五　签证获得

（一）来源国签证获得渠道差异分析

发达国家受访者倾向于寻求中介办理，而发展中国家受访者倾向于自行申请。本次调查询问了受访者最近一次来中国时是如何获得签证的，结果显示：65.96%的受访者选择自行去使领馆申请，比例已超过半数，而选择通过中介办理的比例仅为22.04%。这体现了随着国门的开放，政策的支持和手续的简化，外籍人士来华时办理签证相对便捷。

表3-12　　发达国家和发展中国家办理签证渠道比较　　单位:%

	自己去使领馆申请	通过中介办理	其他
发展中国家	69.47	18.72	11.81
发达国家	53.45	33.82	12.73

而依照受访者来源国进行划分，可以看到：来自发展中国家的受访者自行去使领馆申请签证的比例为69.47%，而对于来自发达国家的受访者，这一比例为53.45%；来自发展中国家的受访者通过中介办理获得签证的比例仅为18.72%，而发达国家的受访者的这一比例

则是33.82%,发展中国家受访者在华社会网络更发达,这导致了他们在办理签证时更可能寻求亲友,即通过非正式途径来获取信息,办理签证。而发达国家受访者来华工作、访问的比例相对较高,这使得他们更倾向于选择求助中介来办理签证。

对于多次来华的受访者,我们还比较了其首次来华和本次来华办理签证的渠道,结果显示,首次来华时选择自行申请签证的比例为64.01%,而本次来华时选择自行申请签证的比例为66.96%;首次来华时选择通过中介办理签证的比例为23.34%,本次来华时选择通过中介办理签证的比例为20.83%,二者均无显著差异,说明在办理签证上,存在着一定的路径依赖,人们还是习惯于遵循第一次的获取途径。

表3-13　　　　首次来华和本次来华群体办理签证渠道比较　　　　单位:%

	自己去使领馆申请	通过中介办理	其他
首次来华	64.01	23.34	12.65
本次来华	66.96	20.83	12.21

(二) 中介办理签证费用分析

发达国家受访者花费远低于发展中国家受访者。在签证花费方面,本次调查询问了那些选择通过中介办理签证的受访者,了解他们本次的办理费用。结果显示,平均花费为439.53美元,而对于不同的国家类型,费用同样存在着差异,来自发达国家的受访者的平均费用为369.89美元,而来自发展中国家受访者的平均花费则要高出许多,为465.01美元。这也在一定程度上反映了中国政府的偏好,中国希望吸引高端人才,而他们又多来自发达国家,因此对于那些来自发展中国家的迁移者而言,他们面临更高的迁移门槛,经历更为烦琐的程序,相应地,也要支付更昂贵的费用。

对于不同来华时间上的签证花费,可以看到,在较早的一个阶段内,发展中国家受访者的签证花费要远高于发达国家,而近年来,发达国家外籍人士办理签证的费用呈上升趋势,而发展中国家则与之相对,呈稳步下降的态势,二者之间的差距正逐渐缩小。

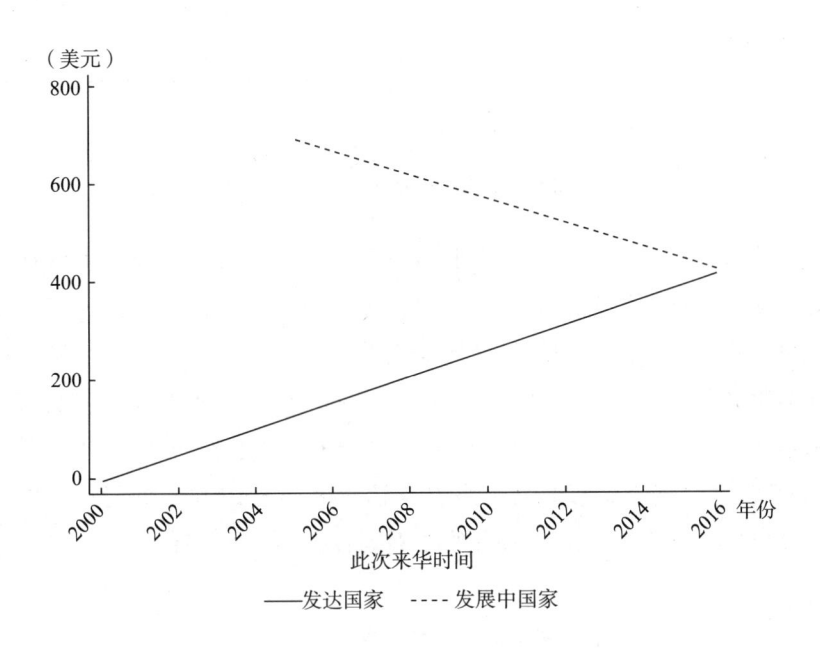

图 3-4 此次来华时通过中介办理签证的费用

六 接待状况

(一)接待与社会关系分析

无人接待比例最高,强关系依旧有效。此次调查还询问了受访者此次抵达中国时是否有人帮助安排接待,结果显示,近半数的受访者在抵达中国时无人接待/自行安排行程,除此之外,近三成的受访者有亲友接应,而客户接待(6.11%)、中介公司(包括祖国和中国)安排的比例均较低,这说明受访者在来华时还是倾向于求助强关系。

表 3-14　　　　　此次抵达中国时办理签证渠道　　　　　单位:%

	无/自行安排	有亲友接应	中国的中介公司	祖国的中介公司	有客户接待	其他
比例	46.91	29.48	6.92	4.32	6.11	6.27

(二) 来源国接待状况差异分析

发达国家受访者更倾向于求助中介,发展中国家受访者更多地求助亲友。依据受访者来源国对接待情况进行对比,可以看到,来自发达国家和发展中国家的受访者来华时受到接待安排的情况与总样本的分布情况类似,但仍然存在着一定的群体差异。发展中国家的受访者无人接待/自行安排行程的比例为 48.89%,有亲友接应的比例为 31.81%,都较为显著地高于来自发达国家的受访者;而在寻求中国的中介公司安排这一项,后者的比例则较高,达 14.91%。

表 3-15　　　发达国家和发展中国家办理签证渠道比较　　　单位:%

	无/自行安排	有亲友接应	中国的中介公司	祖国的中介公司	有客户接待	其他
发达国家	40.36	21.09	14.91	3.27	8.36	12.00
发展中国家	48.89	31.81	4.67	4.56	5.41	4.67

(三) 职业差异与接待状况

专业技术人员更依赖专业组织,商贸人士更多自行来华或依赖亲友网络。依据受访者职业类型进行对比,可以看到,超过四成的商贸人士在来华时无人接待,而专业技术人员无人接待的比例仅为 21.47%。商贸人士寻求亲友接待的比例为 34.89%,同样比专业技术人员要高。专业技术人员在中介接待、客户接待等正式组织协助下来华的比例比商贸人士要高出不少,说明在来华时,商贸人员更多地求助于非正式网络,而专业技术人员由于较多为工作调动,背后有公司和组织的支持,因而更多地依赖专业企业和组织。

表3-16　　　发达国家和发展中国家办理签证渠道比较　　　单位:%

	无/自行安排	亲友接应	中国的中介公司	祖国的中介公司	有客户接待	其他
商贸人士 (N=459)	40.35	34.89	5.26	2.92	9.55	7.02
专业技术人员 (N=559)	21.47	26.12	10.55	7.51	16.46	17.89

七　社会资本累积及累积因果效用

新古典经济学理论从个体理性出发,认为国际移民是个人追求利益最大化的一种选择,是人力资本的投资行为,其根源在于国家间的工资差距。但随着新移民时代的来临,移民网络迅速发展,这些移民网络不仅有助于形成有效的社会资本,还在于它是移民们在应对各种新的社会关系时可以借助的力量,广州的"巧克力城"等移民聚居地的出现就是移民网络的鲜明体现。移民的社会网络有四个方面的作用:提供信息,以降低迁移成本;降低文化适应的难度;帮助新到达的移民找到工作,并提高他们对收入的预期;帮助新抵达的移民节省各类开支。

本调查通过询问受访者来华时的接待情况,以及来华后认识的不同群体人数,来测量来华外籍人士的社会资本;通过被查验护照的比例、带家乡亲友来华的比例以及愿意在华居留的比例,来测量迁移的后果,以及导致未来迁移继续发生的累积因果效用。

(一) 来华外籍人士社会资本

调查显示,在初次来华接待时,发展中国家依赖族裔网络,发达国家受访者求助中介机构。对于发达国家和发展中国家的外籍人士第一次抵达中国时的接待情况,本调查按照无人接待、由中介接待、由客户接待以及由亲友接待进行划分和比较。结果显示,发达国家的外籍人士在首次来华时由亲友接待或无人接待的比例均超过了三成,除此之外,有25.23%的受访者寻求中介接待,客户接待的比例最低,为11.71%;而发展中国家的亲友接待比例较高,达到了近半数,而由中介接待和由客户接待的比例都要低于发达国家,分别为15.07%和5.48%。

表3-17 发达国家和发展中国家首次来华时办理签证渠道比较 单位:%

	无人接待	由中介接待	由客户接待	由亲友接待
发达国家	30.63	25.23	11.71	32.43
发展中国家	35.73	15.07	5.48	43.72

在加入世界贸易组织后,全球化经济浪潮席卷中国,中国与世界其他国家的联系日益密切,随之而来的是来华外籍人士比例的大幅上升,而此次调查的数据也印证了这一点,具体表现为受访者首次来华的年份多集中于2000年以后,故主要呈现2000年以后的趋势变化。

对两类群体自2000年起来华途径的变化进行分析比较,可以看到,2000年时来自发展中国家的外籍华人来华时无人接待的比例要显著高于发达国家,但随着时间的推移,发展中国家受访者自行来华的比例正逐渐下降,而发达国家受访者自行来华的比例却在不断上升,二者差距有弥合的趋势;对于中介接待,发展中国家外籍人士通过中介来华的比例大幅下降,而发达国家受访者的这一比例则稳步上升,并于2006年后超过了发展中国家;而在客户接待上,发展中国家维持着较低的比例,而发达国家受访者的这一比例则上升较快,这与其群体特征相吻合;对于亲友接待这一途径,在2000年时发达国家外籍人士寻求亲友接待的比例要高于发展中国家,但很快被后者超过,而且差距呈不断扩大的趋势。

由此可见,随着时间的推移,发展中国家的外籍人士在迁移地构建起了族裔网络,且对其依赖性逐渐上升,而发达国家的外籍人士则

第三章 来华基本过程分析

更多地寻求专业性机构的支持。

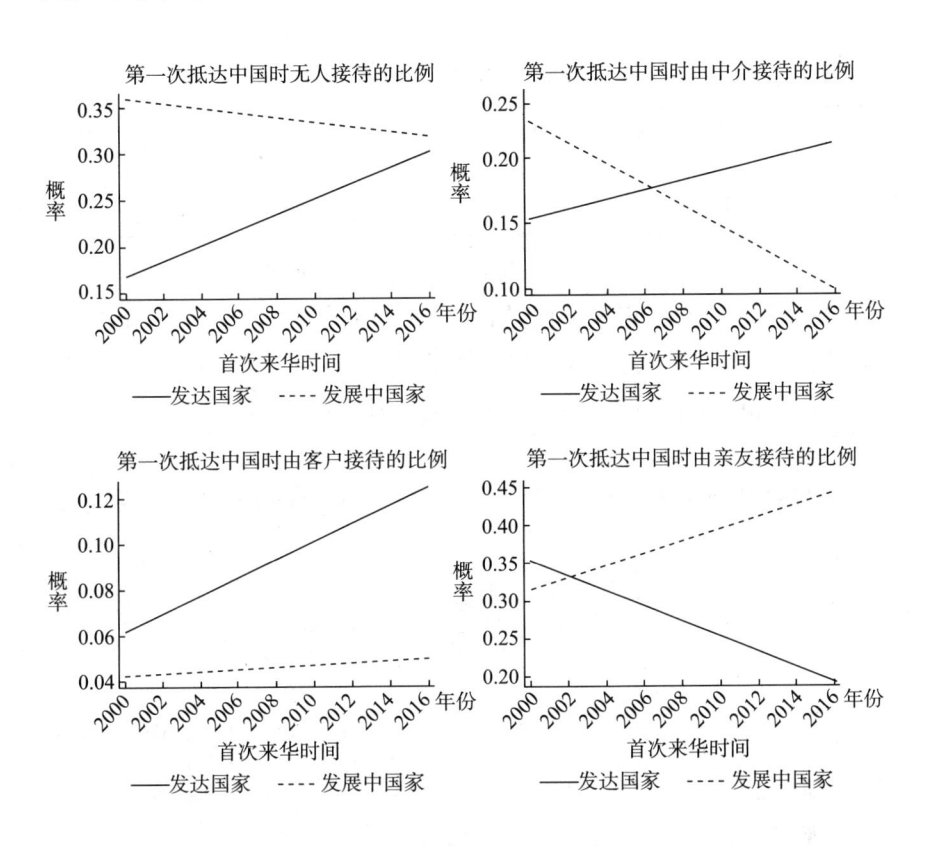

图 3-5 接待情况与来华时间关系

调查显示,发展中国家的来华者迅速拓展异质性网络,持续维系同质性网络。在本次调查中,我们通过询问"您认识并且目前在广东的人中,一共有多少中国人""您认识并且目前在广东的人中,一共有多少来自您祖国的人"以及"您认识并且目前在广东的国际移民一共有多少人"并计算平均值来了解受访者在中国的社会资本存量①。数据显示,在认识的中国人数量上,发达国家和发展中国家受访者没有显著区别,而发展中国家外籍人士认识的祖国人平均数量为 21.44

---

① 出于现实考虑与研究需要,对于人数进行了重新划分,若被访者回答的人数在 50 人以上,则将其定义为 50 人。

人，国际移民数量为21.82人，均高于发达国家。

表3-18　　　　发达国家和发展中国家社会网络构成比较　　　　单位:%

	认识的中国人数量	认识的祖国人数量	认识的国际移民数量
发达国家	25.40	15.22	17.74
发展中国家	24.65	21.44	21.82

对随着居留时间累积，两类群体的社会网络变化情况进行对比，结果显示，与来自发达国家的受访者相比，随着在华时间的增长，来自发展中国家的受访者建立了更为完善的社会网络。

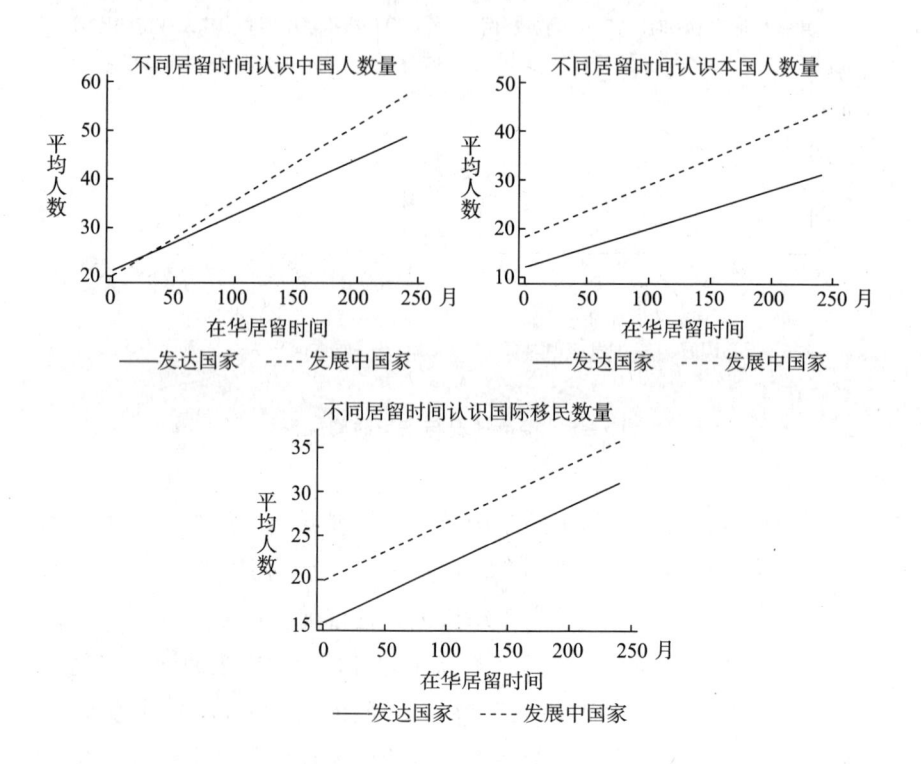

图3-6　认识中国人数量与居留时间的关系

在来华初期，发达国家受访者认识的中国人数量要多于那些来自发展中国家的受访者，但约两年后，发展中国家受访者所对应的数值不断增加且最终超过了发达国家受访者,而且随着居留时间的推移,差距有不断扩大的趋势。在认识的本国人数量以及国际移民数量方面,来自发展中国家的群体则始终高于那些来自发达国家的群体。由此可见,无论是维持与本族裔群体的社会网络,还是拓展与其他群体的社会网络,来自发展中国家的群体都表现得更为突出。

(二) 社会网络的累积因果效应

调查显示,社会网络的累积因果效应首先体现为,随着受访者在华时间增长,他们留华意愿上升并倾向于带领更多亲属来华。在调查中,将"在华居留意愿"分为希望尽早离开、据情况而定、希望长期居留,将其从低到高赋分为1—3分,结果显示,在这一指标上发达国家和发展中国家群体没有显著差异,分别是2.50分和2.43分,都表现出较强的在华居留意愿。同时,有45.65%的发达国家受访者表示曾介绍或带领亲属来华,而发展中国家的比例则更要高出一成,达54.22%。

随着外籍人士在华居留时间的增加,他们拓展了社会网络,积累了社会资本,提升了对于中国的了解程度,因此无论是代表主观态度的居留意愿,还是代表客观行动的介绍亲属来华比例,都在稳步提升。

表3-19　　　　发达国家和发展中国家在华居留意愿比较　　　　单位:%

	在华居留意愿 (1—3分)	介绍或带领亲属 来华的比例(%)
发达国家	2.50	45.65
发展中国家	2.43	54.22

社会网络的累积因果效应还体现为迁移成本降低、来华阶层下降。对于人力资本,本调查主要通过询问最高教育程度来展现。86.69%的发达国家受访者接受过大学及以上教育,这一比例在发展中国家受访者中也占到了近八成,这说明无论是发达国家还是发展中

国家,选择来华的外籍人士拥有着较高的人力资本。

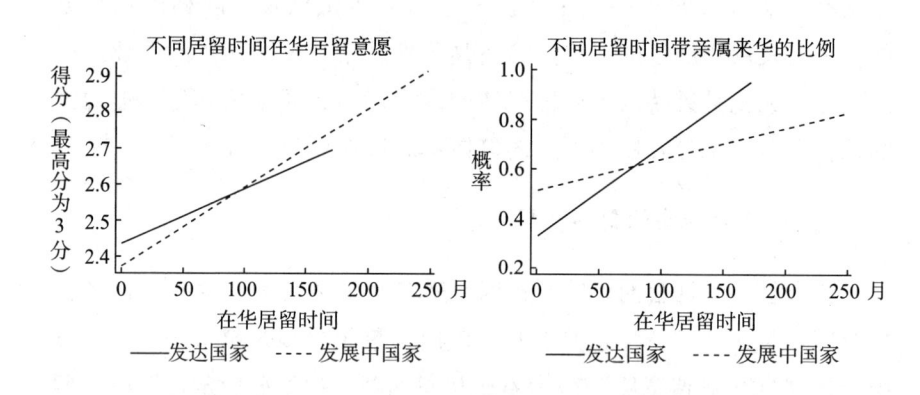

图 3-7　认识中国人数量与居留时间的关系

对于海外工作生活经历,则主要询问受访者来广州前去过的国家数量。发达国家受访者平均去过的国家数量在4个以上,是发展中国家的2倍以上。发展中国家的近半数受访者是首次踏出国门。对于家庭成员迁移背景,通过询问跨国工作经历和来华工作经历来获得。可以看到,发展中国家受访者亲人有过跨国工作经历的比例为61.59%,有过来华工作经历的比例为40.57%,均高于发达国家,而这也为其在华构建族裔网络提供了基础。对于家乡所处的社会位置,按照1—5分进行赋分,1分为非常低,5分为非常高。数据显示,二类人群家乡所处的社会位置在一般到较高之间,没有明显差异。

表 3-20　　　累积因果效应指标与来源国差异情况　　　单位:%

	发达国家	发展中国家
受过高等教育的比例(%)	86.69	79.64
来广州前去过的国家数量(个)	4.03	1.76
家人有跨国工作经历的比例(%)	55.04	61.59
家人有来华工作经历的比例(%)	38.63	40.57
家乡在当地所处社会位置(1—5分)	3.35	3.50

随着来华时间的推移,上述五项指标的比例均在下降,其中下降

趋势最明显的是发展中国家来华群体受过高等教育的比例,这体现了迁移过程中阶层下降的趋势。随着迁移过程中社会网络的成熟,迁移成本会逐渐下降,风险会逐渐降低,在迁移的累积因果作用下,出发国迁移的阶层就出现了下移的趋势。

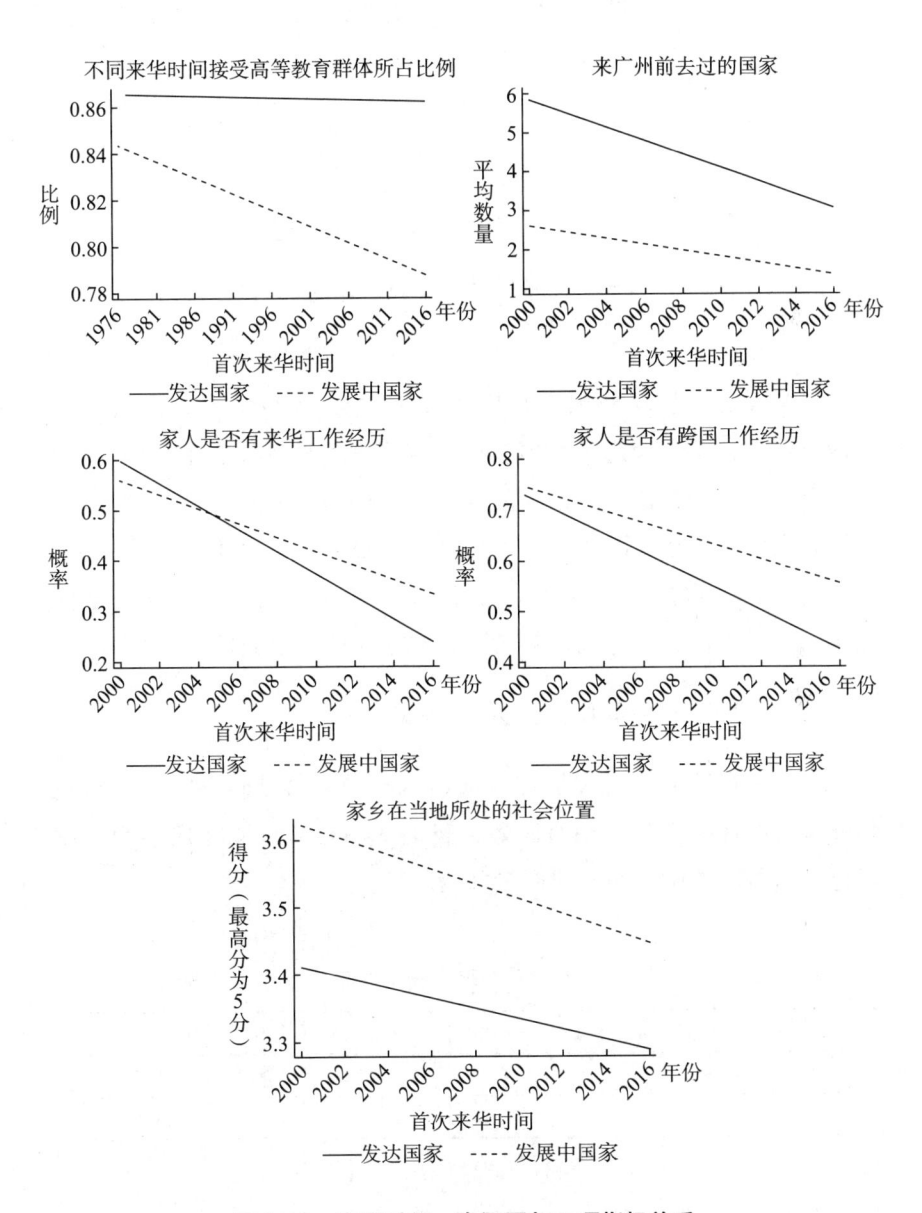

图3-8 来华时间、来源国与五项指标关系

第四章 生活状况

一 社会团体生活

本调查通过呈现外国人在广州参加商会/同乡聚会、宗教聚会、兴趣群体的活动以及志愿者聚会的情况来展现外国人在中国的社会团体生活。本章将在这些数据的基础上，与外国人的其他特质结合分析外国人在中国的社会团体生活。在这里，我们基本沿用刘祖云对社会群体的分类（刘祖云，1986），我们在下文探讨到的有业缘、地缘、志缘、趣缘群体，另外我们新增了公益性群体这个类别。

（一）业缘/地缘群体：商会/同乡聚会

本调查测量了外国人是否参加过广州的商会/同乡聚会。因为在华外国人的社团尚处于初级阶段，目前的商会多以同乡聚会为基础，因此在这份问卷中，我们将两者并为一项。

表4-1　　　　　商会/同乡聚会参与情况

是否参加过商会/同乡聚会	频数（次）	比例（%）
是	223	18.2
否	1002	81.8

在1225个回答了这个问题的外国人中，有223人参加过广州的

商会/同乡聚会,占18.2%,不足五分之一。有1002人没有参加过广州的商会/同乡聚会,占81.8%。

表4-2　参与商会/同乡聚会的外国人在华累计时间

参加与否	频数（次）	在中国的累计时间（月）	标准差
参加	185	51.18649	51.6754
不参加	696	32.42572	43.12028

当我们分析参加商会/同乡聚会的外国人在中国的累计时间时,可以看到参加广州商会/同乡聚会的外国人平均在中国的累计时间是51.2个月,而不参加广州商会/同乡聚会的外国人平均在中国的累计时间是32.4个月。参加商会/同乡聚会的外国人平均比不参加的外国人在中国多居住了18.8个月。可见,参加商会/同乡聚会的外国人在中国居住的时间明显更长。

当我们比较来自发达国家或不发达国家的外国人参加商会/同乡聚会的情况时,会发现回答这道题的1215名外国人中,来自不发达国家的外国人有19.34%会参加商会/同乡聚会,来自发达国家的外国人有14.23%会参加商会/同乡聚会,不发达国家的外国人相比发达国家参加商会/同乡聚会的多了5个百分点,但两者差别不明显。

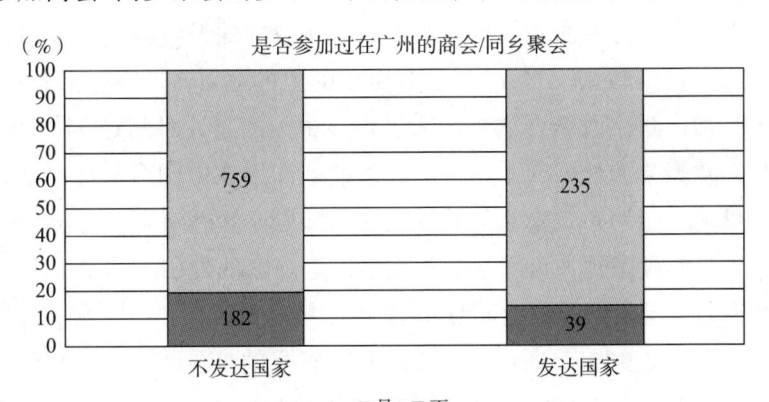

图4-1　不同国家类型外国人参与商会/同乡会情况

（二）志缘群体：宗教聚会

我们发现，在1217名回答这道题的外国人中，有200人参加过在广州的宗教聚会，占回答这道题目的人数的16.43%。有1017人没有参加过在广州的宗教聚会，占回答这道题目的人数的83.57%。可见参加宗教聚会的外国人比例偏低。

表4-3　　　　　　　参与宗教聚会的受访者情况

是否参加过在广州的宗教聚会	频数（次）	比例（%）
是	200	16.43
否	1017	83.57
总计	1217	100

表4-4　　　　　参与宗教聚会的外国人在中国的累计时间

是否参加	频数（次）	平均在中国的累计时间（月）	标准差
参加	140	44.17286	52.41373
不参加	734	34.70858	43.80456

当我们分析参加宗教聚会的外国人在中国的累计时间时，可以看到参加广州宗教聚会的外国人平均在中国的累计时间是44.2个月，而不参加广州宗教聚会的外国人平均在中国的累计时间是34.7个月。参加宗教聚会的外国人平均比不参加的外国人在中国多居住了9.5个月。可见，参加宗教聚会的外国人在中国居住的时间明显更长。

当我们考虑到来自发达国家或不发达国家的外国人参加宗教聚会的情况时，会发现回答这道题的外国人中，来自不发达国家的外国人有17.26%会参加宗教聚会，来自发达国家的外国人有14.23%会参加宗教聚会，不发达国家的外国人相比发达国家参加宗教聚会的多了近3个百分点，但是两者差别并不明显。

第四章　生活状况

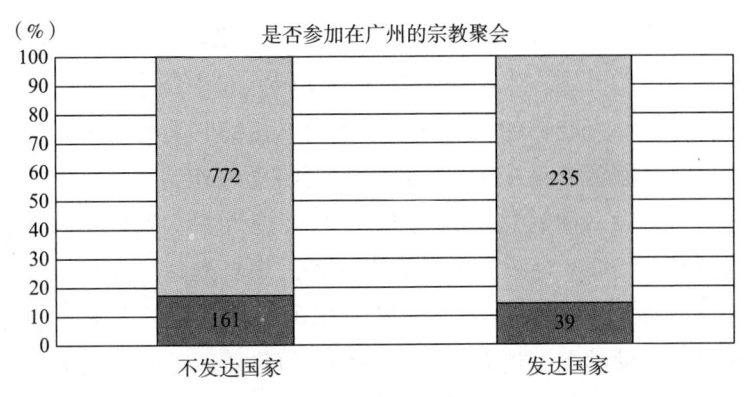

是否参加在广州的宗教聚会

不发达国家：是 161，否 772
发达国家：是 39，否 235

图4-2　参与宗教聚会的不同国家外国人

（三）趣缘群体：兴趣群体

我们发现，在1216名回答这道题的外国人中，有259人参加过在广州的兴趣群体，占回答这道题目的人数的21.3%。有957人没有参加过在广州的兴趣群体，占回答这道题目的人数的78.7%。可见参加兴趣团体的外国人比例偏低。

表4-5　参与兴趣群体聚会外国人情况

	频数（次）	比例（%）	累计比例（%）
参加	259	21.3	21.3
不参加	957	78.7	100

表4-6　参与兴趣群体聚会的外国人在中国的累计时间

是否参加	频数（次）	平均值	标准差	最小值	最大值
参加	208	42.70673	45.79059	1	216
不参加	663	34.10905	45.07947	0	400

当我们分析参加兴趣群体的外国人在中国的累计时间时，可以看到参加广州兴趣群体的外国人平均在中国的累计时间是42.7个月，

79

而不参加广州兴趣群体的外国人平均在中国的累计时间是34.1个月。参加兴趣群体的外国人平均比不参加的外国人在中国多居住了8.6个月。可见,参加兴趣群体的外国人在中国居住的时间明显更长。

当我们考虑到来自发达国家或不发达国家的外国人参加兴趣群体的情况时,会发现回答这道题的1216名外国人中,来自不发达国家的外国人有20.82%会参加兴趣群体活动,来自发达国家的外国人有23.62%会参加兴趣群体活动,发达国家的外国人相比不发达国家参加兴趣群体活动的多了近2.5个百分点,但是两者差别不明显。

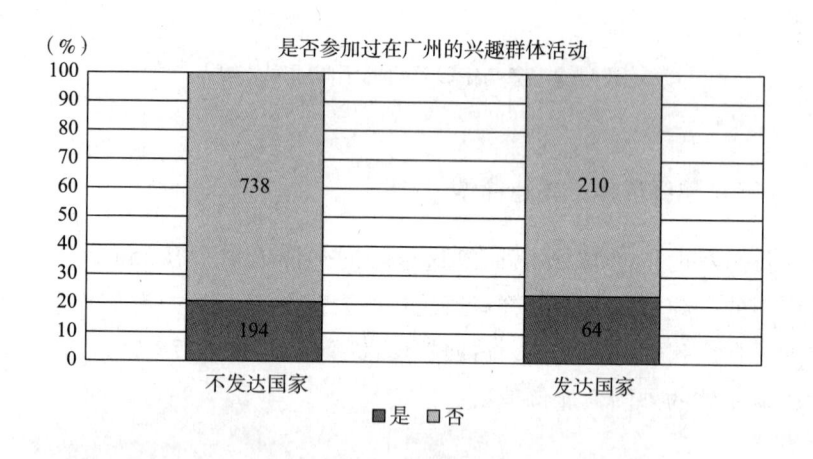

图4-3 参与兴趣群体聚会的不同国家类型外国人

(四) 公益性团体:志愿者聚会

我们发现,在1217名回答这道题的外国人中,有176人参加过在广州的志愿者聚会,占回答这道题目的人数的14.46%。有1041人没有参加过在广州的志愿者聚会,占回答这道题目的人数的85.54%。可见参加志愿者聚会的外国人比例还是偏低的。

当我们分析参加志愿者聚会的外国人在中国的累计时间时,可以看到参加广州志愿者聚会的外国人平均在中国的累计时间是48.7个月,而不参加广州志愿者聚会的外国人平均在中国的累计时间是34.2个月。参加志愿者聚会的外国人平均比不参加的外国人在中国多居住了 14.5 个月。可见，参加志愿者聚会的外国人在中国居住的时间明显更长。

表 4-7　　　　　参与志愿者聚会外国人的情况

是否参与	频数（次）	比例（%）
是	176	14.46
否	1041	85.54
总计	1217	100

表 4-8　　　参与志愿者聚会的外国人在中国的累计时间

是否参与	频数（次）	平均值	标准差	最小值	最大值
是	137	48.74088	50.68792	0.5	240
否	737	34.2019	44.23283	0	400

当我们考虑到来自发达国家或不发达国家的外国人参加志愿者聚会的情况时，会发现回答这道题的 1207 名外国人中，来自不发达国家的外国人有 14.78% 会参加志愿者聚会，来自发达国家的外国人有 13.55% 会参加志愿者聚会。不发达国家的外国人相比发达国家参加志愿者聚会的多了近 1.23 个百分点。可见两者在志愿者聚会上差别不大。

（五）小结

在本次调查中，我们一共通过四个问题测量外国人参与社会团体生活的情况。我们可以看到在四种社会团体中，外国人参与比例最高的是兴趣群体，参与比例达 21.3%，其次是商会/同乡聚会，参与比例达 18.2%，参与宗教聚会的外国人占 16.43%，而外国人参与比例最低的是志愿者聚会。我们同时发现，参加这些社会团体的外国人在中国的累计平均居住时间要长过不参加社会团体的外国人。来自发达国家的外国人参与兴趣群体的比例高于来自不发达国家的外国人，不发达国家的外国人在其余三种社团中参加比例均高于发达国家。

而将外国人参与社会团体生活作为一个整体去看,我们会发现这样的现象:在回答了这组问题的外国人中,有40.56%的外国人都参与过四种社团中的至少一种社团。其中参加一种社团的外国人比例最高,占总体的21.94%,参加两种社团的外国人比例其次,占总体的11.01%,参加三种社团的外国人比例第三,占总体的4.88%,四种团体都参加的外国人人数最少,占总体的2.73%。

表4-9　　　　　　　　参与团体外国人情况

四种团体参加情况	频数	比率(%)
四种团体都参加	33	2.73
参加三种社团	59	4.88
参加两种社团	133	11.01
参加一种社团	265	21.94
都没参加	718	59.44
总计	1208	100

二　消费生活:日常花费

我们对日常花费的测量分为两个层面,一是总日常花费,二是各个分项的花费:房租水电花费、吃饭食物花费、通信交通花费、人情往来娱乐花费。最后,我们将通过吃饭食物花费与总日常花费计算外国人的恩格尔系数。

(一)总日常花费

由于总日常花费数值太分散,如果将整个总日常花费直接呈现出来难以发现其中规律,因此我们将数据进行了初步处理,去掉了两端2.5%的数据,将中间的95%的数据加以呈现,并画了总日常花费的直方图(最小值从100开始,每组组距1000)。

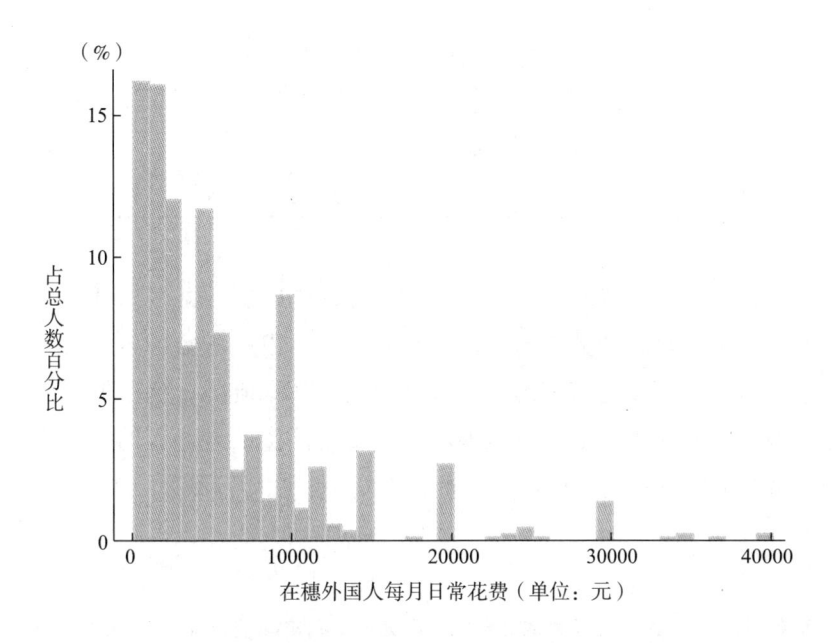

图 4-4 外国人日常花费频数

我们可以看到在广州的外国人的总日常花费呈现了右偏态分布的现象。月平均花费2000元以下集中了32.28%的外国人花费，0—4000元集中了51.18%的外国人的花费。同时，我们也看到在5100—6100元、9100—10100元形成了两个高峰。而且有21.48%的外国人月总日常花费在10000元及以上，可见外国人的花费水平形成了一定的两极分化的现象。

当我们按照外国人母国发达与否进行花费的分类对比时，可以看到，来自不发达国家的外国人月花费的平均值要比来自发达国家的外国人高出1311元。同时，来自不发达国家的外国人的内部收入分布呈现出了很大的差异，不发达国家的外国人花费的标准差远远高于来自发达国家的外国人花费的标准差。通过考察也可以发现来自不发达国家与发达国家的外国人收入最高值之间的差异：当两者最低月花费都为0时，来自不发达国家的外国人收入的最高值达1000000元，而来自发达国家的外国人收入的最高值为130000元。

表4-10　　　　　分国家类型的外国人日常花费情况　　　　　　单位：元

母国发达程度	样本量（个）	平均值	标准差	最低值	最高值
发展中国家	726	9390.74	43176.45	0	1000000
发达国家	201	8079.434	13106.22	0	130000

当我们去掉花费的两端各占2.5%的数值以后，再根据外国人母国发达与否进行花费的对比，可以看到，来自发达国家的外国人收入的平均值要比不发达国家的外国人高出约1371.26元，比不发达国家的外国人收入高出许多。发达国家与不发达国家的外国人的花费在去掉两端极值以后，发达国家内部的标准差要大于不发达国家的标准差。

表4-11　　　经过处理后的分国家类型外国人日常花费情况　　　单位：元

母国发达程度	样本量（个）	平均值	标准差	最小值	最大值
发展中国家	690	5628.49	5978.132	100	40000
发达国家	192	6999.75	6736.625	100	35000

（二）房租水电花费

在回答了本问题的818个样本中，可以看到，外国人每月房租水电花费的平均值为3344.6元。

表4-12　　　　　分国家类型外国人房租水电花费情况　　　　　单位：元

	样本量（个）	平均值	标准差	最小值	最大值
每月房租水电花费	818	3344.569	6133.9	0	120000

由于房租水电花费的数值分布过于分散，我们将数据进行了初步处理，去掉了右端2.5%的数据加以呈现，并画出了每月房租水电花费的直方图，从图中可以看到房租水电的花费呈现出非常明显的右偏态分布。

第四章 生活状况

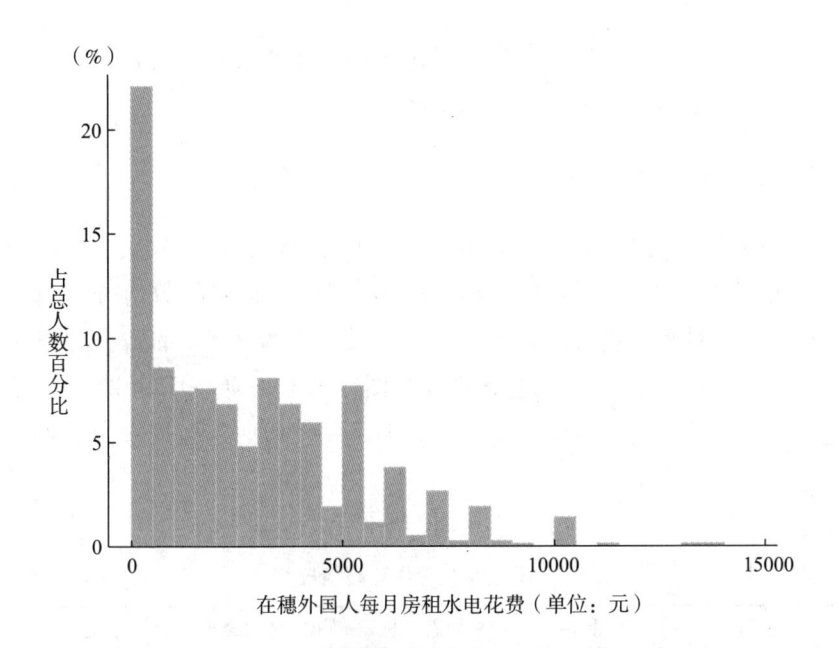

图4-5 经处理后的外国人房租水电花费直方图

就回答问题的总体而言,月房租水电费低于1000元的占29.71%,而房租水电费少于等于2000元的占50.00%;房租水电费少于等于4000元的占75.18%;房租水电费少于等于6500元的占总体的90.22%;房租水电费花费8500元及以上的占总数的5.13%。有趣的是,有7.33%的人表示自己在房租水电上不用花钱,有14.91%的人表示自己的月房租水电费在200元或以下。

表4-13　　　　分国家类型的外国人房租水电花费情况　　　　单位:元

母国发达程度	样本量(个)	平均值	标准差	最低值	最高值
发展中国家	619	2550.65	2233.471	0	10000
发达国家	169	2961.15	2882.892	0	14000

我们可以看到,在去掉两端的极值以后,来自发达国家的外国人月房租水电花费的平均值是2961.15元,而来自不发达国家的外国人房租水电花费的平均值是2550.65元。来自发达国家的外国人月房租

水电花费平均值比不发达国家的外国人高出410.5元。发达国家内部房租水电花费标准差大于不发达国家。

(三) 吃饭食物花费

在回答了本问题的843个样本中，我们可以看到外国人每月吃饭食物花费的平均值为2059.3元。由于吃饭食物花费的数值分布过于分散，我们将数据进行了初步处理，去掉了右端2.5%的数据加以呈现，并画了每月吃饭食物花费的直方图（从0开始，组距250）。这组数据仍然呈现出了右偏态的特征，但是比较前两组数据更为接近正态分布。

表4-14　　　　　　外国人吃饭食物花费情况　　　　　　单位：元

变量	样本量（个）	平均值	标准差	最小值	最大值
每月吃饭食物花费	843	2059.278	2332.618	0	24000

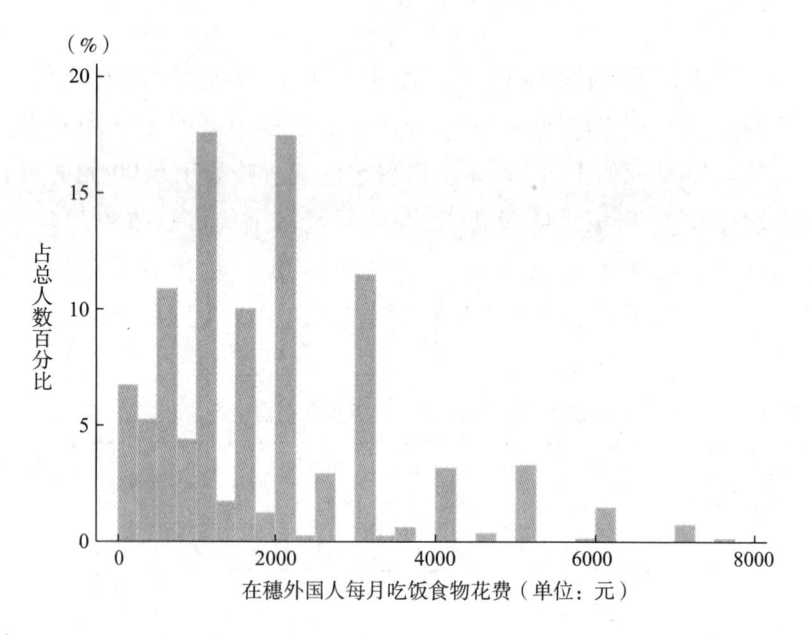

图4-6　经过处理后的外国人吃饭食物花费直方图

在回答这道题的全部外国人中，有19.10%的外国人在吃饭食物上花费低于600元，76.16%的外国人在吃饭食物上花费低于或等于2568元；只有5.1%的外国人在吃饭食物上花费大于等于6000元。

表4-15　　　　分国家类型的外国人吃饭食物花费情况　　　单位：元

国家类型	样本量（个）	平均值	标准差	最小值	最大值
发展中国家	657	1952.275	2177.589	0	24000
发达国家	181	2454.011	2814.607	0	20000

在将上述数据按照国家类型进行划分之后，我们可以看到来自不发达国家的外国人月平均吃饭食物花费为1952.275元，而来自发达国家的外国人月平均吃饭食物花费为2454.011元。来自发达国家的外国人比来自不发达国家的外国人月平均在吃饭食物上多花费近500元。但是发达国家内部吃饭食物消费的差异大于不发达国家内部的差异。

（四）通信交通花费

在回答了本问题的799个样本中，我们可以得出外国人每月通信交通花费的平均值为875.9元。而外国人每月通信交通花费内部的差异还是很大的。

表4-16　　　　　　外国人通信交通花费情况　　　　　　单位：元

变量	样本量（个）	平均值	标准差	最小值	最大值
月平均通信交通花费	799	875.9136	1401.534	0	20000

表4-17　　　　分国家类型的外国人通信交通花费情况　　　单位：元

国家类型	样本量（个）	平均值	标准差	最小值	最大值
不发达国家	626	894.1166	1483.673	0	20000
发达国家	168	813.1429	1064.132	0	5000

我们可以看到，来自不发达国家的外国人平均通信交通花费要比发达国家的外国人多出近81元，两者差别并不大。但是相比来自发达国家的外国人，来自不发达国家的外国人在通信交通的花费上存在着更大的差异性。不发达国家的标准差大于发达国家，而且最大值是发达国家的4倍。

（五）人情往来娱乐花费

表4-18　　　　外国人人情往来娱乐花费情况　　　　单位：元

变量	样本量（个）	平均值	标准差	最小值	最大值
每月人情往来娱乐花费	741	1243.451	3040.853	0	50000

在回答了本问题的741个样本中，我们可以得出外国人每月人情往来娱乐花费的平均值为1243.5元。由于数据过于分散，我们在这里去除了右端约2.5%的数据，得到了图4-7。

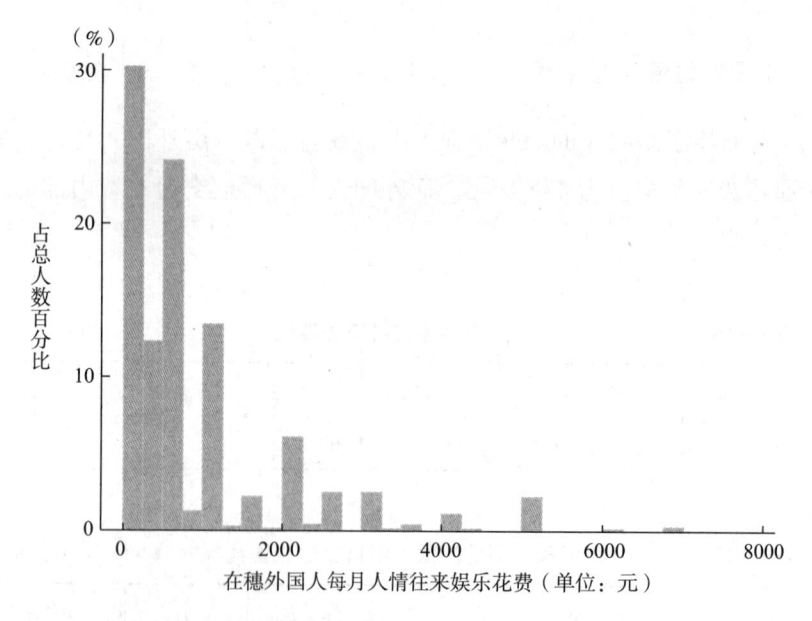

图4-7　经过处理后的外国人人情往来娱乐花费直方图

在图4-7中，数据呈现出右偏态分布，同时，我们可以看到每月人情往来娱乐花费的直方图分布有三个高点，一个是0—250组，超过了回答问题的外国人的30%，一个是500—750组，超过了回答问题的外国人的20%，另外一组是1000—1250组。

表4-19　　　分国家类型的外国人人情往来娱乐花费情况　　单位：元

国家类型	样本量（个）	平均值	标准差	最小值	最大值
不发达国家	585	1001.844	1948.546	0	25000
发达国家	153	2187.699	5411.491	200	50000

我们可以看到，来自发达国家的外国人比来自不发达国家的月均人情往来娱乐花费平均值要高出许多，几乎高出后者的一倍，但是发达国家的外国人的月均人情往来娱乐花费的内部差异也要远远大于来自不发达国家的外国人。

（六）小结

作为衡量生活水平的重要指标，我们在这里用吃饭食物花费除以总日常花费计算得出恩格尔系数。

表4-20　　　　　　　外国人恩格尔系数

	样本量	平均值	标准差	最小值	最大值
恩格尔系数	670	0.3417291	0.2025042	0	0.9333333

我们可以看到在广州的外国人的恩格尔系数为34.17%，与广州市国民经济和社会发展统计公报所公布的2014年广州城市居民恩格尔系数的32.9%相比，表现要略差一些。

表4-21　　　　　分国家类型的外国人恩格尔系数

母国发达程度	样本量	平均值	标准差	最小值	最大值
发展中国家	524	0.3443493	0.2059456	0	0.9333333
发达国家	143	0.3310551	0.191751	0	0.8

我们可以看到来自不发达国家的外国人的恩格尔系数为34.43%，来自发达国家的外国人的恩格尔系数是33.11%，来自不发达国家的外国人的恩格尔系数要比发达国家的外国人的恩格尔系数略高一些，但是差别并不是很大。

三 对族裔经济的依赖程度

在过往文献中可以了解到，部分外国人在中国形成了独具特色的族裔经济。例如，在广州的日本移民族裔经济已经形成，并且日本移民对族裔经济形成了较强的依赖（刘云刚、陈跃，2014）。在这里，我们询问外国人对以下四种服务（餐厅/咖啡馆、物流、会计/金融、购买日常用品）的依赖情况来考察对外国人族裔经济的依赖程度。

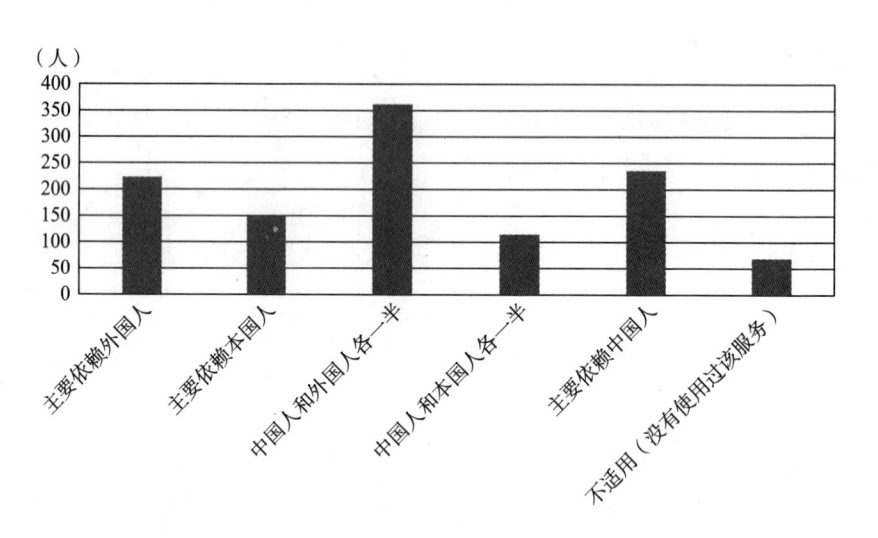

图4-8 餐饮方面对族裔经济的依赖情况

（一）餐厅/咖啡馆

在初步的比例统计中，我们看到在所有回答这道题的1155名外国人中，有19.31%的外国人在餐饮服务方面"主要依赖外国人"，有 12.99% 的外国人"主要依赖本国人",有 31.34% 的外国人"中国人和外国人各一半",有 9.96% 的外国人"中国人和本国人各一半",有 22% 的外国人"主要依赖中国人",另有 5.97% 的人没有使用过餐饮服务。为了更清楚地看到外国人在餐饮方面对于族裔经济的依赖程度,我们去除了"不适用"的选项,得到了图 4-9。

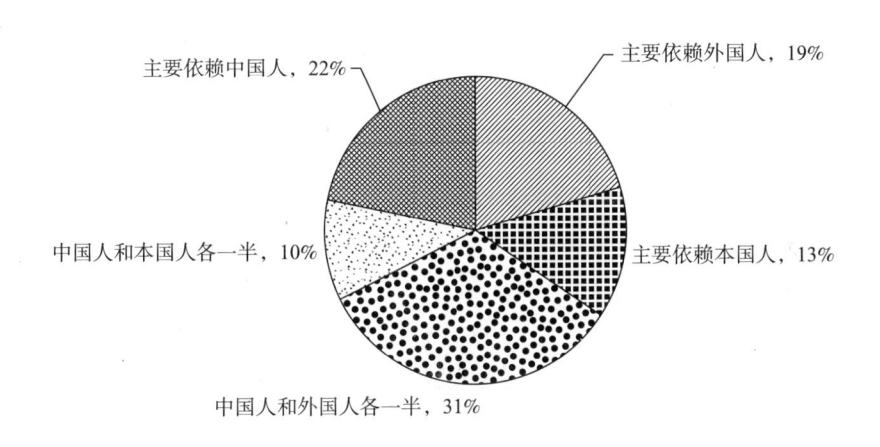

图 4-9 餐饮方面对族裔经济的依赖百分比

在这里,我们可以看到,在广州的外国人在餐饮方面对于族裔经济的依赖程度是比较高的。考虑到非裔经济在论述广州族裔经济的文献中常常作为一个整体出现,而且发达国家的文化之间具有一定的共通性,我们在这里将"主要依赖外国人"与"主要依赖本国人"都作为强烈依赖族裔经济的表现。在这里可以看到,在餐饮上强烈依赖族裔经济的外国人比重较高,占回答该问题总量的 34.35%。另有 43.92% 的外国人在餐饮上一半依赖中国人,一半依赖族裔经济。在餐饮上主要依赖中国人的只占回答问题的外国人的 21.73%。

我们把对族裔经济的依赖程度与外国人母国发达程度放在一起进行比较,会发现,来自不发达国家的外国人相比来自发达国家的外国人,在餐饮上更依赖族裔经济。来自不发达国家的外国人在餐饮上主要依赖外国人或主要依赖本国人的比例为 36.31%,而来自发达国家的外国人在餐饮上主要依赖外国人或主要依赖本国人的比例则为

27.78%。来自发达国家的外国人选择在餐饮上"主要依赖中国人"提供服务的比例要比来自不发达国家的外国人多出近五个百分点。

表4-22　　　分国家类型的外国人对餐饮服务依赖情况

餐饮类型	不发达国家	发达国家	总计
主要依赖外国人（人）	183	38	221
占总体百分比（%）	22.15	15.08	20.5
主要依赖本国人（人）	117	32	149
占总体百分比（%）	14.16	12.7	13.82
中国人和外国人各一半（人）	269	91	360
占总体百分比（%）	32.57	36.11	33.4
主要依赖中国人（人）	88	27	115
占总体百分比（%）	10.65	10.71	10.67
不适用（人）	169	64	233
占总体百分比（%）	20.46	25.4	21.61
总计（人）	826	252	1078
	100	100	100

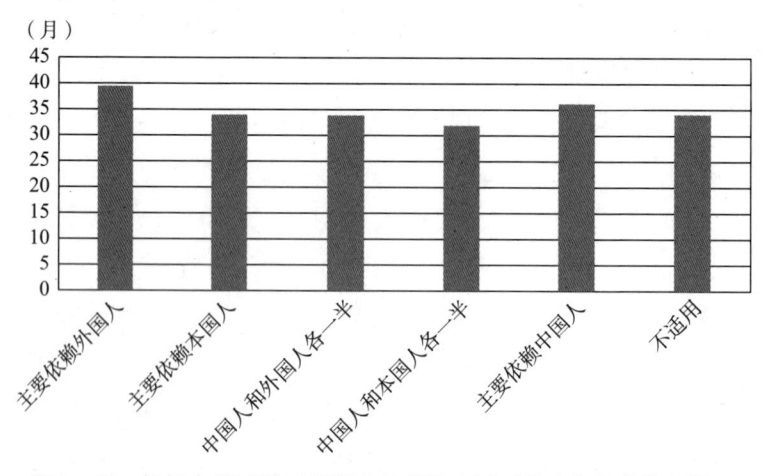

图4-10　根据在华累计时长划分的餐饮方面对族裔经济的依赖情况

第四章　生活状况

当我们把对餐饮服务的族裔依赖状况与在中国居住的累计时长进行分析时,会发现,选择"主要依赖外国人"提供服务的外国人在中国居住的累计时长平均值最长,为39.4个月;而选择"主要依赖中国人"提供服务的外国人在中国居住的累计时间平均值次长,为36.2个月;选择"主要依赖本国人"的外国人在中国居住的累计时间平均值第三长,为33.9个月。选择"中国人和外国人各一半"的外国人在中国居住时间第二短,选择"中国人和本国人各一半"的外国人在中国居住时间最短。

(二) 物流

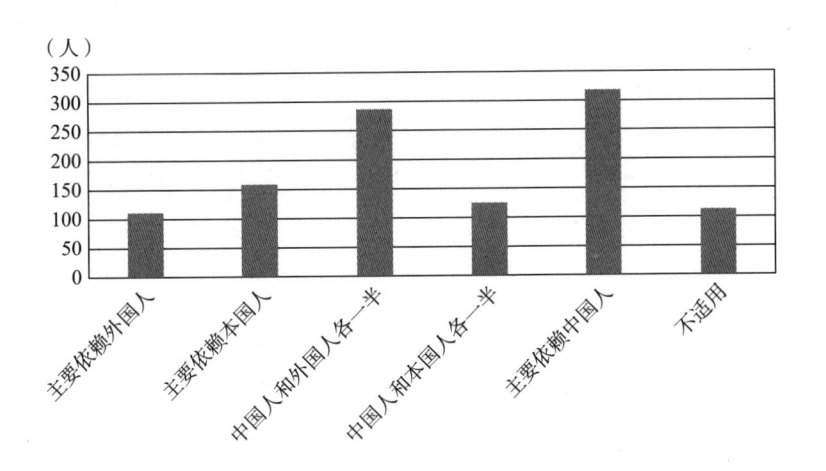

图4-11　物流方面对族裔经济的依赖情况

在初步的比例统计中,在物流服务的选择方面,我们看到在回答问题的1113名外国人中,有9.97%的外国人表示"主要依赖外国人",有14.29%的外国人表示"主要依赖本国人",有25.79%的外国人表示"中国人和外国人各一半",有11.23%的外国人表示"中国人和本国人各一半",有10.15%的外国人不需要物流服务。为了更清楚地看到外国人在物流上对于族裔经济的依赖程度,我们去除了"不适用"的选项,得到了图4-12。

广州外国人研究报告

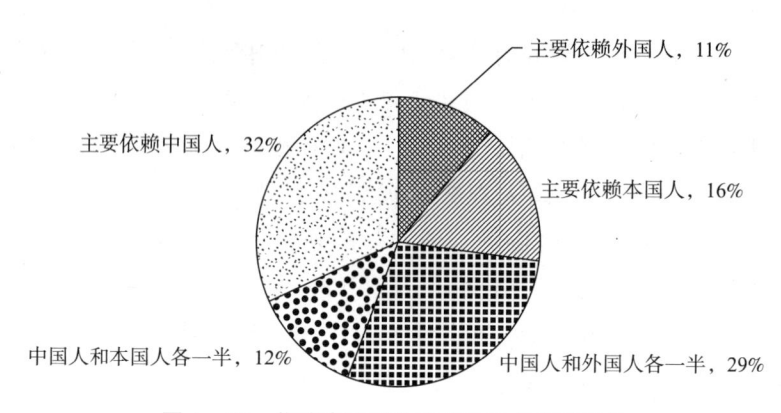

图4-12 物流方面对族裔经济的依赖百分比

我们可以看到,在有物流需要的外国人中,"主要依赖外国人"占11.1%,"主要依赖本国人"占15.9%,两者一共占到27%;"中国人和外国人各一半"占28.7%,"中国人和本国人各一半"占12.5%;而有31.8%的外国人"主要依赖中国人"提供物流服务。可见,尽管有相当大一部分外国人主要依赖族裔经济提供物流服务,但已经有相当部分外国人主要依赖中国人提供物流服务了。

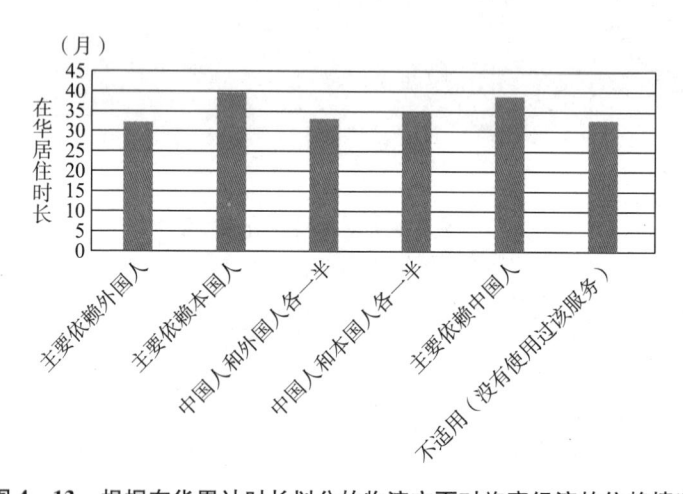

图4-13 根据在华累计时长划分的物流方面对族裔经济的依赖情况

当我们把对物流服务的族裔依赖状况与在中国居住的累计时间进行交互分析时,会发现,"主要依赖本国人"提供服务的外国人在中国居住的累计时间平均值最长，为39.6个月；而选择"主要依赖中国人"提供服务的外国人在中国居住的累计时间平均值次长，为38.8个月。选择"中国人和本国人各一半"的外国人在中国居住的累计时间平均值第三长，为34.9个月。位列其后的是选择"中国人和外国人各一半"的外国人，他们在中国居住时间第二短，为33.0个月；选择"主要依赖外国人"的外国人在中国居住时间最短。由此，我们可以看到，在中国累计时间越长，外国人在物流服务上就越依赖本国人和中国人提供服务；而在中国的累计时间越短，就越依赖外国人提供物流服务。

（三）会计/金融

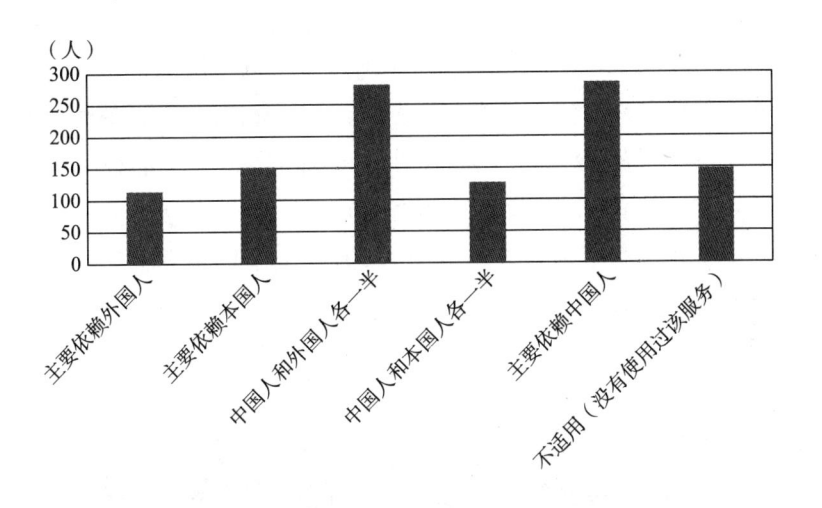

图4－14　会计/金融方面对族裔经济的依赖情况

在这里我们可以看到，在回答该问题的1106名外国人中，有10.31%的外国人"主要依赖外国人"提供会计/金融服务，有13.74%的外国人"主要依赖本国人"提供会计/金融服务，有25.41%的外国人表示"中国人和外国人各一半"，有11.48%的外国人表示"中国人和本国人各一半"，有25.68%的外国人"主要依赖中国人"，有13.38%的外国人不需要会计金融服务。为了更清楚地看到外国人在会计金融服务方面对于族裔经济的依赖程度，去除了"不适用"的选项，得到图4-15。

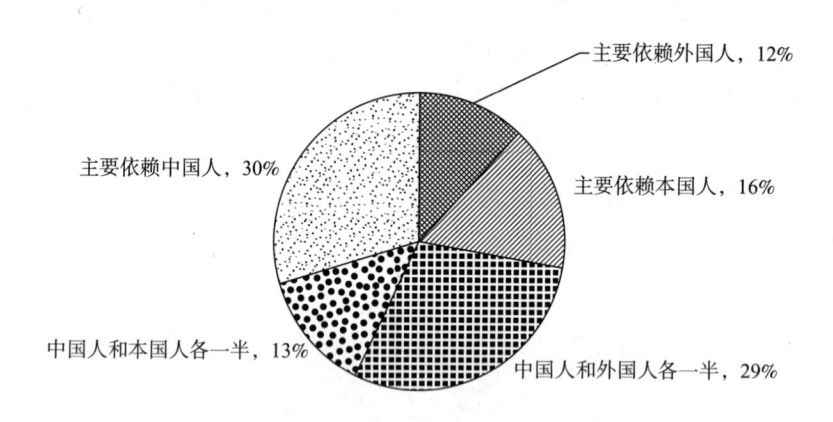

图4-15 会计/金融方面对族裔经济的依赖百分比

主要依赖外国人，12%
主要依赖本国人，16%
中国人和外国人各一半，29%
中国人和本国人各一半，13%
主要依赖中国人，30%

我们可以看到，在有会计/金融需要的外国人中，"主要依赖外国人"和"主要依赖本国人"占27.77%，而有29.65%的外国人"主要依赖中国人"提供会计/金融服务。可见，尽管有相当大一部分外国人主要依赖族裔经济提供会计/金融服务，但是已经有相当部分人主要依赖中国人提供会计/金融服务了。

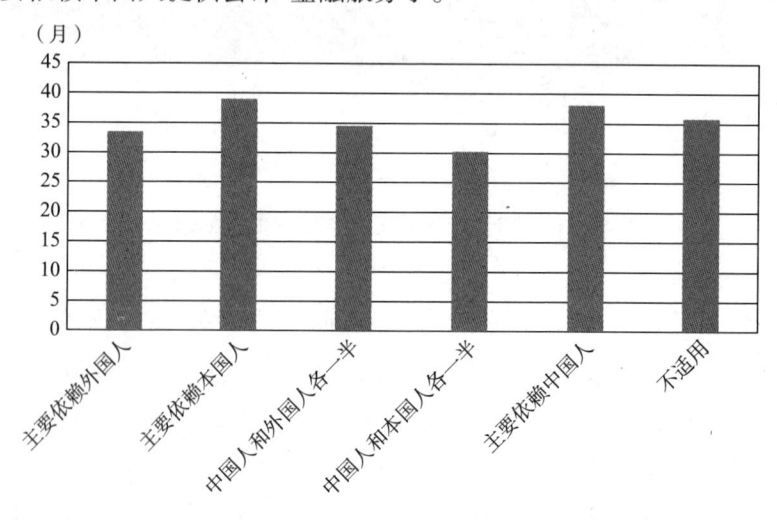

图4-16 根据在华累计时长划分的会计/金融方面对族裔经济的依赖情况

第四章　生活状况

当我们把对会计/金融服务的族裔依赖状况与在中国居住的累计时间进行交互分析时，会发现，"主要依赖本国人"提供服务的外国人在中国居住的累计时间平均值最长，为39.0个月；而选择"主要依赖中国人"提供服务的外国人在中国居住的累计时间平均值次长，为38.1个月；选择"中国人和外国人各一半"的外国人在中国居住的累计时间平均值第三长，为34.6个月。选择"主要依赖外国人"的外国人在中国居住时间第二短，为33.5个月；选择"中国人和本国人各一半"的外国人在中国居住时间最短。

（四）日常用品

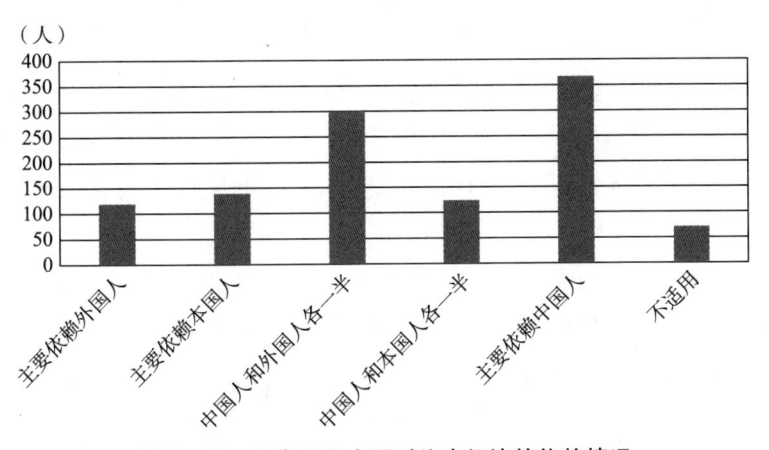

图4-17　日常用品方面对族裔经济的依赖情况

在这里我们可以看到，在回答问题的1120名外国人中，有10.62%的外国人在购买日常用品服务中"主要依赖外国人"，有12.41%的外国人"主要依赖本国人"，有26.79%的外国人"中国人和外国人各一半"，有11.07%的外国人"中国人和本国人各一半"，有32.77%的外国人"主要依赖中国人"，而有6.34%的外国人不需要购买日常用品的服务。为了更清楚地看到外国人在购买日常用品方面对于族裔经济的依赖程度，我们去除了"不适用"的选项，得到图4-18。

我们可以看到，在有购买日常用品需要的外国人中，"主要依赖外国人"和"主要依赖本国人"占24.59%，而有34.99%的外国人"主要依赖中国人"提供购买日常用品服务。可见，尽管有相当大一部分外

97

国人主要依赖族裔经济提供购买日常用品服务，但主要依赖中国人提供购买日常用品服务的外国人的比例已经高出了 10 个百分点。

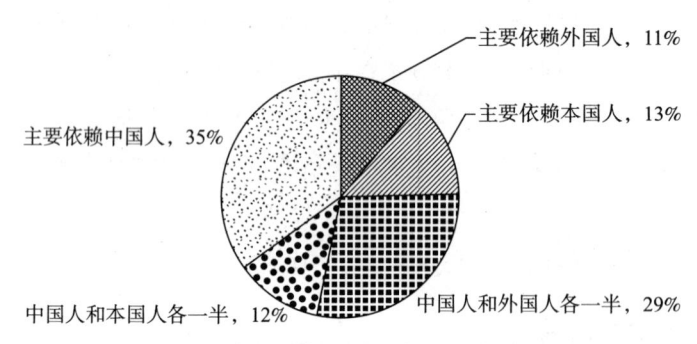

图 4-18 日常用品方面对族裔经济的依赖百分比

当我们把对购买日常用品服务的族裔依赖状况与在中国居住的累计时长进行分析时，会发现，在不考虑"不适用"时，"主要依赖本国人"提供服务的外国人在中国居住的累计时间平均值最长，为 40.1 个月；而选择"主要依赖中国人"提供服务的外国人在中国居住的累计时间平均值次长，为 37.9 个月。选择其余三个选项的外国人在中国的累计时间明显低于前两类人群，在 31.8—32.5 个月。由此，我们可以看到，在购买日常用品服务方面，在中国累计时间越长的外国人越依赖本国人和中国人提供服务。

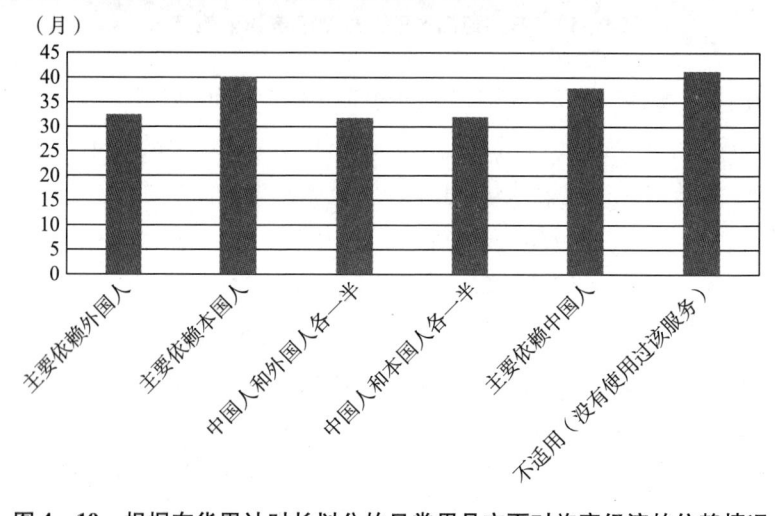

图 4-19 根据在华累计时长划分的日常用品方面对族裔经济的依赖情况

第四章 生活状况

四 与中国人交往意愿

我们通过五个问题来测量外国人与中国人的交往意愿。五个问题分别测量了外国人与中国人一起聊天、工作、做邻居、做好朋友、结婚（或子女结婚）的意愿。

外国人与中国人聊天的意愿如图4-20所示。

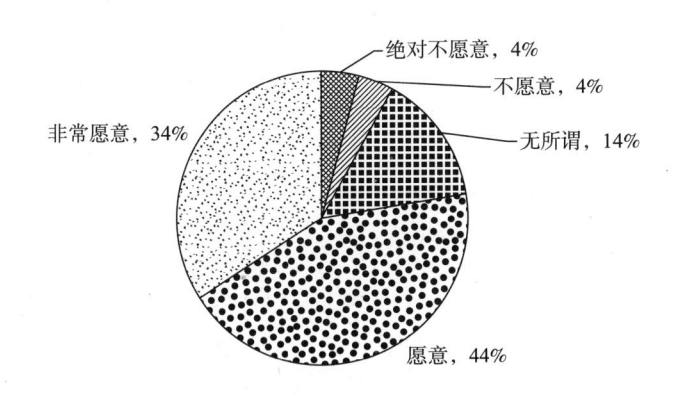

图4-20 与中国人聊天意愿百分比

在回答问题的1204名外国人中，有4.15%的外国人"绝对不愿意"与中国人聊天，有3.9%的外国人"不愿意"与中国人聊天，两者相加共占据8.06%。有14.47%的外国人对于与中国人聊天无所谓，另有77.57%的外国人"愿意"或"非常愿意"与中国人聊天。

外国人与中国人一起工作的意愿如图4-21所示。

在回答问题的1190名外国人中，有9.08%的外国人"绝对不愿意"或"不愿意"与中国人一起工作。有15.46%的外国人对于与中国人一起工作表示无所谓，另有75.46%的外国人"愿意"或"非常愿意"与中国人一起工作。

外国人与中国人做邻居的意愿如图4-22所示。

99

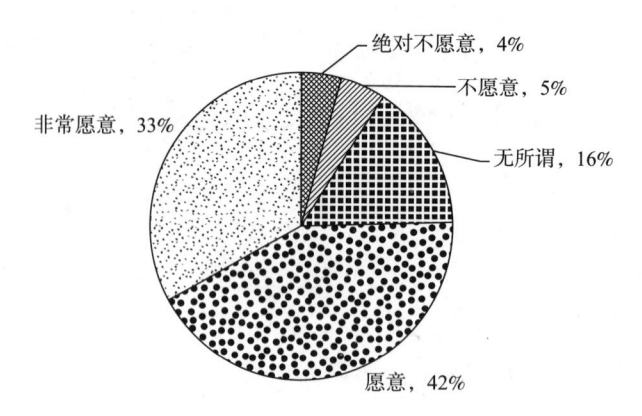

图 4-21 与中国人一起工作意愿百分比

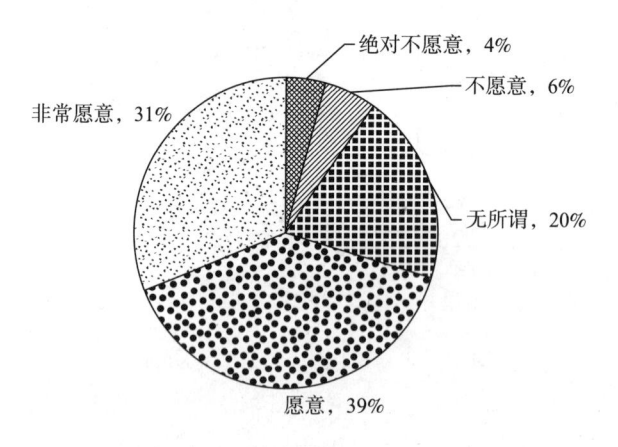

图 4-22 与中国人做邻居意愿百分比

在回答问题的 1193 名外国人中，有 9.72% 的外国人"绝对不愿意"或"不愿意"与中国人做邻居。有 29.59% 的外国人对于与中国人做邻居表示无所谓，另有 70.41% 的外国人"愿意"或"非常愿意"与中国人一起做邻居。

外国人与中国人做好朋友的意愿如图 4-23 所示。

在回答问题的 1202 名外国人中，有 5.99% 的外国人"绝对不愿意"或"不愿意"与中国人做好朋友。有 12.98% 的外国人对于与中国人做朋友表示无所谓，另有 81.03% 的外国人"愿意"或"非常愿意"与中国人做好朋友。

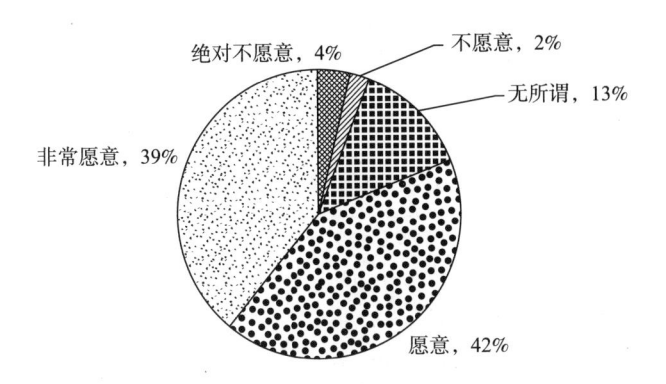

图 4-23 与中国人做好朋友意愿百分比

外国人及其子女与中国人结婚的意愿如图 4-24 所示。

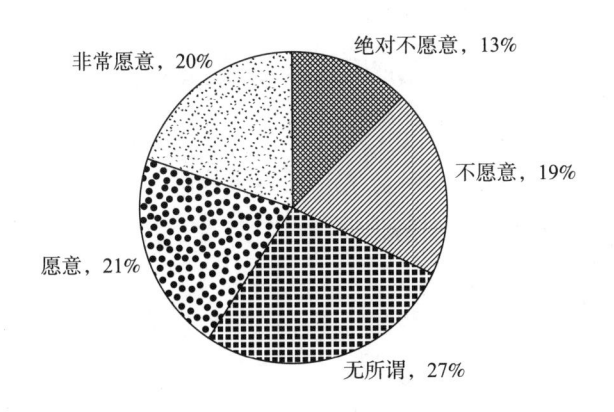

图 4-24 与中国人结婚（子女结婚）意愿百分比

在回答问题的 1181 名外国人中，有 32.09% 的外国人"绝对不愿意"或"不愿意"与中国人或让自己的子女与中国人结婚。有 27.27% 的外国人对于与中国人结婚表示无所谓，只有 40.64% 的外国人"愿意"或"非常愿意"与中国人结婚。

接下来，将上述各问题的回答根据愿意程度进行赋值，计算标准差、最大值、最小值。

总结起来，在与中国人的几种交往方式中，外国人最愿意与中国人做朋友，最不愿意与中国人结婚，从与中国人聊天、与中国人一起工作、与中国人做邻居，与中国人交往的愿意程度依次递减，但是三者的愿意程度差别不大。

表4-23　　　　　　　外国人与中国人的交往意愿赋值

交往方式	频数	愿意程度	标准差	最小值	最大值
聊天	1204	3.994186	1.007437	1	5
工作	1190	3.951261	1.029903	1	5
做邻居	1193	3.875943	1.045781	1	5
做好朋友	1202	4.103161	0.9679321	1	5
结婚	1181	3.157494	1.29494	1	5

五　生活中与警察的关系

种族问题，尤其是与种族有关的警民冲突在很多移民国家都构成了严重的社会问题。在中国，移民现象是一个相对晚近的现象。那么在这种背景下，在华外国人与警察之间的关系怎样呢？

为了考察外国人在广州的生活中与警察的关系，我们在问卷中设计了这样两道题："在广州生活工作过程中，您是否遇过警察查验护照等？"和"您在广州遇到过警察查验护照等，那么请问遇到过多少次？"

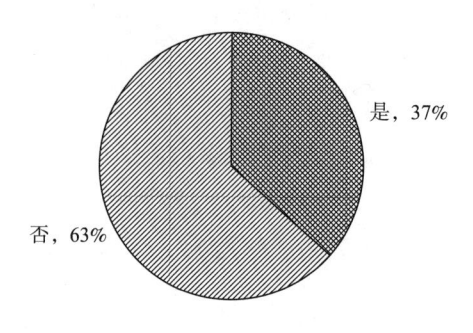

图4-25　外国人被查验护照比例

第四章　生活状况

在回答了第一道题的1232名外国人中，有37%的外国人有被警察查验护照的经历。这个比例是相当高的。

我们根据是否被查护照以及母国发达程度得到图4-26（图中数据是百分比）。来自发达国家的276名外国人只有25.72%有过被警察查验护照的经历，而来自不发达国家的946名外国人有39.64%有过被警察查验护照的经历。可见来自不发达国家的外国人在广州被警察查验护照的概率要远高于来自发达国家的外国人。

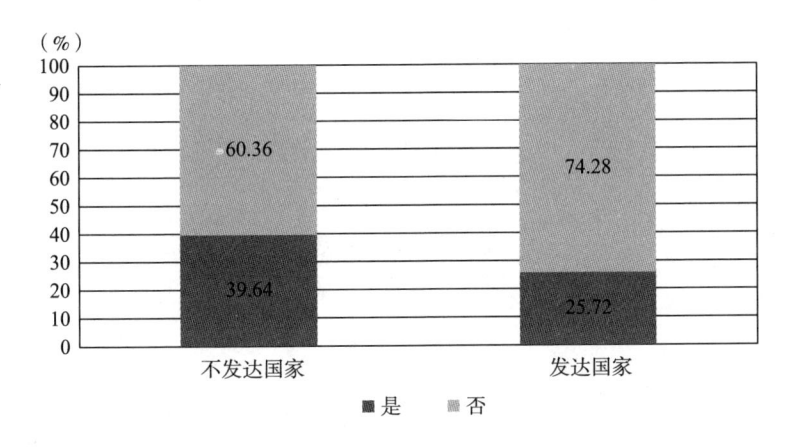

图4-26　根据国家类型划分的外国人被查验护照比例

为了进一步了解被查验护照的外国人的特征，我们按照外国人母国的大洲进行了划分，得到了图4-27（图中数字为百分比）。尽管北美洲的外国人被查验护照的比例最高，但是由于北美洲的外国人样本只有7人，因此存在偏差的可能性较大。在排除了北美洲之后，我们可以看到，来自非洲的外国人（共347人）被查验护照的比例最高，占到53.03%；来自亚洲的外国人（共550人）与来自欧洲的外国人（共240人）被查验护照的比例近似，分别为30.55%与30%。来自南美洲的外国人（共56人）被查验护照的比例次之，为26.79%，来自澳洲的外国人（共21人）被查验护照的比例最低，仅为9.52%。除北美洲外，其他各洲的外国人被查验护照的比例均低于非洲。

103

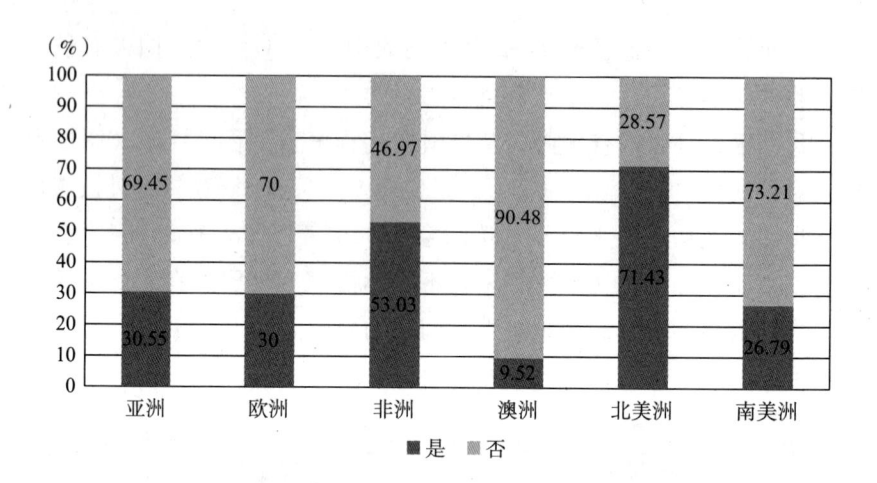

图4-27 根据大洲划分的外国人被查验护照比例

表4-24　　　　　警察查验护照次数

警察查验次数	频数	比率（%）	累计比率（%）
1	138	34.24	34.24
2	97	24.07	58.31
3	51	12.66	70.97
4	17	4.22	75.19
5	31	7.69	82.88
6	13	3.23	86.1
7	6	1.49	87.59
8	5	1.24	88.83
9	3	0.74	89.58
10	21	5.21	94.79
12	1	0.25	95.04
15	5	1.24	96.28
18	1	0.25	96.53
20	7	1.74	98.26
25	1	0.25	98.51

第四章　生活状况

续表

警察查验次数	频数	比率（%）	累计比率（%）
40	2	0.5	99.01
50	1	0.25	99.26
99	1	0.25	99.5
150	1	0.25	99.75
250	1	0.25	100
总计	403	100	

我们将被警察查验护照的次数设为横轴，而每个次数上的人数设为纵轴。制作出警察查验护照次数的条形图。

从图4-28可以看到，有34.24%的外国人遇到被警察查验护照等执法的次数为1次，而有58.31%的外国人遇到被警察查验护照等执法的次数少于等于2次，有10.42%的外国人遇到被警察查验护照等执法的次数大于等于10次。

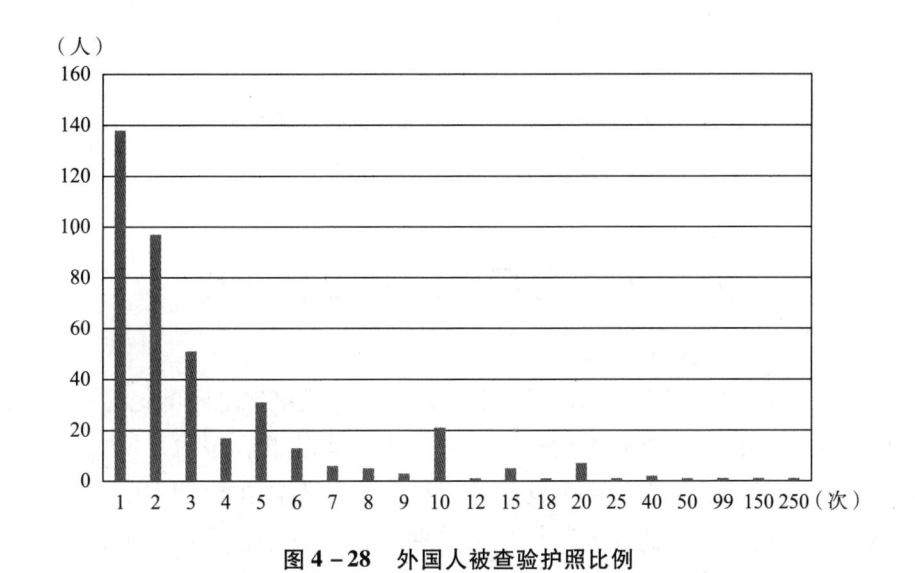

图4-28　外国人被查验护照比例

为了探索外国人被警察查验护照的次数与外国人在中国累计时间长度的关系，我们在这里做了外国人被警察查验护照的次数与外国人在中国累计时间长度的散点图。

图 4-29 横轴是外国人在中国累计时长，在这里我们可以看到外国人在中国的累计时间与被警察查验护照的次数之间基本没有关系。

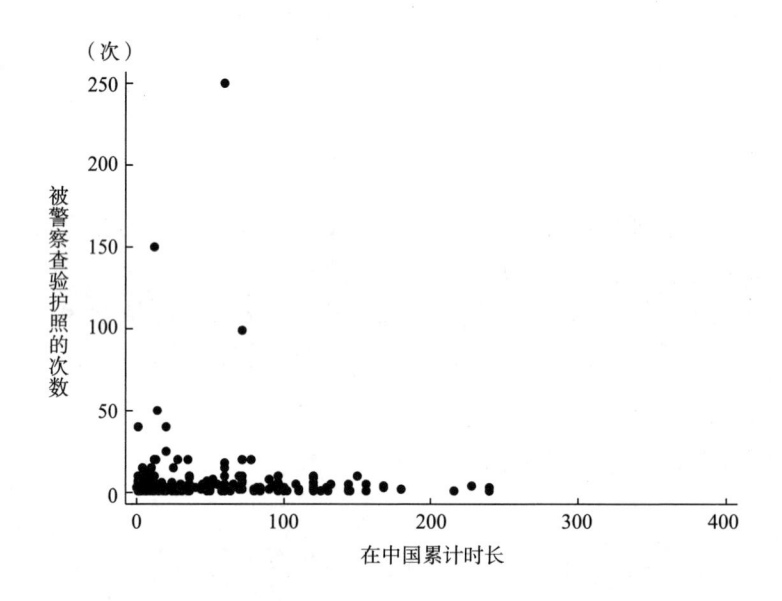

图 4-29　根据在华累计时长划分的外国人被查验护照次数

六　来华前后收入满意度对比

在传统的国际人口迁移理论中，迁入地与迁出地之间的绝对或相对的收入差距是非常重要的迁移解释因素（李明欢，2000）。为了体现这种差异，我们在问卷中设计了"和您没有来中国之前相比，您对来华之后的收入满意程度"的题目，并给出了五个选项：很不满意、不满意、一般、满意、非常满意。

在这里我们可以看到与来中国之前的情况相比，外国人对来华之后收入"非常满意"的只有 7.89%，对来华之后收入"满意"的占

第四章 生活状况

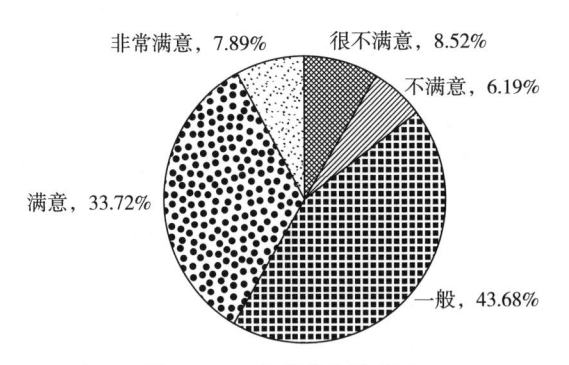

图 4-30 来华收入满意度

33.72%，认为来华收入"一般"的占 43.68%，对来华收入"不满意"的占 6.19%，对来华收入"很不满意"的占 8.52%。选择对来华收入满意度"一般"的外国人最多，超过了四成。

由于外国人不能在中国持学生签证打工，我们在这里将 337 名学生的样本去除后进行了重新计算。

根据图 4-31 显示，在 778 名外国人中，对在华收入"很不满意"的占 8.23%，对在华收入"不满意"的占 5.91%，对在华收入感觉"一般"的占 41.26%，对在华收入"满意"的占 35.35%，对在华收入"非常满意"的占 9.25%。

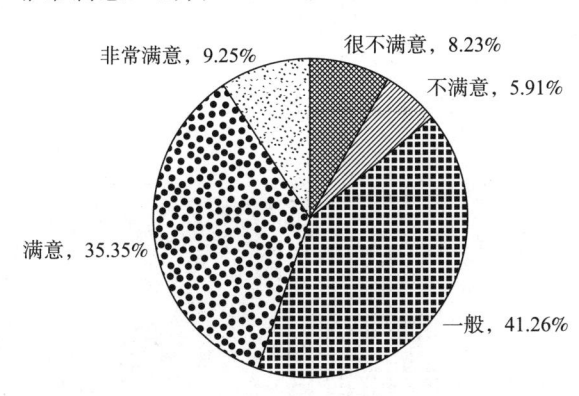

图 4-31 去除学生群体后的来华收入满意度百分比

我们将目前在华有工作的外国人的工作种类与来华收入满意度放在一起进行分析，在问卷中，外国人来华从事的工作人数前三的职业分别是：商人、管理人员或专业技术人员、白领或销售人员。问卷中从"很不满意"到"非常满意"的赋值是1至5，分数越高越满意。

表4-25　根据职业分类的来华收入满意度赋值表

职业	频数	满意度平均值	标准差	最小值	最大值
商人	253	3.252964	1.068693	1	5
管理人员或专业技术人员	192	3.505208	0.932246	1	5
白领或销售人员	44	3.454545	0.9264723	1	5

可以看到，在中国经商的外国人对在华收入满意度最低，白领或销售人员满意程度居中，而管理人员或专业技术人员满意程度最高。

七　生活展望：未来信心

过往研究认为对于未来的预期对于民众的消费有重要影响（韩松、杨春雷，2009）。外国人对未来的信心，也是他们在中国生活状况中重要的一部分。在这里，我们通过询问外国人对自己在中国未来收入的信心以及对中国未来的信心从微观与宏观两个层面衡量在华外国人在中国未来的信心。

（一）个人在中国的未来收入信心

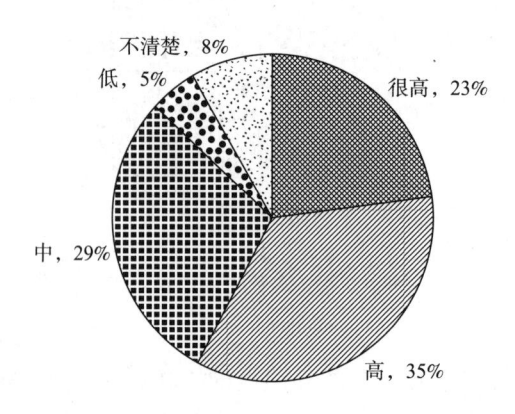

图4-32　对在中国未来收入信心程度百分比

从图 4-32 可见，回答问题的 1085 名外国人对自己在中国的未来收入信心较高。在所有回答这道题的外国人中，除了有 8.28% 的外国人对自己在中国的未来收入不清楚，只有 4.82% 的人表示对自己在中国的未来收入信心低，余下的 86.9% 的外国人对自己在中国的未来收入的信心都在"中"及以上。对自己在中国的未来收入信心高的外国人占总体的 34.74%，对自己在中国的未来收入信心很高的外国人比例有 22.91%。

表 4-26　　　　　　　　　对在华未来收入信心程度

信心	观测值	比例	累计比例
1 很高	271	22.91	22.91
2 高	411	34.74	57.65
3 中	346	29.25	86.9
4 低	57	4.82	91.72
5 不清楚	98	8.28	100

当我们将国家发达程度与对自己未来收入的信心进行对比的时候，可以看到来自发达国家的外国人对自己未来在中国收入的信心"很高"和"高"的比例分别为 18.98% 和 37.59%，共有 56.57%；而来自不发达国家的外国人对自己在中国收入的信心"很高"和"高"的比例分别为 24.03% 和 34.15%，共有 58.18%。其中，来自发达国家的外国人比来自不发达国家的外国人对自己未来收入信心"很高"的少 5.05 个百分点，而比来自不发达国家的外国人对自己未来收入信心"高"的多 3.44 个百分点。但同时，我们可以看到，来自不发达国家的外国人与来自发达国家的外国人对自己未来在华收入的预期"低"的分别为 5.01% 和 4.38%，相比之下要多 0.63 个百分点。在去除了"不清楚"的选项以后，我们按照国家发达程度计算出来自发达国家与来自不发达国家的外国人分别对自己在华未来收入的信心的平均值。

图 4-33 按国家类型划分的对未来在华收入期望百分比

表 4-27 根据国家类型划分的对在华未来收入信心程度

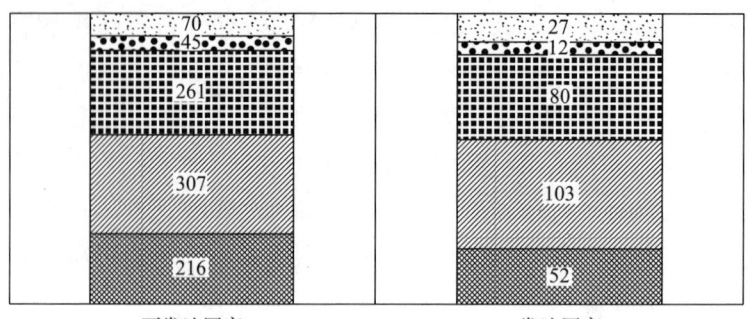

国家类型	样本量	信心平均值	标准差	最小值	最大值
不发达国家	829	2.162847	0.8757438	1	4
发达国家	247	2.210526	0.8289788	1	4

在这里我们可以看到，来自不发达国家的外国人对自己在华未来收入的信心比来自发达国家的外国人略高一些，但是差别并不明显。

（二）对中国未来的信心

在回答问题的 1098 名外国人中，我们可以看到外国人对中国的未来很有信心。在所有回答这道题的外国人中，除了有 4.60% 的外国人表示对中国未来不清楚，只有 4.08% 的人表示对中国未来信心低，余下的 91.31% 的外国人对中国未来的信心都分布在"中"及以上。对中国未来的信心高或很高的外国人比例共有 67.68%。

当我们将国家发达程度与外国人对中国的信心进行对比的时候，可以看到，在回答问题的 872 人中，来自发达国家的外国人对中国信心"很高"或"高"的比例有 61.34%，而来自不发达国家的外国人对中国的信心"很高"或"高"的比例有 69.73%。尽管来自发达国家与来自不发达国家的外国人对中国信心"高"的都占到了相当大的

第四章　生活状况

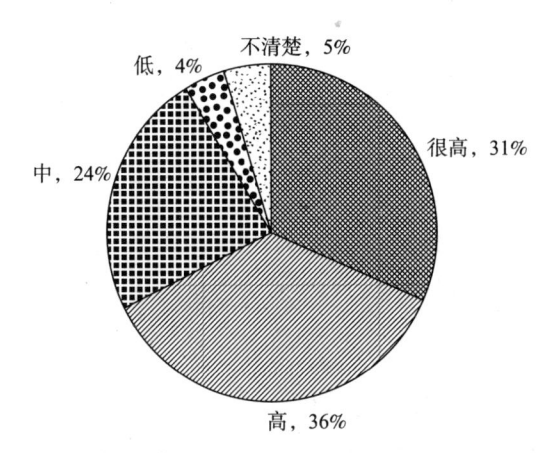

图 4-34　对中国未来信心百分比

比例，但是来自不发达国家的外国人对中国的未来"高"信心的比例明显要大于来自发达国家的外国人。其中，来自发达国家的外国人比来自不发达国家的外国人对中国未来信心"很高"的少 11.01 个百分点，而在选择"高""中""低""不清楚"这四个选项的比例中，来自发达国家的外国人都要比来自不发达国家的外国人高，在选择"中"的选项上，发达国家的外国人比不发达国家的外国人多出 6.23 个百分点。可见来自不发达国家的外国人比来自发达国家的外国人对中国的信心要高。

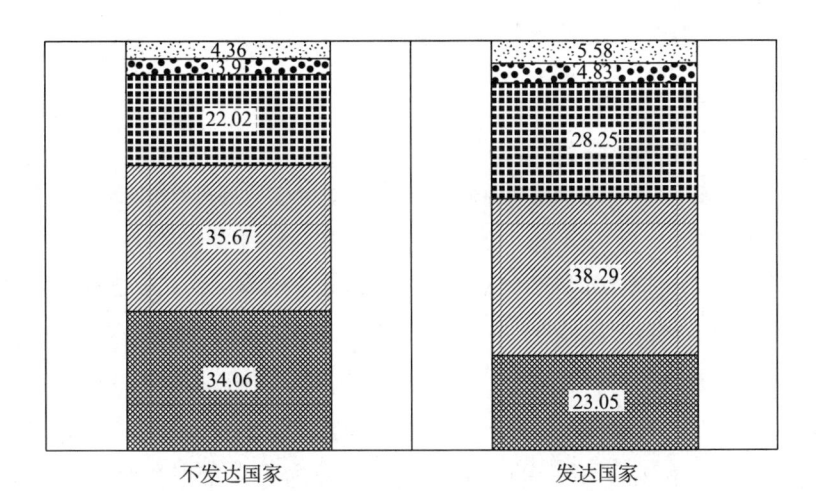

图 4-35　根据国家类型划分的对中国未来信心百分比

111

在去掉"不清楚"的选项以后，我们按照国家发达程度计算出来自发达国家与来自不发达国家的外国人分别对中国未来信心的平均值。

表4-28　　　　根据国家类型划分的对中国未来信心值

母国发达程度	样本量	信心平均值	标准差	最小值	最大值
发展中国家	834	1.955635	0.8650604	1	4
发达国家	254	2.15748	0.8521092	1	4

在这里我们可以看到，来自不发达国家的外国人对中国未来的信心比来自发达国家的外国人高。

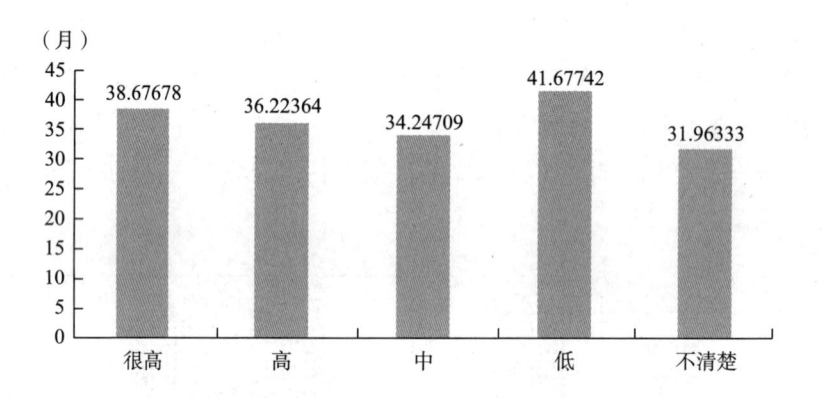

图4-36　根据来华时间长短划分的对中国未来信心情况

当我们分析来华时间长度与对中国信心的关系时，可以看到一个有趣的现象：对于中国的信心与外国人在中国累计时间的关系呈现出了U形分布。对于中国的信心从"很高"到"中"，对应的外国人来华的累计平均时间都呈现出减少的趋势，从38.68个月下降到了34.25个月，而在"低"的部分，对应的外国人来华的累计平均时间呈现出明显的上扬，为41.68个月。

（三）小结：对自己未来收入信心与对中国信心的关系

总体来说，在广州的外国人对自己在华未来收入与对中国的未来都比较乐观，并且对中国的未来比对自己在华的未来收入要更为乐观。

表 4-29　　　　根据国家类型划分的对中国未来信心值

信心	样本量	信心平均值	标准差	最小值	最大值
对自己在华未来收入信心	1183	2.408284	1.137649	1	5
对中国未来信心	1151	2.140747	1.053854	1	5

最后，本调查总结了外国人对自己未来收入信心与对中国未来信心的关系。在这里，我们用 1032 名外国人对自己未来收入的信心程度减去对中国未来的信心程度，得到了图 4-37。可以看到，对自己的未来收入信心与对中国的未来信心"一致"的占到了 67.34%；对自己在中国的未来收入信心比对中国未来信心高的占 22.87%；对自己未来收入信心比对中国未来信心低的占 9.78%。

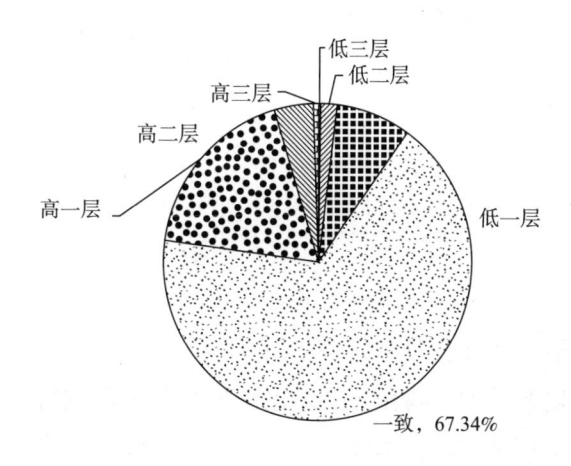

图 4-37　对自己在华收入信心和对中国未来信心比较百分比

第五章　跨国性与跨国行为

近年来，对移民的跨国行为（transnational activities）的讨论已成为国际移民研究的热点内容。广州，作为备受瞩目的新移民到达地（New Immigrants Destination），正处于移民移入的早期阶段。不断增长的移民异质性使得移民在穗行为和生活日益多样化。移民的跨国行为特别是跨国贸易者在流出地与流入地之间的商贸活动受到诸多学者的关注。然而，移民的跨国性不仅仅局限于在两地间的商业活动，还包括在流出地与流入地社会文化、经济结构等各方面的嵌入。特别是对于广州复杂多样的移民群体来讲，其跨国性和跨国行为需要更加细致和透彻的界定与分析。

本章将基于"2016 在广州生活工作的外国人调查数据"，从居留时间、经济活动、社会活动三个层面分析在穗国际移民跨国行为的广度与深度，并对不同群体的行为模式进行探索分析。

一　引言

本章在第一部分将对移民跨国性和其影响因素做一个简要梳理，并对我国移民政策和广州作为新移民地的特殊情况进行介绍，为后文数据报告打下理论和现实基础。

2014 年年底，《国际移民评论期刊》发表了 50 周年纪念特刊，不仅回顾了过去半个世纪国际移民研究领域的核心内容，更预测了未来的发展趋势。其中，移民群体及其流动方式的多样性已逐渐成为研

第五章　跨国性与跨国行为

究热点之一（Carling, Lee and Orrenius, 2014）。

移民的多样性主要带来了两个方面的变化，首先是随着迁移流动（migration flows）改变而出现的新移民到达地（New Immigrant Destination）。移民不再集中在原有的移民聚集区域，而在更宽广的地理空间内开拓新的生存区域。我们可以看到，在1970年，超过四分之一的在美移民居住在纽约、芝加哥、洛杉矶三个大城市，而这一比例在2010年下降到了八分之一（Hall, 2013）。而在全球范围内，超过一半的登记在案的移民现在迁移到发展中地区（global south）（Ratha and Shaw, 2007）。随着快速的经济增长和社会改革，中国也出现了新的移民形式（Haugen, 2008）。根据2010年第六次全国人口普查数据显示，超过三分之一的在华常住外国人居住在广东省，因此，广州作为新兴的移民到达地，已受到了诸多学者的研究（Mathews and Yang, 2010; Lyons, Brown and Li, 2008; Bodomo, 2010）。

另一重多样性则体现在移民跨国性和跨国行为的涌现。在过去的20年间，随着通信和交通科技的革命性发展，全球化带领世界走向一个"没有边界"（borderless）的新纪元（Li, Ma and Xue, 2009）。这让移民更容易产生跨国行为，同时生活在流出地与流入地。此外，不同于传统的一次性移民模式，当下移民更倾向于暂时性移民（temporary migration）而不是永久定居在目的地（permanent settlement）（Carling, Lee and Orrenius, 2014）。暂时性移民能够满足移民不同的迁移目的。同时，不同的来源国也造成了移民具有不同的行为模式。这样的内部机制通常决定着移民的职业、具体的跨国活动和跨国性的偏向性。然而，除去移民自身的理性选择，日益增长的对永久定居的限制也对跨国行为起到催生作用。诸多传统移民国家近年来开始调整移民政策，使得获得"绿卡"、加入国籍变得困难。相对于正式移民而言，跨国活动通常不要求迁移者投入那么多资本，却能够带给他们更多的收益，特别是在经济上的回报。

综上所述，移民自身和流动模式的多样性催生了跨国行为的产生，也造成了一个又一个新移民到达地的出现。同时，国家的移民政策也对移民跨国性的动力机制产生决定性影响。中国正处于早期移民阶段。在广州，新移民聚居地的快速生成使得当地政府对在穗外国移民具有强大有效的管控能力。因此，外部机制会对移民的跨国性和跨国行为带来显著影响。

二　移民跨国行为描述

在这一部分，将从居留时间（settlement duration）、经济活动（economic activities）和社会活动（social activities）三个方面探查在穗外国移民的跨国行为，并从"嵌入性"的视角观察移民在流出地与流入地的行为偏好。嵌入性（embededness）概念最早由波兰尼提出，其用嵌入性的分析框架对西方市场与社会关系进行了历史的分析。之后，格兰诺维特提出"关系嵌入性"等概念，于此，这一概念被理解为"受到嵌入环境的约束"（王宁，2008）。我们在此借用这个观点，来表达流出地、流入地两个社会对移民迁移行为的约束与影响。

流出地嵌入与流入地嵌入分别意味着受这两个社会影响与约束的强度。而从居留时间、经济与社会活动三个层面来解读移民的跨国行为，则意味着移民受这两个社会影响与约束的深度。

（一）居留时间嵌入

"2016年在广州生活工作的外国人调查"询问了被调查者来中国的次数，可以看到，约75%的外籍移民超过2次（包括2次）来华，而在过去一年中，超过75%的被调查者往返广州与家乡超过2次（包括2次）。可以看到，暂时性移民和跨国性是在穗国际移民的常态。

在这一小节中，我们抽出来华次数超过2次，在迁移时间上具有跨国性特征的移民群体进行分析，样本总量为900个。对居留时间嵌入则基于被调查者从第一次来华开始至今在中国的时间比例计算的指标。公式为：居留时间嵌入 = 累计在华月份/（调查时间 - 首次来华时间）。居留时间嵌入是一个0—1的指标，其在0—0.5的范围时，移民大多数时间在出发国生活，我们认定其为流出地居留时间嵌入。

在 0.5—1 的范围时，移民则更多在中国生活，我们认定其为流入地居留时间嵌入。

1. 居留时间嵌入总群体描述

如表 5-1 所示，被调查者的在华时间比例均值为 0.50，且有 48.66% 的人选择在华居留时间嵌入。这意味着有超过一半的在穗外国移民的生活重心偏向流出地，在流入地（在华）时间嵌入较浅。

而在来华次数上，我们看到，在具有跨国行为特征的群体中，43.94% 的被调查者来华次数为 2—5 次，16.91% 的被调查者来华次数为 6—10 次，而 39.15% 的群体来华次数超过 10 次。可以看到，在穗外国移民具有十分鲜明的跨国性，且跨国行为活跃度高。

表 5-1　　　　　　居留时间嵌入与相关变量

在华时间比例	均值	标准差	样本量
	0.50	0.38	780
居留时间流入地嵌入比例	频数	比例（%）	样本量
	380	48.66	780
来华次数2次以上	频数	比例（%）	样本量
2—5 次	395	43.94	900
6—10 次	152	16.91	900
10 次以上	352	39.15	900
过去一年往返流出、流入地次数	频数	比例（%）	样本量
0 次	134	15.51	864
1 次	237	27.43	865
2 次	226	26.16	866
3 次	120	13.89	867
4 次	45	5.21	868
5 次	102	11.81	869

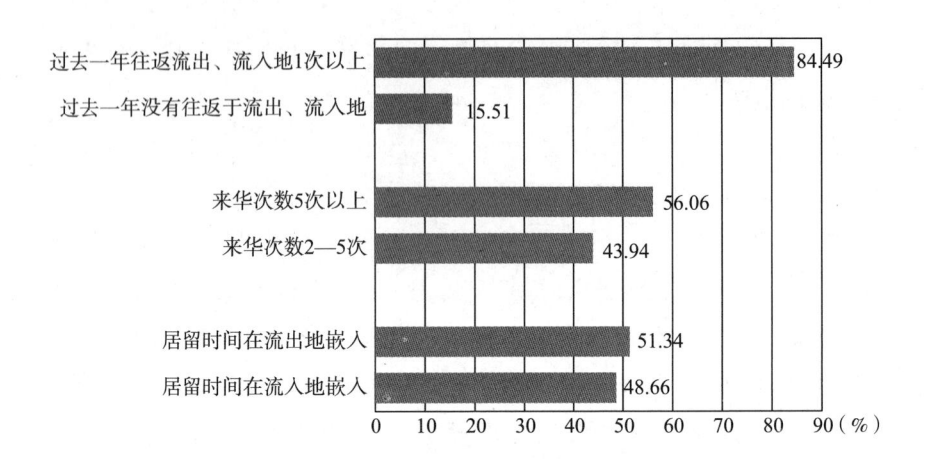

过去一年往返流出、流入地1次以上 84.49
过去一年没有往返于流出、流入地 15.51
来华次数5次以上 56.06
来华次数2—5次 43.94
居留时间在流出地嵌入 51.34
居留时间在流入地嵌入 48.66

图 5-1 居留时间嵌入与相关变量

此外，如表 5-1 所示，在过去一年中，仅有 15.51% 的非第一次来华的被调查者没有往返于流出地与流入地，而 69.10% 的该群体往返于流出、流入地超过 2 次。这一指标再次体现了在穗移民的跨国性的强度和跨国行为的活跃度。

在居留时间嵌入比例和往返于流出地、流入地的次数关系上，我们可以从图 5-2 与图 5-3 的两变量拟合图中捕捉到信息。总体趋势显示，移民越多往返于两地，来华次数越多，移民更倾向于在时间上嵌入在流出地。由图 5-1 可知，当被调查者过去一年往返祖国和中国的次数超过 2 次（包括）时，其便更多在时间上嵌入在流出地。由图 5-2 可知，当被调查者来华次数在 6—10 次及 10 次以上，其在华时间比例越小。

2. 不同来源国群体的居留时间嵌入

移民来源国的经济水平、社会环境会决定移民的迁移行为。在这一小节，我们对来自不同发展程度地区的在穗国际移民进行分类，观察其在跨国性和跨国行为上的异同。

如表 5-2 所示，来自发展中国家的在穗国际移民在华时间比例高于来自发达国家的移民，平均值为 0.52。且这一群体选择在华居留时间嵌入的比例略高于发达国家群体，为 50.09%。在来华次数上，

第五章 跨国性与跨国行为

来自发达国家的被访者超过 10 次以上来华的比例高于发展中国家，而在低于 10 次的情况下，发展中国家则高于发达国家。对于过去一年往返于家乡与中国的次数，不同来源国的被访者在次数小组内部差异较小。

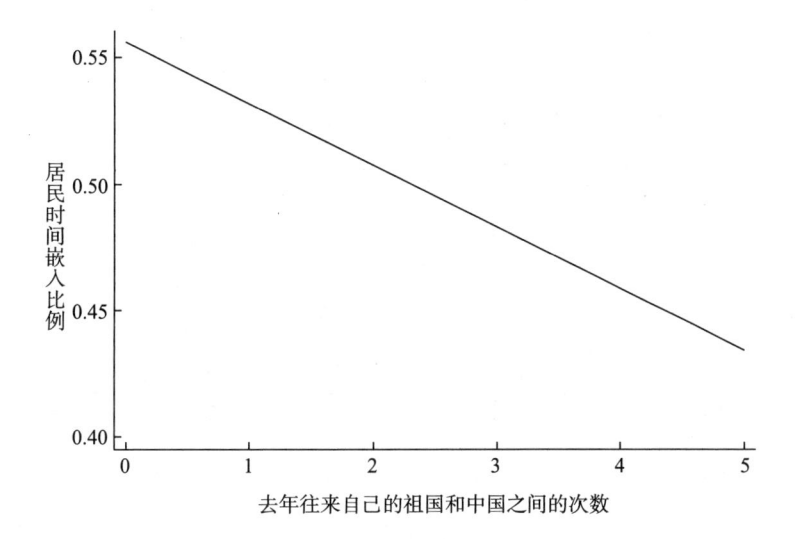

图 5－2 居留时间嵌入比例与过去一年往来流出、流入地次数拟合图

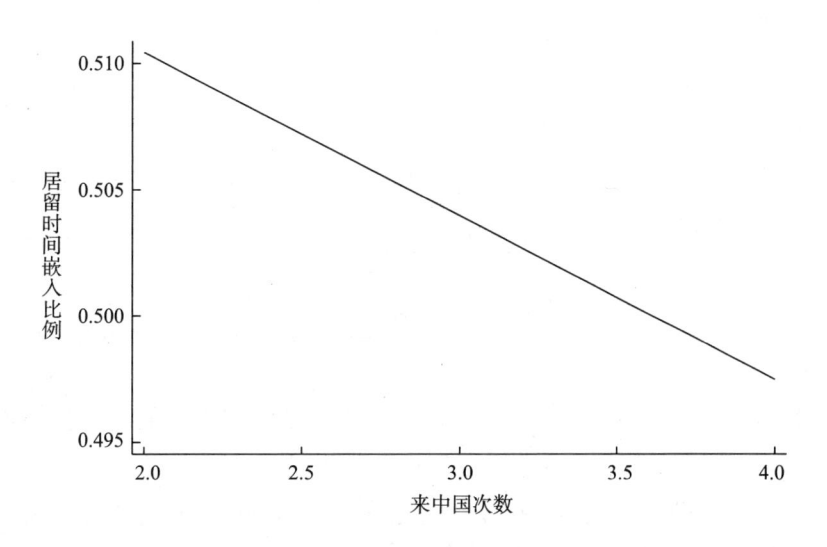

图 5－3 居留时间嵌入比例与来中国次数拟合图

表5－2　居留时间嵌入与相关变量综合表（不同来源国群体）

		样本量	均值	标准差
在华时间比例	发达国家群体	193	0.46	0.36
	发展中国家群体	584	0.52	0.38
		频数	比例（%）	样本量
居留时间流入地（在华）嵌入	发达国家群体	86	44.56	193
	发展中国家群体	293	50.09	584
来华次数（2次及以上）		频数	比例（%）	样本量
2—5次	发达国家群体	85	37.61	226
	发展中国家群体	307	45.96	668
6—10次	发达国家群体	37	16.37	226
	发展中国家群体	114	17.07	668
10次以上	发达国家群体	104	46.02	226
	发展中国家群体	247	36.98	668
过去一年往返流出、流入地次数		频数	比例（%）	样本量
0次	发达国家群体	41	18.55	221
	发展中国家群体	93	14.58	638
1次	发达国家群体	67	30.32	221
	发展中国家群体	170	26.65	638
2次	发达国家群体	48	21.72	221
	发展中国家群体	175	27.43	638
3次	发达国家群体	34	15.38	221
	发展中国家群体	85	13.32	638
4次	发达国家群体	6	2.71	221
	发展中国家群体	39	6.11	638
5次	发达国家群体	25	11.31	221
	发展中国家群体	76	11.91	638

如图5-4所示，来自发达国家的国际移民有更高的可能性多次（5次以上）来华，但在过去一年中，其未选择在流出地与流入地之间往返的比例高于发展中国家。这意味着发达国家群体有着更丰富的在华迁移史，但跨国行为间隔较长。这一趋势体现出，相对于发展中

第五章 跨国性与跨国行为

国家移民，他们在近期的跨国行动中在时间上更多嵌入在流入地。图5-5作为不同来源国居留时间嵌入的密度图，则补充说明了不同群体的在华时间比例情况。我们可以看到，总体被调查者倾向于在时间上嵌入在流出地，两端嵌入人群比例较少。来自发展中国家的移民比发达国家更容易在居留时间上嵌入在流出地（即在华比例小于0.5），这一情况在居留时间嵌入在流入地（即在华比例大于0.5）的部分则差异不大。

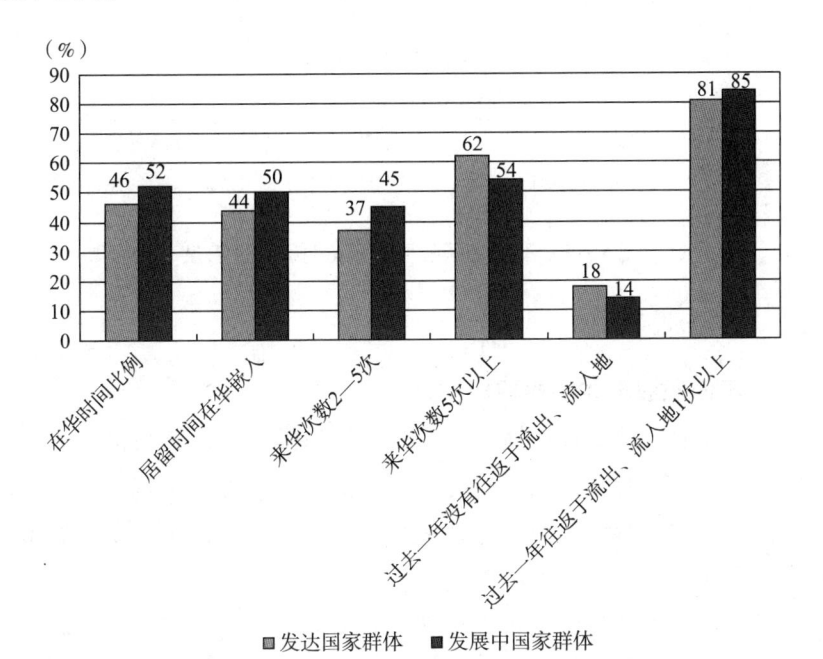

图5-4 不同来源国群体的居留时间嵌入图

综上所述，从第一次来华之后的在华比例和居留时间嵌入类别来看，来自发达国家的移民群体相较于发展中国家更倾向于流出地时间嵌入。来自发展中国家的移民群体在实际的居留时间上更多嵌入在中国社会。实际的居留时间往往代表着移民过去的居留意愿（duration intention）。可以看到，尽管中国社会的移民政策更偏向于来自发达国家的精英移民，但这并未影响到发展中国家移民对华生活的热情，他们愿意用更多的往返次数来增强自身的跨国行为。

121

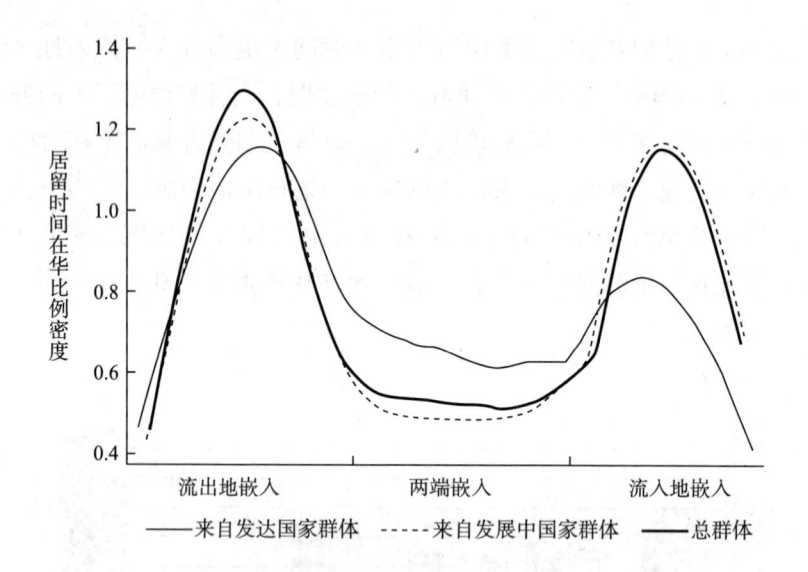

图 5-5 不同来源国群体居留时间嵌入密度

3. 不同职业群体的居留时间嵌入

不同职业属性的移民拥有不一样的行为模式,这会在很大程度上影响他们的跨国行为,在居留时间嵌入上也不例外。本节将在穗国际移民的职业类型分为四类,分别为学生群体、商人群体、专业技术人员群体和无业群体。在本次调查对职业类型的细致划分的前提下,本节假设这四种类型的跨国行为存在显著差异,因此将其进行合并:其中"专业技术人员群体"包括经理人、专业知识人才、技师、白领与销售、手工业者与维修工、服务业者;"商人群体"则全部为商人;"学生群体"全部为学生;"无业群体"包括没有被雇佣、退休与家庭主妇/夫。

表 5-3 对不同职业群体的在华时间比例和各群体的居留时间在华嵌入比进行排序,可以看到,学生群体从第一次来华之后的在华时间最长,平均 60% 的时间在中国。其次是专业技术人员,有平均 53% 的时间在中国,商人群体与无业群体则较低,平均在华比例均在 50% 以下。各群体的居留时间在华嵌入比例也呈现相同的趋势。

表 5-3　　　　　　居留时间嵌入描述（不同职业群体）

		样本量	频数	比例（%）
居留时间在华嵌入	总群体	780	380	48.66
	学生群体	206	125	60.68
	专业技术人员群体	195	103	52.82
	商人群体	190	80	42.11
	无业群体	172	67	38.95
		样本量	均值	标准差
在华时间比例	总群体	780	0.46	0.36
	学生群体	206	0.60	0.38
	专业技术人员群体	195	0.53	0.39
	商人群体	190	0.46	0.37
	无业群体	172	0.42	0.36

从图 5-6 我们得知，学生群体和专业技术人员群体更容易存在居留时间上呈现流出地嵌入，其中学生群体嵌入性最强。原因在于，这两个群体所获得的签证时间较为稳定，中国政府为外国学生和专业技术人员提供较为长期的学生与工作签证。此外，因为学业和劳动关系制约，也要求其保持长久的在华时间。

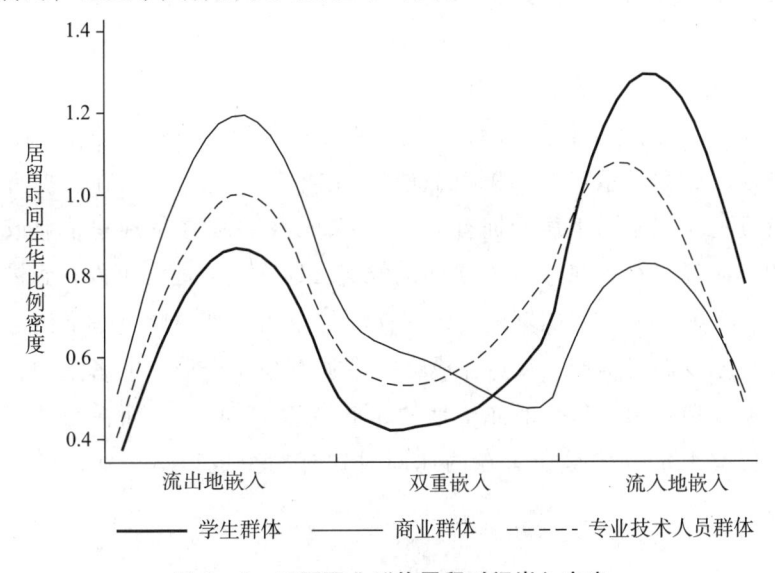

图 5-6　不同职业群体居留时间嵌入密度

商人群体则恰恰相反,他们更倾向于居留时间上的两端嵌入。广州作为世界闻名的制造业基地,吸引了大量海外商人前来从事商品贸易。这一类型的商业活动多要求商人往返于两地间活动,建立进货与销售渠道。这在一定程度上降低了他们在华与在家乡的居留时间,从而呈现两端嵌入趋势。无业群体的工作属性较为不稳定,无法支付过于高昂的迁移成本,故而多选择流出地嵌入。

(二) 经济活动嵌入

"2016年在广州生活工作的外国人调查"询问了在穗国际移民在流出地与流入地的经济活动。调查数据显示,有20%的被访者在华有企业投资,且有50%的被访者在家乡拥有房产。可以看出,在穗国际移民的经济行为存在两端性,其在华从事经济活动的同时,并没有完全放弃在家乡的投资或产业。

本节以"是否在华拥有房产"与"是否在华有企业投资"衡量移民经济活动流入地嵌入性,以"是否在家乡拥有房产""是否在家乡有公司或企业""是否在家乡拥有土地"衡量移民经济活动流出地嵌入性。并将综合两端共同从事相关经济活动的行为衡量双重嵌入性。样本依旧为来华次数超过2次具有跨国性的900例个案。

1. 经济活动嵌入的总群体描述

表5-4描述了经济活动的不同嵌入类型。在经济活动流出地嵌入方面,数据显示有14.29%的被访者在华拥有房产,而在华拥有企业投资的比例略高于房产拥有率,为22.31%,仅在华拥有企业或房产的群体仅有6.32%。在经济活动的流入地嵌入方面,可以看到被访者在家乡拥有财产的比例远高于其在华的投入。其中超过一半以上被访者在家乡拥有房产,超过三成在家乡拥有公司企业,或者土地,且仅在家乡拥有房产,企业或土地的人群高达41.47%。而在两端嵌入中,仅有4.87%的被访者在两地同时拥有一个或以上企业,房产或土地。

第五章　跨国性与跨国行为

表 5-4　经济活动嵌入综合表

经济活动流入地嵌入	频数	比例（%）	样本量
在华拥有房产	128	14.29	896
在华拥有企业投资	199	22.31	892
仅在华拥有房产或企业	53	6.32	892
经济活动流出地嵌入	频数	比例（%）	样本量
在家乡拥有房产	472	53.33	885
在家乡拥有公司或企业	284	32.05	885
在家乡拥有土地	327	37.12	885
仅在家乡拥有房产、企业或土地	367	41.47	885
经济活动两端嵌入	频数	比例（%）	样本量
在两端同时拥有企业或房产	233	26.45	881

如图 5-7 所示，我们看到，在穗国际移民更倾向于在流出地嵌入。他们在家乡拥有房产、公司或企业、土地的比例远远高于在华比例，特别地，仅在家乡拥有房产或企业投资而在华并不拥有的比例也较大。相对而言，仅在华拥有企业或房产而放弃家乡财产的比例很小，仅为 6.32%。此外，两端嵌入的比例最小，说明较少有人拥有强大的经济资本或是迁移意愿在两地间都有经济投资。

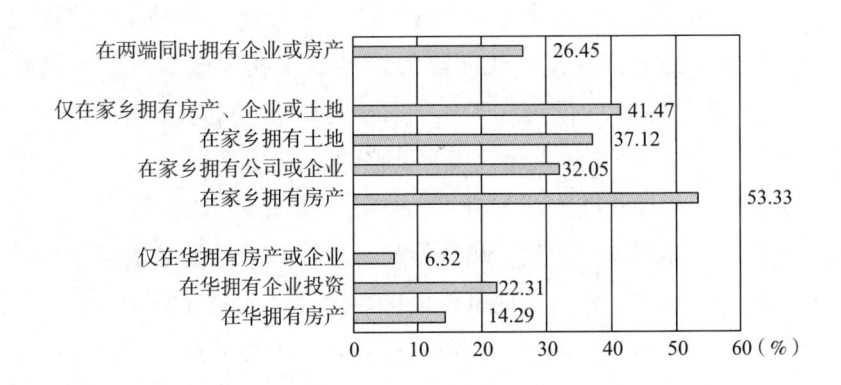

图 5-7　经济活动嵌入综合图

125

综上所述，我们可以看到，在穗国际移民在经济活动上跨国性更倾向于流出地嵌入。尽管他们在广州和家乡之间往返生活，但相对于在华投资，他们更愿意将财产存留于流出地，且大部分人并不愿意完全放弃在家乡的产业。当然，我们也可以看到，有少量的富裕人群则在华和家乡都拥有经济活动。这一现象在一定程度上反映了被访者的居留心态：大部分群体并不认为自己今后只在流入地（中国）生活，在家乡的经济状况对其来讲更为重要。这体现了其对未来生活的打算，更促成了在穗国际移民跨国性的形成。数据显示，在穗国际移民在经济活动中的跨国性与跨国行为将长期存在。

2. 不同来源国群体的经济活动嵌入

本节将对不同来源国群体的经济活动嵌入进行描述分析。来源国社会经济发展水平会影响到移民在迁移过程中的经济行为，特别是其对家乡资产的处置和跨国性的投资。在这一小节中，我们用"仅在家乡或在华拥有至少一项资产（包括房产、公司、土地）"作为衡量移民经济活动流出地与流入地嵌入的指标，而"在华与在家乡同时拥有至少一项资产（包括房产、公司、土地）"则作为经济活动双重嵌入的指标。

如表5-5所示，我们看到，发达国家群体比发展中国家群体在华经济嵌入程度更高。广州作为中国的对外窗口之一，一直吸引着外商投资者，而外商在华投资或注册公司的程序办理与本国人并无较大异同。但在买房方面，则有较大限制。2006年我国楼市实行"限外令"，仅允许"在境内学习，工作超过1年"的外籍人士购买房产。这一政策在2015年8月发生改变，商务部、住建部联合发布《关于调整房地产市场外资准入和管理有关政策的通知》，决定取消外商投资房地产企业办理境内贷款、境外贷款、外汇借款结汇必须全部缴付注册资本金的要求，并且允许境外机构在境内设立的分支、代表机构和在境内工作、学习的境外个人购买符合实际需要的自用、自住商品房。这意味着，境外人士在国内买房的限制十年来首次被打破。但是，这一政策实行时间较短，还没有在外籍人士间形成广泛效应。因此，在被访者中，能够在华购买住房者，不仅需要有足够的在华居留时间，还要在华拥有工作或在华学习。在华购房同时也需要足够的经济资本。从第一章我们可以知道，在在穗外国人中，来自发达国家的群体以专业技术人才为主，他们多数已进入到在华劳动力市场，只要在华满 1 年即可获得购房资格。同时，这一群体的外国人也拥有较为雄厚的经济资本，能够在华购房。在流入地经济活动嵌入方面，我们可以看到，发展中国家群体远远高出发达国家群体将近 20 个百分点。除去发达国家群体多为专业技术人员较少参与资本投资的原因之外，还说明在在穗外国移民中，来自发展中国家的群体多在流出地拥有较高的经济地位。他们在流出地多已拥有房产、公司土地等资本，尽管他们在相对欠发达的地区，他们依旧能够支付高昂的来华费用并在华生活。

表 5-5　　经济活动嵌入综合表（不同来源国群体）

		频数	比例（%）	样本量
经济活动流入地嵌入	发达国家群体	19	8.30	229
	发展中国家群体	47	6.92	679
		频数	比例（%）	样本量
经济活动流出地嵌入	发达国家群体	72	31.86	226
	发展中国家群体	293	50.09	669
		频数	比例（%）	样本量
经济活动两端嵌入	发达国家群体	38	16.59	229
	发展中国家群体	157	23.47	668

同时，我们也可以看到，在两端嵌入方面，来自发展中国家的群体所占比例依旧高于发达国家群体。这说明发展中国家群体在经济活动的跨国性较强，其有更大的比例在家乡与中国同时投资或买房。当然，如前文对在华居留时间的描述也可以知道，来自发展中国家的移民居留意愿较强，因此，他们更倾向于能够在华有所投资以便于今后的生活，同时，他们也不愿抛弃自己在家乡的经济资本，为今后的返回铺下后路。

如图 5-8 所示，来自发展中国家的在穗移民，明显更倾向于经济活动的流出地嵌入与两端嵌入。尽管他们在华已有投资，他们对于仅在华经济活动嵌入较为谨慎，更愿意在流出地保留资产。

(%)

	经济活动流入地嵌入	经济活动流出地嵌入	经济活动两端嵌入
发达国家群体	8.30	31.86	16.59
发展中国家群体	6.92	50.09	23.47

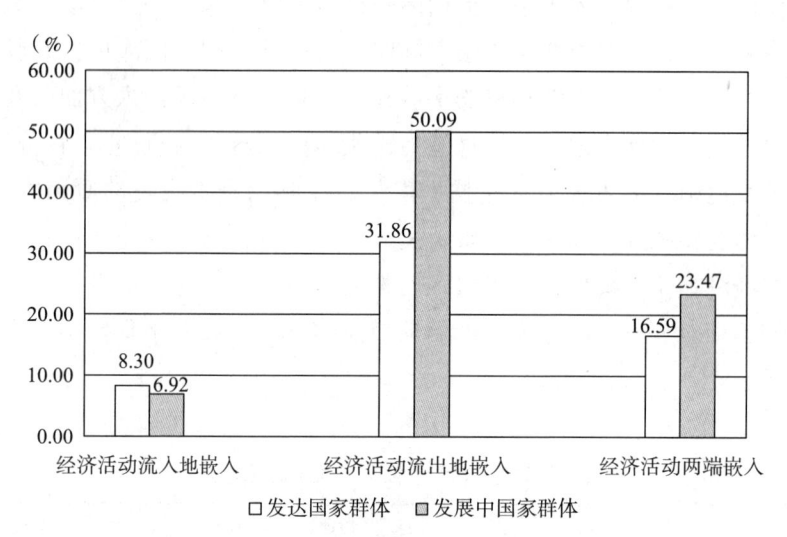

图 5-8 不同来源国群体、经济活动嵌入图

3. 不同职业群体的经济活动嵌入

在早期移民社会，移民的不同职业属性与他们的迁移目的常常紧密相连。在经济日益发展的中国也是如此，在华国际移民的职业分布反映着他们不同的经济目的，而这会在很大程度上影响他们的跨国经济行为。本节依旧将在穗国际移民的职业类型分为四类，分别为学生群体、商人群体、专业技术人员群体和无业群体。我们依旧用"仅在家乡或在华拥有至少一项资产（包括房产、公司、土地）"作为衡量移民经济活动流出地与流入地嵌入的指标，而"在华与在家乡同时拥有至少一项资产（包括房产、公司、土地）"则作为经济活动双重嵌入的指标。

如表 5-6 所示，我们可以看到，学生群体的经济活动流入地嵌入最强，其次是商人与无业群体，专业技术人员最低。这一结果看起来违背常理，但结合在穗外国人的实际情况，则有理可循。如前文所述，外国人在华买房有"超过1年时间在华工作，学习"的硬性标准，学生群体不论从签证还是在华居留稳定性来讲，都容易具备这一条件。学生群体更易在华投资这一点也说明，一部分来广州的留学生具有多重目的。在华读书可能只是其办理签证的条件与目的之一，同时，他们又会在广州从事经济活动。对于同样在华拥有较长居留时间的专业技术人员群体来说，由于职业属性与未来发展计划限制，他们并没有在中国投资或者购买房屋的打算。商人群体在从事跨国贸易的同时有相对较高的比例在华投资置业。在无业群体中，伴随丈夫或妻子而来的家庭主妇/夫占大多数，这一群体在华经济水平较高，一个人的工作能够支付起两个人的在华费用，因此这一群体在华投资与置业的比例也不低。当然，这些仅在华进行投资买房意味着其在家乡没有资产的群体，依旧是在穗国际移民的极少数部分。

表5-6 经济活动嵌入描述表（不同职业群体）

		频数	比例（%）	样本量
经济活动流入地嵌入	总群体	53	6.32	892
	学生群体	22	9.40	234
	商人群体	17	7.42	229
	无业群体	14	6.67	210
	专业技术人员群体	13	6.07	214
		频数	比例（%）	样本量
经济活动流出地嵌入	总群体	367	41.47	885
	学生群体	101	44.10	229
	无业群体	88	42.31	208
	专业技术人员群体	86	40.76	211
	商人群体	76	33.63	226
		频数	比例（%）	样本量
经济活动两端嵌入	总群体	233	26.45	881
	商人群体	88	38.94	226
	专业技术人员群体	46	21.8	211
	无业群体	37	17.79	208
	学生群体	17	7.42	229

从经济活动的流出地嵌入方面来看，学生群体与无业群体中选择这一嵌入方式的比例较高。这是因为这两个群体的大多数移民缺乏足够的经济资本在华立足，因此仅在家乡拥有资产，还未在流入地投资置业。相比较而言，商人群体比例较低。商人群体是跨国经济活动的主要实行者，因此跨国性最强。由于职业属性与迁移目的，其更愿意在两地同时投资置业，以达到利益最大化，因此其仅在家乡保存资产，在华投资的比例并未最低。

经济活动的两端嵌入则再次展现了处于较高经济水平的在穗国际移民的跨国经济行为。可以看到，商人群体中选择两端嵌入的比例远高于其他群体，再次体现了他们的强跨国性。把鸡蛋放进两个篮子，往返于流出、流入地获得最大的经济利益已成为众多跨国商人的策略选择。同时，专业技术人员群体在两端嵌入的比例略微高于无业群体与学生群体，原因在于，能够在两地同时拥有资产，需要国际移民拥有较雄厚的经济资本。而无业群体、学生群体或尚处于资本累计阶段，还没有足够的实力从事跨国经济活动。

图 5-9 让我们可以更清晰地看到不同职业群体在华的经济活动嵌入情况。经济活动的流出地嵌入是所有群体的共同选择。商人群体的经济活动与跨国性都是最活跃的，其次是专业技术人员。无业群体与学生群体经济活跃度相对较低，且更倾向于在流出地保存资产。

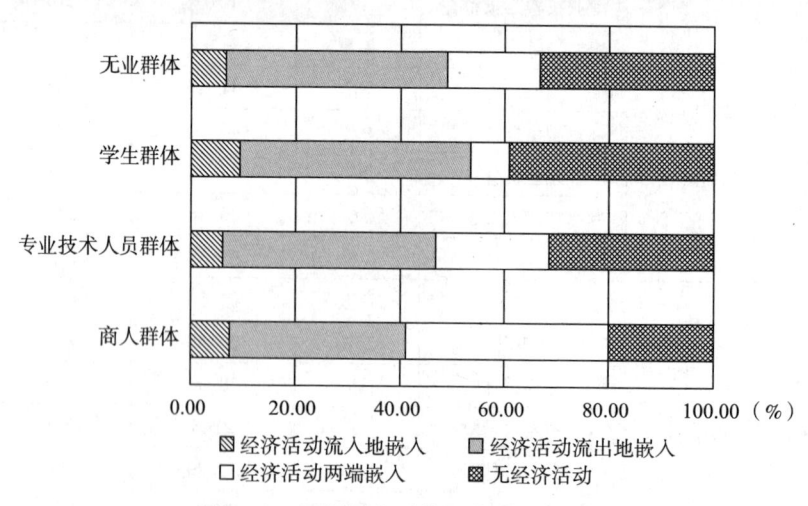

图 5-9　不同职业群体经济活动嵌入图

（三）社会活动嵌入

"2016年在穗外国人工作与生活调查"分别询问了被访者在广州以及在家乡的社会活动情况。包括"是否参加过在广州的商会/同乡聚会""是否参加过广州的宗教聚会""是否参加过广州的兴趣群体的活动""是否参加过在广州的志愿者聚会"，以及"是否参加过家乡政党""是否参加过家乡选举""是否参加过家乡社团""是否参加过反政府组织抑或活动"。较为全面地调查了在穗国际移民在流出地、流入地的社会活动参与情况。本节依旧以来华次数超过2次、具有跨国性的900例个案为描述分析对象，观察其在社会活动层面在流出地与流入地的嵌入情况。

1. 社会活动嵌入的总群体描述

表5-7描述了在穗国际移民在流出地与流入地的社会活动嵌入情况。在流入地嵌入方面，我们可以看到，在穗国际移民更愿意加入同乡会/商会或是兴趣活动。然而，他们的总体参与率不高，在问卷提出的4个组织或活动中，全部没有参与的群体高达57.22%。参与比例也随着参与活动个数的增加而递减。

表5-7　　　　　社会活动嵌入综合表

		频数	比例（%）	样本量
流入地社会活动嵌入	商会/同乡聚会	183	20.65	886
	宗教聚会	140	15.91	880
	兴趣活动	208	23.72	877
	志愿活动	141	16.02	880
	全部没有参加	499	57.22	872
	参加其中1个	191	21.90	872
	参加其中2个	106	12.16	872
	参加其中3个	50	5.73	872
	参加其中4个	26	2.98	872

续表

		频数	比例（%）	样本量
流出地社会活动嵌入	家乡政党	130	14.61	890
	家乡选举	427	48.14	887
	家乡社团	302	34.40	878
	反政府组织或活动	38	4.31	881
	全部没有参加	338	39.30	860
	参加其中1个	260	30.23	861
	参加其中2个	191	22.21	862
	参加其中3个	55	6.40	863
	参加其中4个	16	1.86	864
社会活动两端嵌入	同时参加超过1个活动	262	30.5	859

相关情况在流出地社会则有所不同。可以看到，超过30%的被访者参加了1个活动或组织，而参加两个以上的比例也高达30.47%。在穗国际移民在流出地社会活动的参与率较高。从不同种类的组织与活动来看，将近一半的被访者参加了家乡选举，超过三成参加家乡的社团。值得注意的是，有4.31%的被访者参加过反政府组织或活动，多集中在埃及、印度与也门等国。

在两端嵌入方面，可以看到在两地同时参加超过1个及以上活动和组织的被访者高达30.5%，在穗国际移民在社会活动方面跨国性较强。从图5-10我们可以看到，从总体来看，在穗国际移民在社会活动中流入地嵌入的比例较大，高达50.7%的被访者加入了一个及一个以上在家乡的活动和组织。

从所参加的活动类型来看，本次调查主要以被访者在家乡的政治社会活动参与为主。虽然加入家乡政党的被访者仅占总体的14.61%，但参加选举的比例将近一半。以上数据说明在穗国际移民对家乡建设、社会政治参与度较高，即便他们往返于流出、流入地之间生活，却始终没有放弃在家乡的基本权益。

第五章 跨国性与跨国行为

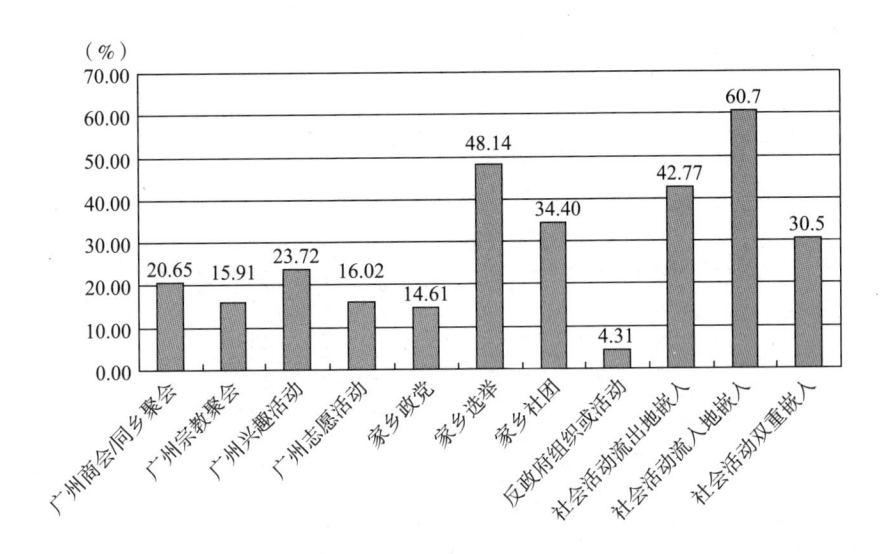

图5-10 社会活动嵌入综合表

数据（按柱状图顺序）：
- 广州商会/同乡聚会：20.65
- 广州宗教聚会：15.91
- 广州兴趣活动：23.72
- 广州志愿活动：16.02
- 家乡政党：14.61
- 家乡选举：48.14
- 家乡社团：34.40
- 反政府组织或活动：4.31
- 社会活动流出地嵌入：42.77
- 社会活动流入地嵌入：60.7
- 社会活动双重嵌入：30.5

2. 不同来源国群体的社会活动嵌入

本节将对不同来源国群体的社会活动嵌入进行描述分析。来源国社会经济发展水平、民主程度会影响移民在家乡的政治参与，以及在流出地的经济、文化、社会活动的参与。在这一小节中，我们用"在流入地加入一个或一个以上的活动与组织""在流入地加入或参与一个或一个以上的活动与组织"作为衡量移民社会活动流出地与流入地嵌入的指标。而"在广州与在家乡同时加入超过一个组织或活动"则作为社会活动双重嵌入的指标。同时，对基于反映流出地在广州族裔资源的"商会/同乡会"进行不同来源国群体的观察，并对他们的政治活跃度进行分析。

如表5-8所示，我们可以看到，来自发展中国家的群体有更大的比例在社会活动方面选择流入地或者两端嵌入。他们在华社会活动的参与比例近50%，说明将近一半的群体都加入了在广州的社会、文化或经济活动。同时，观察这一群体在流出地即在家乡的政治参与度，可以看到超过一半的人参与祖国的政党、选举、社团，甚至有少量受访者参与了反政府组织和活动。可见，在穗外国人参与家乡活动

133

比例较高。他们在两地间同时加入两个组织与活动的比例也超过三成。这说明相对于来自发达国家的群体，来自发展中国家的在穗国际移民在社会活动方面跨国性较强、活跃度较高，并在华嵌入较深。

表5-8　　　　社会活动嵌入描述表（不同来源国群体）

		频数	比例（%）	样本量
社会活动流入地嵌入	发达国家群体	86	38.74	222
	发展中国家群体	285	44.19	645
		频数	比例（%）	样本量
社会活动流出地嵌入	发达国家群体	156	69.96	223
	发展中国家群体	363	57.44	632
		频数	比例（%）	样本量
社会活动两端嵌入	发达国家群体	162	27.93	222
	发展中国家群体	198	31.33	632

来自发达国家的群体则更倾向于在社会活动方面选择流出地嵌入，他们选择加入家乡政治活动的比例高达七成。这一现状或与大多数发达国家的民主进程有关。他们有更多的机会，并且有较强的动力投入到祖国的社会政治活动中去。相对于来自发展中国家的群体来说，他们对广州的社会活动兴趣较低，跨国性也较弱。对当地社会活动与组织的参与通常反映着移民群体在当地的融入程度与融入意愿的强烈程度。可以看到，在穗国际移民中，来自发展中国家的群体社会活动参与及融入意愿强于来自发达国家的群体。

如图5-11所示，从社会活动嵌入的参与细节来看，来自发展中国家的移民有更大的比例加入在穗同乡会或商会。相对于来自发达国家群体来讲，来自发展中国家的移民有着更紧密的族裔联系，他们更多地加入同乡会或商会，对族裔资源的需求较大。而对家乡选举的参与程度，来自发达国家移民群体的参与比例远远高于发展中国家，除去来源国本身的民主程度原因外，也可以看到其对家乡政治的参与程度更高。

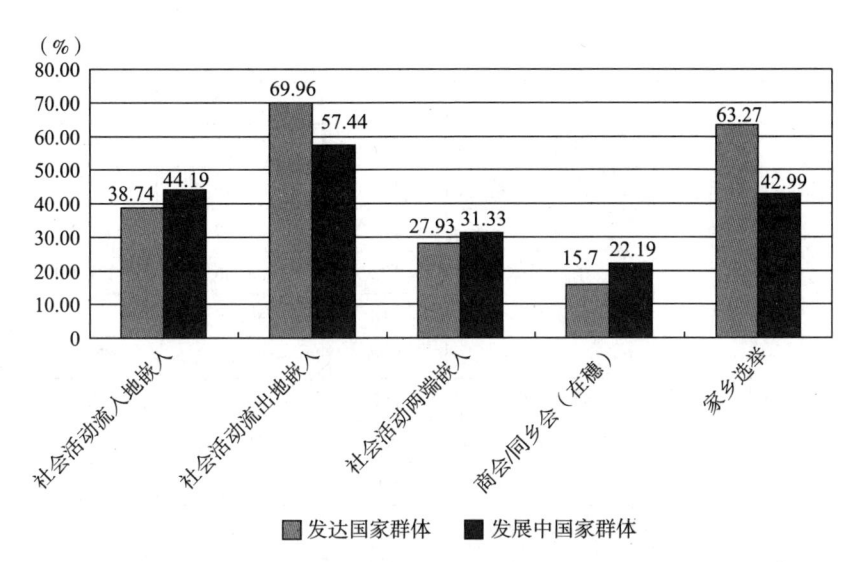

图 5-11　不同来源国群体社会活动嵌入图

（图中数据：社会活动流入地嵌入 发达国家群体 38.74，发展中国家群体 44.19；社会活动流出地嵌入 69.96，57.44；社会活动两端嵌入 27.93，31.33；商会同乡会（在穗）15.7，22.19；家乡选举 63.27，42.99）

3. 不同职业群体的社会活动嵌入

本节将对不同职业群体的社会活动嵌入进行描述分析。在对社会活动的流出地与流入地嵌入的界定与第二小节相同。

如表 5-9 所示，我们对不同职业群体的社会活动在流出地与流入地的嵌入进行了排序。可以看到，在流入地嵌入方面，商人群体的嵌入比例最高，其次为学生群体，而专业技术人员群体与无业群体比例较低。这与各自的职业属性相关。在穗外籍商人多从事贸易活动，他们需要在广州建立足够丰富的社会网络从而促进在华生意良好运转。

表 5-9　社会活动嵌入描述表（不同职业群体）

		频数	比例（%）	样本量
社会活动流入地嵌入	总群体	373	42.78	872
	商人群体	102	47.00	217
	学生群体	106	46.70	227
	专业技术人员群体	82	40.20	204
	无业群体	73	36.50	200

135

续表

		频数	比例（%）	样本量
社会活动流出地嵌入	总群体	522	60.70	860
	专业技术人员群体	137	67.49	203
	无业群体	124	61.39	202
	学生群体	128	57.66	222.00
	商人群体	118	56.19	210
		频数	比例（%）	样本量
社会活动两端嵌入	总群体	262	30.50	859
	商人群体	67	31.75	211
	学生群体	71	31.70	224
	专业技术人员群体	62	30.54	203
	无业群体	54	27.41	197

学生群体则因为其本身的生活与学习活动，会与大量本地人甚至其他国家的外籍人士接触，同时也在学校加入更多的社会文化或兴趣娱乐性活动，有较为丰富的社会网络。相对于前两者来讲，专业技术人员与无业群体生活与工作圈较为封闭，同时也不需要以强大的社会网络为工作基础，因此在社会活动方面没有很强烈的流入地嵌入意愿。

不同职业群体在社会活动的流出地嵌入方面有正好相反的倾向。专业技术人员群体与无业群体在流出地的政治生活参与度较高，他们更愿意参与到家乡的社会组织与活动中去。学生群体则因为在华居留时间更长，从而减少了在家乡的活动投入。从事跨国生意的商人虽然在各职业群体偏好中排名末位，其依然有很强的流出地嵌入性。这说明其虽然在流入地投入颇多，但他们并没有放弃在家乡的政治参与。

因此我们可以看到，在两地间往返行动的商人在社会活动方面的两端嵌入性最强，这是由其职业属性与商业模式决定的。同时，各不同职业群体在这一部分的差距不大。

如图 5-12 所示，我们可以看到，商人群体与学生群体在社会活动的嵌入模式较为相似并且差异较小，其在两端嵌入与流出地嵌入性方面强于另外两个群体。而无业群体与专业技术人员的社会活动嵌入模式相似，但专业技术人员的总体社会活动参与度略微高于无业群体。

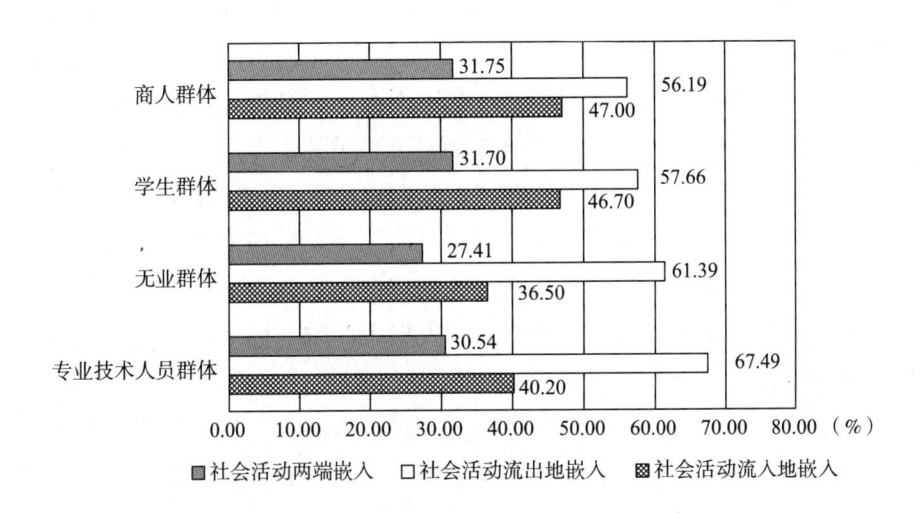

图 5-12 不同职业群体的社会活动嵌入图

三 结语

本章从居留时间、经济活动、社会活动三个层面探索了在穗国际移民的跨国性和跨国行为，并从嵌入的角度进一步观察了移民在流出地与流入地跨国行为的深度与广度。基于对总体、不同来源国群体、不同职业群体的描述分析，我们基本摸索出了在穗国际移民的跨国行为模式。

首先，在穗国际移民多有着"旅居者"的心态，他们的跨国行为频繁，穿梭于流出地与流入地之间。不论从在华居留时间的嵌入或从经济与社会活动的参与程度来看，在穗国际移民都更倾向于在流出地保留更多的居住、生活与工作行为。我国正处于早期移民阶段，也并不是传统意义上的移民国家，因此并没有完全开放对国际移民的正式引入。尽管从2004年中国开始正式实施"绿卡"制度,但截至2011年年底,仅有4700多名外籍人士持有中国"绿卡",与实际常住外国人数量差距悬殊。这种较为严谨的移民政策让大多数在穗外籍人士并没有永久居留的打算,故而多以旅居者的身份出现,跨国行为频繁,跨国性强。

其次,不同来源国的国际移民有着不一样的跨国行为。移民流出地的社会属性、经济发展程度通常决定了移民的来源和迁移目的与跨国行为模式。我们可以看到,在穗国际移民中,来自发展中国家的移民迁移意愿较强。他们平均在华居留时间长于发达国家移民,在华的经济与社会活动参与程度也高于发达国家移民。特别是在跨国经济活动中,相较于来自发达国家的群体,发展中国家的群体在两端嵌入的活跃度更高。

最后,职业属性会影响移民的生活与行为模式。我们将职业类型分为四类,可以看到,在有工作的人群中,商人群体与专业技术人员群体有着鲜明的区别。前者在华居留时间较短,来华次数多,在两端的经济行为与社会活动参与程度高于后者。作为商人,他们以跨国生意为主,需要较深地嵌入到两地的社会、经济、文化活动中去。专业技术人员则有不同的生活模式,他们更容易获得稳定的工作签证。虽然他们在华工作,但工作生活圈子较小,也并没有长期的居留打算,故在华经济与社会活动中活跃度低。

第六章　在穗外籍华人基本状况

一　基本情况总述

历史上的中国在1949年前与20世纪90年代分别经历了两次大规模的移民潮。到了现阶段，随着经济的高速增长、工业化和城市化的迅速推进以及人们物质文化水平的提高，从国外返回至中国大陆生活的"归侨"群体正呈扩大之势。为了了解外籍华人的群体特征，中山大学国家治理研究院于2015年及2016年在广州分别进行了两次外籍华人状况调查。本报告将依据这两次调查所获得的数据，对归国的外籍华人的群体特征进行分析。

根据两年所获数据，本次研究共调查受访者413名，其中2015年249名，2016年164名。在407位对当下国籍进行了有效回答的访问者中，如今拥有中国国籍（含港澳台）的受访者有55名，占比13.52%，其余均是外籍华人，根据本书的研究对象，本章将提取这部分外籍华人的问卷进行集中分析。

这部分受访者中，男性比例为58.94%，女性比例为41.06%。首先，从当前国籍来看，在这些外籍华人中，拥有澳大利亚、美国、加拿大等发达国家国籍的为256人，占72.32%，其余受访者国籍零散分布于巴拿马、泰国等发展中国家，而这其中又有25名受访者的国籍为马来西亚籍，故马来西亚为发展中国家中受访者国籍最集中的国家。

其次,从年龄来看,本次受访者的整体年龄分布如图6-1所示。受访者平均年龄为41岁,笔者依据国际年龄标准将0—17岁、18—40岁、41—65岁、65岁以上分别定义为少年、青年、中年、老年。根据描述统计,青年及中年占了外籍华人中的绝大部分,分别为46.15%及43.59%,二者之和达90%。老年外籍华人占6.84%,而少年仅占3.42%。可见归国的移民华人大多处于劳动能力较强的年龄段。同时,为方便描述分析,笔者也将受访者的年龄段分为中青年及中老年两类,其中中青年为0—40岁,中老年为41岁及以上,根据统计,中青年占本次受访者中外籍华人的49.9%,中老年则占50.1%,两者的分配比例较均衡。最后,从婚姻状况来看,六成的华人都处于"初婚有配偶"的状态,4.3%为"再婚有配偶",26.7%未婚,其余受访者在同居、离婚和丧偶几种情况中零散分布。

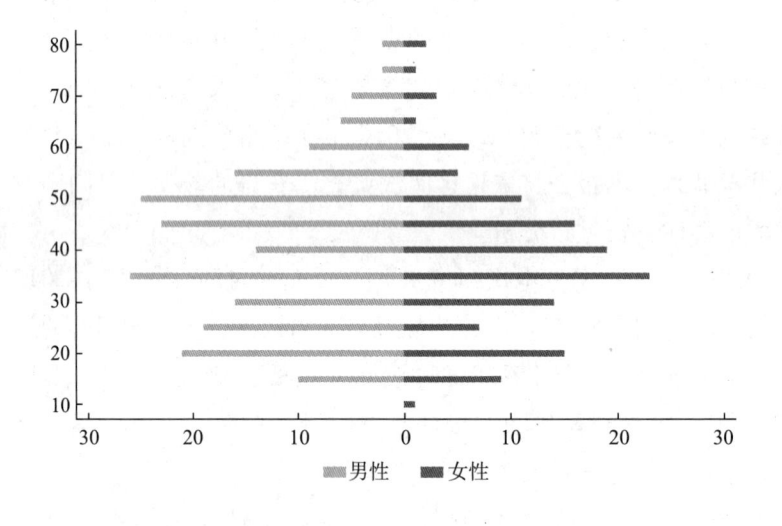

图6-1 在穗外籍华人人口金字塔

第六章　在穗外籍华人基本状况

二　成长与迁移

（一）过去：出生成长在中国，跟随家人而离开

从祖籍上来看，除6名受访者的祖籍非中国籍外（分别为日本、新加坡、澳大利亚等），其余祖籍均为中国，而其中又以广东最多，占73.83%，来自广东广州的受访者所占的比例更超过总人数的五成。这或许与广州沿海开放的城市特征有关，同时也说明，当前在国内的二代华侨并不多。

本次调查的受访者大部分在中国（含港澳台）出生，占64.14%，其余出生地在世界各地零散分布。其中值得注意的是，有27位受访者在印度尼西亚出生，占7.87%，有21位受访者的出生国为马来西亚，占6.12%，是除了中国之外的出生国中人数最为集中的两个国家。同时，尽管超过七成的受访者拥有发达国家的国籍，但在发达国家出生的受访者仅有42人。这说明大部分拥有发达国家国籍的受访者是作为一代移民后期迁移到他国。

相应地，有六成受访者表示自己在中国成长，而后出国取得外国国籍，且超过六成者都仅经历过一次跨国迁移。迁移的原因主要为跟随家人（占31%）及海外留学（占32%）。迁移时的平均年龄为25岁。对于少部分经历了多次迁移的受访者，七成的再迁移目的地都为中国。在经历过多次迁移的受访者中，高达41%的受访者因为工作原因在迁出中国后再度迁移。这说明本次研究中的受访者主要为一代移民，他们在中国出生、成长，再到国外深造、发展。

在对比不同年龄段受访者的迁移原因时可发现（见表6-1），每个年龄段跟随家人迁移的比例都很大；但总体上而言，中青年人大部分是为海外留学、工作等自身发展而迁移；超过六成的老年人都是为了跟随家人。在回答"除了父母配偶子女外，是否还有其他亲属在中国以外时"，少年、青年、中年受访者进行肯定回答的比例都超过了

70%，而老年受访者却不足60%。由此可以推测，在进行对外迁移时，家人对于老年受访者的影响极为重要，相对于其他年龄阶段中的外籍华人，老年华人更多的是因为家庭成员而移居海外。

表6-1　　　　各个年龄阶段外籍华人的迁移原因　　　　单位:%

	少年	青年	中年	老年
自主创业	0	2.38	2.7	0
工作	0	10.71	27.03	14.29
寻找商机	0	5.95	8.11	7.14
跟随家人	33.33	34.52	24.32	64.29
交换学生/访问学者	0	4.76	0	0
海外留学	66.67	40.48	28.38	7.14
观光旅游	0	1.19	1.35	0
其他	0	0	8.11	7.14
样本量	3	84	74	14

根据表6-2也可以看到，在向外迁移时，无论是迁移到发达国家还是发展中国家，受访者的迁移原因并没有显著的区别。出于海外留学目的的外迁者所占比重最大，其次是跟随家人。

表6-2　　　　不同国家外籍华人的迁移原因　　　　单位:%

	发达国家	发展中国家
自主创业	1.46	7.32
工作	17.52	14.63
寻找商机	6.57	7.32
跟随家人	35.77	24.39
交换学生/访问学者	2.19	2.44
海外留学	31.39	39.02
观光旅游	0.73	2.44
其他	4.38	2.44
总人数	137	41

第六章 在穗外籍华人基本状况

表6-3　　　　　不同国家外籍华人再次迁移原因　　　　单位:%

	发达国家	发展中国家
自主创业	7.55	7.32
工作	28.3	14.63
寻找商机	13.21	7.32
跟随家人	41.51	24.39
交换学生/访问学者	0	0
海外留学	3.77	12.5
观光旅游	1.89	0
其他	3.77	12.5
总人数	53	8

表6-4　　　　　不同年龄外籍华人再次迁移原因　　　　单位:%、人

	自主创业	工作	寻找商机	跟随家人	交换学生/访问学者	海外留学	观光旅游	其他	总人数
青年	3.12	31.25	12.5	43.75	0	6.25	0	3.12	32
中年	11.54	34.62	19.23	30.77	0	3.85	0	0	26
老年	0	0	0	0	0	0	33.33	66.67	3

综上所述，可以发现，在再次迁移的过程中，由于绝大多数受访者为中青年人，因此工作原因占了较大比例。根据新经济移民理论中的主要观点，迁移行为的发生不是由孤立的个体所决定的，而是由更多的相关人员、家人、家庭，有时候甚至是整个社会决定的。本次分析也可以对这一理论内容予以证实：综合首次迁移与多次迁移、受访者的不同年龄段、受访者的国籍等多方面因素来看，无论是对于从中国迁移到别国，还是从别国迁移回中国，无论是对于少年、青年、中年、老年哪个年龄阶段的受访者，也无论迁移的国家属于发达国家还是发展中国家，"跟随家人（主要指父母等有血缘关系）/婚姻/爱人/伴侣，或探亲等"这一因素都在迁移原因中占据着极其重要的地位，此外，在问及"是否有除了父母子女之外的其他亲属在中国以外"时，72.1%的受访者都做出了肯定的回答。这些现象都说明将外籍华

人作为一个整体来看，亲属关系、强关系社会网络都对他们的迁移行为产生着重要的影响，而使得他们产生迁移决定的也是微观或宏观的社会系统而非个人孤立的选择。

（二）现在：为工作或探亲而暂留中国，对中国最有好感

受访者在此次到中国前常住的国家分布与他们的国籍分布基本一致，但在接受调查时，超过一半的受访者现居国为中国。此番回国，超过五成的受访者表示为了探亲，近三成则是为了工作，这个比例与前文提及受访者的迁移原因也一致。与之对应的是，在问及受访者的签证类型时，34.6%的受访者取得的是家庭团聚、探中国亲属签证，18.5%受访者则使用工作签证。此外，在选择再次迁移期间在居住国发生过的事件时，占受访者比例最大的也是"工作"，占26.2%。

以上信息与数据都说明，现在在中国境内的外籍华人居留中国的原因都相对集中一致，为探亲或工作。由此可推测，他们或许不会将中国定为未来定居地。这一点也会在下文进行详细讨论。

然而，当问及受访者对于不同国家的好感程度时，本次研究选取了16个国家进行从1分到100分的好感度探究，1分到49分为没有好感，51分到100分为有好感，50分则为既没有好感，也没有恶感。选择范围涉及美国、俄罗斯、日本、德国等9个发达国家与中国、朝鲜、印度、沙特阿拉伯等7个发展中国家。分值数据如图6-2所示，分析结果得出，总体来说，除中国外，当前国内的外籍华人对发达国家好感度整体高于发展中国家。而具体来看，受访外籍华人对中国好感度最高，均分为74.4分，84.1%的受访者都表示对中国有好感，其次为德国及英国，均分均为65.0分；而好感度最低的国家首先是朝鲜，均分仅为39分，其次为埃塞俄比亚，均分为43.8分。

（三）未来：大部分离开中国，定居地看自然环境

对于未来的居住计划，六成受访者都表示有在中国大陆居留一年以上的计划。然而当问及未来计划居住国时，中国的比例骤降为不足四成。值得注意的是，无论是现居国还是未来计划居住国是中国的受

第六章 在穗外籍华人基本状况

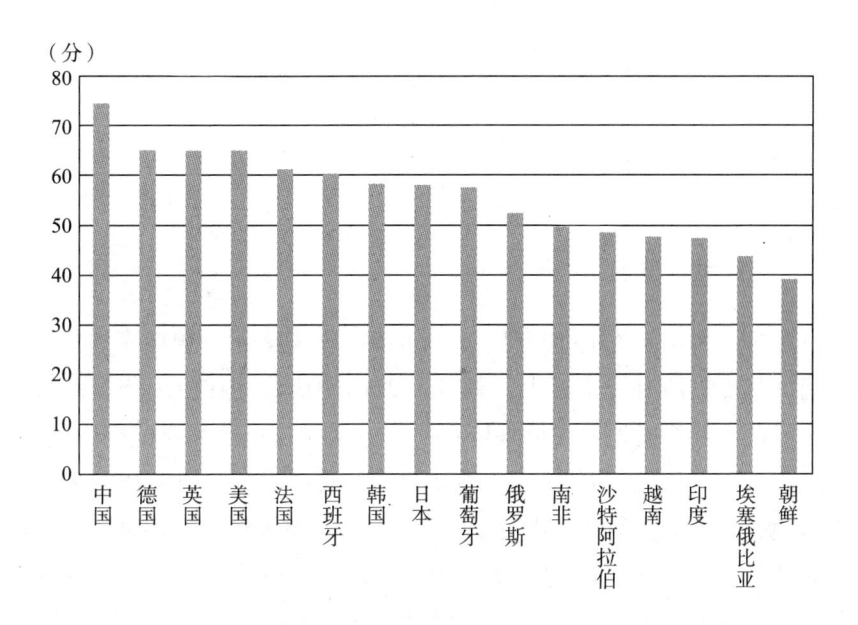

图 6-2 国家好感分值

访者,其中九成都是中青年人,老年人所占比重极小,没有少年受访者对这一问题进行填答。

在考虑未来选择的长期居住地时,21.52%的受访者都表示最重要的考虑因素为自然环境。居住环境的受重视程度也相当高,15.47%的受访者将其置于第二重要的考虑因素。相比之下,收入水平、家庭的情感联系等尽管也被列为受访者的重要考虑因素,但其受重视程度还是排在环境之下。特别指出的是,在对比不同年龄层对长期居住地最主要的考虑因素中,少年、中年与老年均有近三成将自然环境列为最重要的考虑因素,在所有选择中的所占比例均为最大,青年人中选择这一因素的也超过15%,这说明优良的环境已成为吸引移民的重要元素。从此项调查中我们发现,与新古典经济理论所阐述的观点相悖,国际移民现象并不仅仅是一种实现收入最大化的个人决定行为,当今国际移民对国籍国的选择方式已经从纯经济理性转移至环境、家庭等多方面要素的综合考量,而对自然环境的重视或许也可以对较少受访者将中国选为未来计划居住国这一现象做出解释。

三 教育

(一) 教育地点

早期在中国，深造在境外。78%的受访者都表示，曾在中国接受过教育，然而在所有受访者中，只有55%的受访者是在中国获得的最高学历，其余受访者均是在境外获得，其中又以在澳大利亚获得的居多，有36人，占20%，紧接着分别为加拿大和美国，各占17%和11%。经统计，在境外取得最高学历的受访者中，在发展中国家取得最高学历的人数总和仅占20%，且这些受访者取得最高学历的国家与出生国基本一致，可见华人在选择境外留学地时，基本都会选择发达国家。

此外，笔者将在何处取得最高学历与受访者的年龄段进行了对比分析。结果如表6-5所示。少年的年龄段为1—17岁，这部分受访者当前未完成学业，因此暂无法断定最高学历获得地。但在青年、中年和老年受访者中，可以发现，随着年龄提升，在境外取得最高学历的人数比例在下降。这说明出境留学且移民他国的趋势在增加。同时，根据数据分析，在境外取得最高学历的中年人是老年人的三倍以上；同时，将青年人与中年人相对比，虽然比例有所增加，但并不明显。这可能说明境外留学对于中年人比对青年人的移民选择影响更大，或早期（约在20世纪80年代）境外留学对于留学生的影响相对现在更大。

表6-5　　　　　不同年龄段最高学历取得地点对比　　　　单位:%、人

	中国	境外	总人数
少年	50	50	6
青年	46.08	53.92	102
中年	56.64	43.36	113
老年	85.71	14.29	21
总人数	132	110	242

（二）教育水平

普遍高学历，但发达国家、发展中国家有差距。在教育水平方面，71.7%的受访者的教育水平为大专/大学以上，没有接受过任何正式教育的受访者，且受访者在各个教育水平上的比例分布与其配偶几乎一致。可见归国的外籍华人群体的教育水平整体是较高的。同时，这一点也可以体现在受访者所掌握的语言上。据统计，超过七成（73.1%）的受访者掌握三门以上的语言，而在所有的语言类别中，掌握范围最广的是中文（普通话）（92.9%）、粤语（72.4%）和英语（83.4%），此外还有部分受访者能够掌握日语（8.0%）及西班牙语（7.5%），而这也说明外籍华人整体拥有较强的文化技能和人力资本。

在对比发达国家与发展中国家的外籍华人教育水平时，统计结果如表6-6所示，可以发现，发达国家的外籍华人学历水平普遍高于发展中国家，在高学历（大专/大学以上）群体上体现得格外明显，发达国家中大专以上学历水平的比例近八成，但发展中国家中仅有不到六成。这说明高学历人群多会选择国力更强的国家进行向上流动。

表6-6　　　　　不同国家受访者学历分布对比　　　　　单位:%

	小学或以下	初中或以下	高中或以下	大专/大学以上	样本量（人）
发达国家	3.09	6.79	13.58	76.54	162
发展中国家	4.76	6.35	30.16	58.73	63

（三）代际教育

父辈遗传差距，子辈缩小差距。我们可以将受访者与其父辈、受访者与其子辈的教育水平进行整体对比，分析在外籍华人身上发生的教育水平代际转变。结果发现，受访者的父母学历总体低于受访者自身。以父亲为例，有大专/大学以上学历的仅占45.1%，有32.0%的父亲学历为高中或以下，而母亲的学历分布则普遍略低于父亲。这说明外籍华人在学历上相对父辈是有上升趋势的。

在对比发达国家与发展中国家受访者父亲的教育水平时也可以发现,根据表6-7中呈现的数据,不同类型国家受访者父亲的学历分布与受访者本身几乎呈现一样的趋势,发展中国家的受访者父亲持中低学历的比例远高于发达国家,而发达国家中拥有大专及以上学历的父亲比例则远高于发展中国家,这说明父亲的教育水平对于子女的国家选择可能存在一定影响,高教育水平父辈的子女可能倾向于向更为发达的国家流动。

表6-7　　　　　不同国家受访者父亲学历分布对比　　　　　单位:%

	未接受过正式教育	小学或以下	初中或以下	高中或以下	大专/大学以上	样本量(人)
发达国家	0	11.11	7.78	28.89	52.22	90
发展中国家	3.23	9.68	22.58	41.94	22.58	31

同样地,我们对两类国家受访者子女的教育水平也进行对比。因受访者的第二、三个子女当前年龄普遍较小,无法判断最高教育水平,因此,为确保分析的准确性,我们首先将对比对象确定为受访者的第一个子女。其次,我们对两类国家受访者子女的年龄分布进行分析,结果如表6-8所示,我们发现两类国家受访者子女的年龄分布大致相似,但发达国家受访者子女的年龄整体略高于发展中国家。

表6-8　　　　　不同国家受访者首个子女年龄分布　　　　　单位:%

	少年	青年	中年	总人数(人)
发达国家	52.17	35.87	11.96	92
发展中国家	65.22	30.43	4.35	23

在这样的前提下,我们再对受访者第一个子女的教育水平进行比较,结果如表6-9所示,发达国家受访者子女的教育水平整体略高于发展中国家,但并没有出现如受访者或受访者父辈一般明显的差

距。以大专/大学以上学历为例，两类国家在学历上的比例差与在"中年"或"老年"年龄人数上的比例差接近，这说明虽然发达国家与发展中国家受访者本身及其父辈的教育水平有明显的差距，但两类国家的华人子女所接受的教育差距在缩小。

表6-9　　　　　　　不同国家受访者首个子女学历分布　　　　单位:%

	未接受过正式教育	小学或以下	初中或以下	高中或以下	大专/大学以上	样本量（人）
发达国家	4.82	26.51	6.02	20.48	42.16	83
发展中国家	12.5	25	12.5	12.5	37.5	31

四　经济

（一）工作状况

状态稳定，职业地位较高，多代人同时工作，职业地位高。首先，在工作上，整体来看，大部分华人都处于稳定的工作状态，62.1%表示有工作，在其余的受访者中，处于退休状态或学生的各约一成，还有17%的受访者没有工作。而这个工作状态比例分布与受访者的配偶也基本吻合。但在受访者父亲的工作情况上，则有56.1%的受访者父亲已退休，6.1%无工作，其余的近四成在工作状态中。对于受访者的子女，则有超过一半都仍是学生，但也有约三成正在工作。综合上面的情况，可见受访者家庭多为多职工家庭，不少家庭中的两代甚至三代人都同时在工作中。

其次，在探究具体的职业类别时，统计结果如表6-10所示。在进行了职业类别填答的受访者中，选择职业为"企业/公司中高级管理人员"的受访者最多，占32.28%，其次为商业与服务业一般职工（21.52%）与个体户（16.46%）。而最少的为农民及生产与制造业一般职工。综合分析可见，职业为"国家机关事业单位领导与工作人员""企业/公司中高级管理人员""教师、工程师、医生、律师"这三类属于高级技能人才的外籍华人较多，也即其职业能力与职业地位均较高；由于个体户者也属于商业与贸易，因此从事商贸的外籍华人也为数不少；但从事农业或工业从业者只占个别。

表6-10　　　　　　　　受访者职业分布　　　　　　　　单位:%

	人数	百分比
1. 国家机关事业单位领导与工作人员	5	3.16
2. 企业/公司中高级管理人员	51	32.28
3. 教师、工程师、医生、律师	23	14.56
4. 技术工人（包括司机）	12	7.59
5. 生产与制造业一般职工	5	3.16
6. 商业与服务业一般职工	34	21.52
7. 个体户	26	16.46
8. 农民	2	1.27
总计	158	100

类似地，我们对来自两类不同国家受访者的职业类型进行对比分析（见表6-11）。数据显示，每个类型国家受访者内部的职业分布与总体相一致，主要职业分布在高级技能人才与商贸人才两个类别中。但相对来说，发达国家华人承担高级技能人才的比例明显高于发展中国家，而发展中国家则有较多受访者在商贸行业工作。

表6-11　　　　　　不同类型国家受访者职业分布　　　　　　单位:%

	1	2	3	4	5	6	7	8	样本量（人）
发达国家	1.71	38.46	17.95	8.55	3.42	19.66	9.4	0.85	117
发展中国家	7.5	15	5	2.5	2.5	27.5	37.5	2.5	40

第六章 在穗外籍华人基本状况

（二）资产状况

中老年人和发达国家受访者在上一个居住国资产多。除工作状况外，本书还依据资产拥有情况对受访者的经济情况进行了探究，依照的问题指标分别为：在中国有没有房产、企业投资，及在上一个居住国有没有房产、企业投资。其中，房产主要作为受访者不动产的资产代表，而企业投资则主要作为动产的资产代表。与前文的分析一致，由于大多数受访者仅有一次跨国迁移的经历，因此，在"上一个居住国"的状况基本上可以代表受访者在迁移国的资产状况。

本次受访的外籍华人的资产拥有情况总体而言如表6-12所示。约四成受访者在中国拥有房产，约两成拥有企业投资。相对而言，在上一个居住国，两个指标都高出10个左右百分点。这也与前文所述的"大部分华人的未来计划居住国不是中国"这一分析结论相对应。这说明大部分受访者未来不打算在中国定居，因此更倾向于在定居国购置资产。

表6-12　　　外籍华人的资产拥有情况　　　单位：%

	房产	企业投资	样本量（人）
在中国	42.52	21.6	338
上一个居住国	53.45	31.42	331

此外，笔者还分别对加入国籍为发达国家和发展中国家的外籍华人的资产状况进行了对比分析，结论如表6-13和表6-14所示。

表6-13　　　外籍华人在中国的资产状况　　　单位：%

	房产	企业投资	样本量（人）
发达国家	49.17	22.69	240
发展中国家	25.36	19.15	95

表6-14　　　　　外籍华人在上一个居住国的资产状况　　　　　单位:%

	房产	企业投资	样本量（人）
发达国家	55.56	28.88	234
发展中国家	46.24	35.48	93

由此可见，来自发展中国家的外籍华人除了在上一个居住国的企业投资比例高于发达国家的外籍华人外，在其他指标上均低于来自发达国家的华人。尤其针对在中国拥有房产的情况而言，发达国家的外籍华人比例接近发展中国家的两倍。这说明发达国家华人的资产投资高于发展中国家，同时其经济情况也优于发展中国家。

而在进行这四个资产指标的年龄对比时，如表6-15所示，可以发现，中年人和老年人是两大资产拥有量最大的群体，尤其是在房产方面，大约有分别五成的中年、老年受访者在中国和上一个居住国拥有房产；同时，中年人在上一个居住国拥有房产的比例，和老年人在中国拥有房产的比例，都大约是七成。由此可见，外籍华人中的中年人更倾向于在移居国购置房产，而老年人则倾向于在中国，但总体来看，外籍华人的房产拥有比例都是较为可观的。

表6-15　　　　　　不同年龄段的资产情况对比　　　　　　单位:%

| | 中国 || 上一个居住国 || 样本量（人） |
	房产	企业投资	房产	企业投资	
少年	22.22	0	22.22	0	9
青年	28.03	15.09	39.49	25.48	157
中年	55.56	30.5	73.76	42.45	144
老年	72.73	15	55.56	27.78	22

另一方面，在企业投资方面则可以发现，无论在哪一年龄段，在上一个居住国拥有企业投资的受访者比例均高于在中国拥有的比例，且差距都在十个百分点以上。这说明整体而言，外籍华人的经济发展和经济行为更多的是在移居国进行的。

（三）收入

国内收入、投资性收入、中年人收入占优势。笔者对外籍华人过去一年的收入进行了整理，去掉首尾5%的极端值后，计算出受访者所给出的各项收入的均值，其中包括，分别在华和在国外获得的工资性收入、经营和投资所得收入及其他收入。结果如图6-3所示。可以看到，在华外籍华人的收入总体较高，所有受访者的平均总收入可达37.6万元，但标准差也极大，可达695138。在去掉首尾5%的极端值后，总收入均值为25.5万元，而标准差也降至294194，且仅凭工资性收入，过去一年收入的平均值可分别达15万元及12万元人民币。就收入类别来看，华人的收入主要来自工资及经营投资。依靠经营投资所获得的年收入总体要略高于工资；而就获得收入的地区来看，在这两块主要收入上，受访者在华获得的收入都高于从国外获得，尤其是根据在华获得经营投资收入的36名受访者填答，在这一块收入中他们所获得的年平均值接近25万元，比在国外获得的两倍还多。

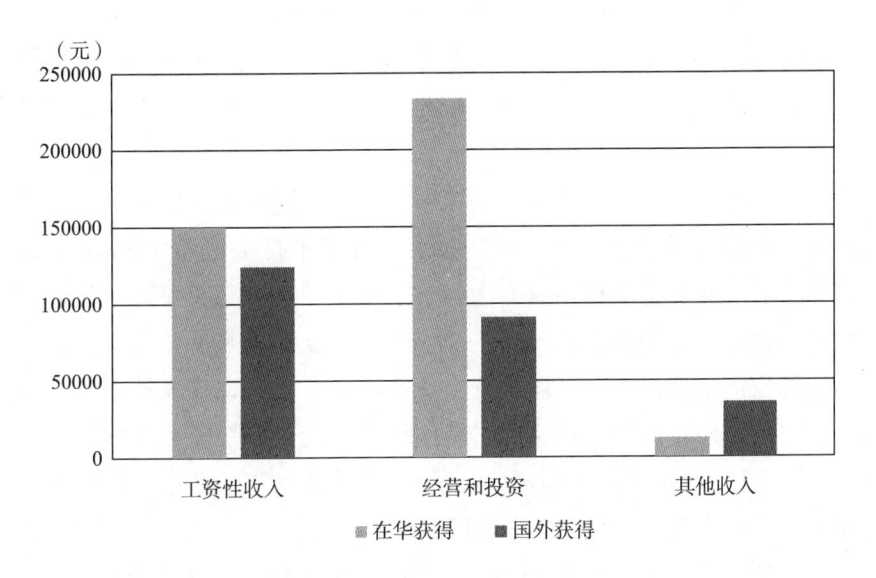

图6-3 外籍华人年收入均值

但同时，也要看到，即使已经去掉极端值，受访者的收入差距还是非常明显，整体而言，每一种收入类型中都存在收入为 0 的情况，在中国获得的工资性收入和投资性收入最高值可分别达 80 万元及 200 万元。同时，当我们将发达国家与发展中国家受访者在几类收入类型上的收入标准差进行整理对比时，结果如表 6-16 所示：除了在外的其他收入，其余无论是在哪一种收入类型上，发达国家受访者的收入标准差都远大于发展中国家。这说明不仅外籍华人整体的收入离散程度高，发达国家外籍华人的收入离散程度更高。换言之，发达国家的外籍华人间的收入差距更甚。在对发达国家与发展中国家的外籍华人收入情况进行对比时，同样可以看到比较明显的差距。

表 6-16　　　　　　不同类型国家收入标准差对比　　　　　　单位：元

	在华工资	在外工资	在华投资	在外投资	在华其他	在外其他	总收入
发达国家	49395.2	109851.5	192982.2	56151.8	56151.8	7771.3	311648.2
发展中国家	7270.8	50595	20231.7	294.7	294.7	40612.9	195330.5

总体来看，发达国家受访者上年总收入均值为 28.8 万元，而发展中国家仅为 14.9 万元，也即发达国家几乎为发展中国家的两倍。具体到各项收入类别，如图 6-4 所示，从收入类别来看，两类国家的受访者的主要收入来源都是工资性收入与投资性收入，其中投资性收入比例更大。而当对比发达国家与发展中国家不同受访者的收入情况时，差距则更明显。除了在华投资两者基本持平，均在 23 万元人民币左右，在其他类型的收入上，发达国家受访者都明显高于发展中国家，在在华工资所获收入这一项指标上，发达国家受访者甚至是发展中国家的三倍以上，外国投资上发达国家受访者也比发展中国家多一倍以上。两者之间的经济水平差距可见一斑。

综合以上的分析，可以发现，与"来华原因"部分中分析所得结论相一致：大部分受访者本次回国是为了工作，尤其是中青年华人，因此，他们的主要收入来源于中国境内。在主要收入中，投资，尤其是在华投资，占很大的比例。这说明外籍华人均有较强的投资意识和投

第六章 在穗外籍华人基本状况

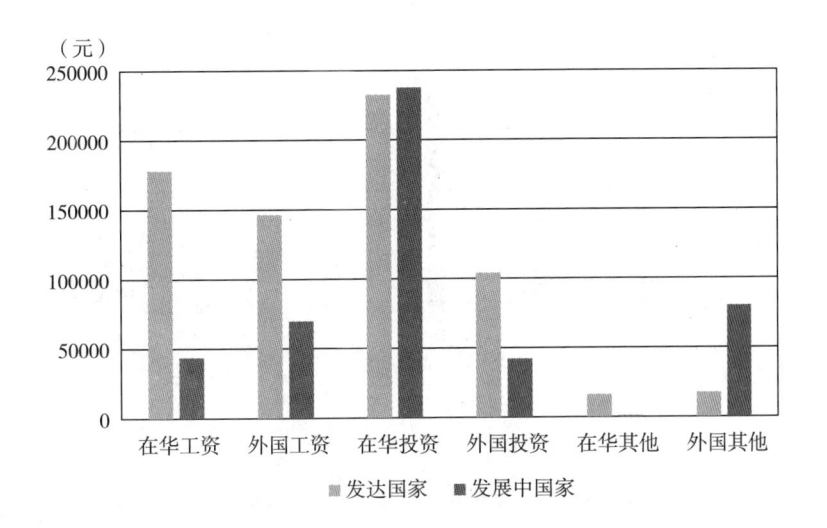

图6-4 不同国家外籍华人年收入均值对比

资能力。在投资这一指标上，发达国家受访者的获益水平又远高于发展中国家，故也能够从这里看出两类国家华人的经济实力和投资能力差距。

在不同年龄层的收入比较分析上，根据统计结果，少年受访者在任何一项类别上都没有收入，且各个年龄阶段的受访者的"其他收入"在收入构成中所占比重都极小，因此本书着重对青年、中年、老年群体的工资性收入和投资性收入进行比较分析。

由图6-5分析可见，从年龄段来看，中年人无疑是经济能力最强的年龄群体，除在外国投资上中年人的收入略低于青年人外，在其他主要收入领域这一群体的收入都明显高于青年人及老年人，在华工资接近青年人的两倍，在华投资收入更是比青年人的两倍还多。在在华工资、外国工资、在华投资、外国投资四个主要收入类别上，青年人的收入分布都比较均衡，稳定在15万元左右。老年人的收入则普遍较低，在四个主要收入类别上的年收入都不超过5万元人民币。这说明外籍华人的年龄收入分布与人们的通常认知相符，普遍是年龄较小与较大者的经济能力较差，中年群体具有最强的经济实力。

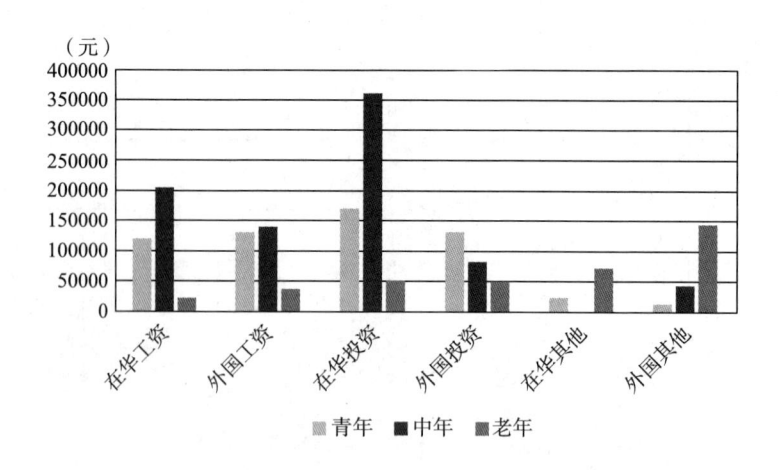

图 6-5 不同年龄段外籍华人年收入均值对比

(四) 消费

整体高、差距大，不同年龄层差距小。同样地，笔者以类似的方式对受访者的消费情况进行分析。共 286 位受访者对"在华期间，您每月基本的生活花费大致是多少"这一问题进行了填答。当对整体的平均值进行统计描述时，这近三百位受访者的月消费均值为 18229.4 元，可见消费水平较高。然而同时我们可以发现，标准差也高达 119561，可见数据波动水平极大，受访者收入之间的离散程度高，也即消费水平差距巨大。当我们去掉首尾 5% 的极值再进行分析时，则发现 266 位受访者的月消费均值为 7801.1 元，极值分别为 1000 元及 35000 元，标准差也降至 6868。故整体消费水平趋于合理可信，但整体水平依然较高。

类似地，我们对来自发达国家和发展中国家受访者的消费情况分别进行对比分析。对 162 名来自发达国家和 67 名来自发展中国家的填答者分析发现，发达国家受访者月均消费约为 8387 元，而发展中国家受访者则约为 6745 元，这说明发达国家受访者消费水平整体高于发展中国家。但同时，即使去掉了首尾 5% 的极值，最低消费者月均消费约 1000 元，而最高消费者达 35000 元，标准差为 7525.2，而发达国家受访者的月均消费极值分别为 1000 元及 30000 元，标准差

第六章　在穗外籍华人基本状况

为6676.6，可见发展中国家受访者的消费水平更为参差不齐。综合上文的分析，我们可发现，针对整体均值，在收入上，两类国家的差距较大，发达国家籍华人的收入水平明显占优势；但在消费上，两类国家并不存在巨大差距，月均消费仅相差1500元左右；而针对数据离散程度，发达国家籍华人之间的收入差距远大于发展中国家，但在消费上，发展中国家受访者的消费差距反比发达国家大。

在年龄层的对比上，中青年外籍华人与中老年的消费情况相类似。根据110名中青年受访者与116名中老年受访者的填答，两类人群的月均消费差异不大，在内部差距上，中青年人消费的标准差为7444.2，而中老年人为6510.1。两类人群的月均消费均值也相差无几，中青年人为7696.4元，而中老人年略高，为8086.2元。结合上文的分析，说明不同年龄层的外籍华人之间虽然收入差距较大，但消费水平却较为一致，可能是因为外籍华人家庭成员之间的经济并不完全独立，存在家庭内部的经济互补与流动。

（五）捐赠

总体比例高，发达国家数额大。外籍华人对家乡的捐款和捐赠是体现这一群体经济状况的另一个维度，因此，在本次调查中，以"您过去一年对家乡是否有捐赠和捐款，如果有，请告诉我们大致的总额度"为问题，对受访者的捐赠情况进行了了解。总体而言，四成的受访者在过去一年对家乡有捐款、捐赠。捐款数额最小为50元，最大为200万元，捐款平均值为71206.6元，标准差为325254.7，中位数为4000元。综合这些数据，说明给家乡捐赠、捐款的外籍华人占总体的比例还是较高的，但除极少部分捐赠数额较大外，大部分的捐款总额都在10000元以下，因此捐款数额之间差距较大，捐赠金额的分布离散程度高。

在不同类型国家的对比上，发达国家与发展中国家存在明显的差距。就人数上来看，发达国家捐赠者占所有捐赠者中的73%。就平均值来看，发达国家捐赠者的平均捐款金额为86346.3元，而发展中国家仅为34045.5元。也就是说，发达国家是发展中国家的两倍还多。

同时，由于发达国家受访者的收入也明显高于发展中国家，因此不能单纯以捐赠金额的绝对值衡量不同类型国家受访者的捐赠意愿，故笔者以捐赠者的捐赠金额占总收入的比重来衡量捐赠者的捐赠意愿。

根据统计数据，捐赠者过去一年对家乡的捐款和捐赠金额占去年一年总收入的比重在3%—142%，也就是说，有受访者的捐赠金额超出自己上一年的总收入，且捐赠者之间的捐赠比重差异较大。

具体来说，在这一群受访者中，根据受访者捐赠意愿高低进行划分，捐赠比例在2.5%以下的是捐赠意愿相对较低的，捐赠比例在2.5%—5%的为捐赠意愿中等的，而5%以上为捐赠意愿较高的。当我们根据国家类型进行区分时发现，尽管发达国家受访者捐赠的绝对数额较大，但两类国家外籍华人的捐赠意愿并没有明显的区别，捐赠意愿均在三类中零散分布，且捐赠意愿最高的两位受访者（捐赠金额占总收入比分别为125%及143%）均来自发展中国家。这说明发达国家与发展中国家受访者在捐赠中虽然因经济能力不同而存在捐赠金额的差距，但两者的捐赠意愿强度相对一致，甚至个别来自发展中国家受访者的意愿更强。

五　阶层认同

（一）总体

认知乐观，未来信心充足。在自身基本情况与经济状况之外，外籍华人对自身的认知也是本书研究的重点之一，在本书中，首先以"您认为自己在常住国处在哪个等级上""您认为自己两年后会在该国处于哪个等级上""您认为在中国您处在哪个等级上"三个问题探究受访者对自身的阶层认同。根据对290名填答者的结果统计，外籍华人对自己的社会位阶认知相对统一，总体将自身定位于社会的中上水平。其中，对自身当下在国籍国的社会阶层判断最低，均分为6.19分，对自身两年后在国籍国的社会阶层判断最高，均分为6.59分，而对自身在中国当下的社会阶层判断处于两者之间，均分为6.45分。这说明，当下外籍华人对自身的社会阶层判断总体乐观，对自身在国籍国的发展前景也较有信心。

同时，笔者还对发达国家和发展中国家两类不同来源的受访者对自身的社会位阶判断进行了对比，将不同群体对自身打分的均值整理如表6-17所示。数据显示，首先，在国籍国的社会等级认知上，发展中国家的受访者要明显高于发达国家，无论是在当前的等级认知还是在两年后的情况上，发展中国家受访者的判断均分都比发达国家高0.4分左右。这说明，不仅两类来源的受访者都对自己的未来发展有信心，并且对自己未来上升幅度的认知也较一致。同时这也说明，可能由于发展中国家人民经济实力及生活水平普遍较低，因此受访者对自身在该国的社会位阶判断会相对提高。

表6-17　　　　　　发达国家与发展中国家阶层认知对比

	发达国家	发展中国家
当前该国等级	6.08	6.48
两年后该国等级	6.42	6.91
中国等级	6.58	6.1

而针对在中国的情况，来自发达国家的受访者对自身社会阶层判断的均分相对于在国籍国有明显的提高，但发展中国家受访者却有明显下降。这可能是由于来自发达国家的华人认为中国的经济实力及人民生活水平在其所生活的发达国家之下，而来自发展中国家华人的认知正好与之相反，因此当在一国内进行自身社会地位的相对判断时得出这样的数据和结论。间接地，这也可以反映中国在国力和人民的生活水平方面相对发达国家较弱，但在发展中国家中较强大。

同时，笔者将受访者填答的不同阶层分数进行了划分：1—3分为底层，4—6分为中层，7—10分为社会上层，以探究各个年龄段中将自身定位于各个社会阶层的人数分布。根据统计数据，无论是哪个年龄段的受访者，对自己在当今或今后，在国籍国或中国的社会地位判断都是比较乐观的。无论在哪一个指标中，认为自己处于社会下层的受访者都不足10%，超过90%的受访者都认为自己处于社会中上层。具体来说，人数最多的受访者都将自己在当前国籍国的社会地位定位为中层，同时，在认为自己会在两年后上升为社会上层的受访者占据了外籍华人的主体地位。这一趋势在尤其是少年人及青年人当中尤其明显：认为自己两年后处于社会上层的受访者比例比处于社会中层的多15%以上。老年人的社会地位认知相对而言最不乐观，仅有三成老年人认为自己当下在国籍国属于社会上层，即使对两年后的判断，也不超过四成。这说明，外籍华人的年龄越大，对于在国籍国挤入社会上层的意愿及动力越弱。

然而，外籍华人对于自己在中国的社会地位的认知却恰好相反。在表6-18中可以看到，少年、青年、中年、老年认为自身属于中国社会上层的比例在逐渐上升，持这类判断的少年受访者人数比例仅占四成，但老年受访者却接近六成。这间接说明，随着年龄的增长，认为中国综合国力相对他国较弱的外籍华人人数比例在增多。

表6-18　　　　　　　　不同年龄阶段的社会地位判断对比

	少年		青年		中年		老年	
	中层	上层	中层	上层	中层	上层	中层	上层
当前在该国	57.14	42.86	48.48	47.73	53.12	40.62	61.11	33.33
两年后在该国	42.86	57.14	40.16	58.27	48.41	44.44	55.56	38.89
当前在中国	57.14	42.86	44.19	51.16	39.52	54.84	21.43	57.14
总人数（人）	7		132		128		18	

（二）阶层流动

总体乐观但保守，不同年龄层有差异。本书中，笔者以"两年后，您认为您在该国将处在哪个等级上"与"当前，您认为自己处在该国的哪个等级上"两个指标之差衡量受访者对自身的社会阶层流动判断。统计结果显示，受访者认为自己的阶层流动变化在数值-6—5浮动。其中，极少数认为自己阶层会下移（4.6%），超过三成认为自

第六章 在穗外籍华人基本状况

己会有所提高（31.3%），其余认为不会有变化。具体来说，认为自己的社会阶层不会发生变化的受访者最多，占64.1%，其次为认为自己的阶层将上升1或2个分值，这两者分别占19%与10%。其余受访者对自身的流动判断在其他数值间呈零星分布。这说明，绝大部分受访者认为自己的社会阶层不会有变化或有微小上升，这说明他们对未来的估计有信心，但较保守。当我们对不同类型国家受访者的阶层流动判断进行分析时，则发现发达国家与发展中国家没有明显区别，这说明上文所述的阶层流动判断在不同国家之间具有普遍性。

当笔者对不同年龄层受访者的流动判断进行统计时（见表6-19），可以发现少年群体均认为自己阶层不变或上升，总体较有信心；青年群体认为自己将发生阶层上移的最多，但也有不少认为自己将出现下降，认为自己未来不变的人数比例则最少；而中年华人群体认为自己将下降的在几个年龄层中比例最大；老年群体中，认为自己阶层不变的在几个年龄层中比例最大，且没有认为自己会出现阶层下移的老年人，在老年人群体当中认为自己能够再上升的在四个群体中也是最少的。综合来看，这说明，与上文所述一致，青年人对自己未来发展的信心最足，但同时也是对未来发展判断波动最大的群体，这与青年时期正处于人生职业发展与变动的关键时期有关；与之相对，老年时期一切趋于平稳，因此对未来流动的判断最稳定；而中年时期处于人生事业与社会地位的巅峰，因此最多人判断自己的未来会出现阶层下移。因此总体而言，外籍华人对自己在居住国社会地位的判断也可以反映受访者的人生变动轨迹及相应的心理状态。

表6-19　　　　　　不同年龄社会流动判断对比　　　　单位：%

	下降	不变	上升	样本量（人）
少年	0	71.43	28.57	7
青年	3.15	56.69	40.16	127
中年	7.09	67.72	25.2	127
老年	0	77.78	22.22	18

六 社会融入

(一)整体强,老年弱;发展中国家华人接纳度高

为测量在穗外籍华人在居住国的社会融入情况,本书先采用"您在当地的朋友中,华人/该国本土居民的比例",测量受访者在当地的社会融入情况。随后采用五个递进的指标,测量受访者认为该国居民对华人的接纳情况,分别是,"您认为当地居民是否愿意和华人聊天/工作/做邻居/做好朋友/结婚或联姻"。最后,通过询问受访者的核心朋友"在华/在国外"的人数,及计算其比例,探究受访者的朋辈关系分别在华及在国外的嵌入程度。

首先,对于受访者本身的社会融入情况,所得数据统计如表6-20所示。

表6-20　　　　　外籍华人朋友类型对比　　　　　单位:%

	全部	大部分	一部分	极少	没有	总人数(人)
华人	3.53	46.15	38.46	10.58	1.28	312
本土居民	3.24	37.22	44.98	12.94	1.62	309

可以发现,两个数据的比例分布大致类似,极少受访者的朋友是单一的华人或外国人,大部分是两种类型兼有。而在两种类型的比例比较中,无论是华人朋友还是本土居民朋友,主要都集中在"大部分"和"一部分"两个选项上,而在这两个选项中,又有大部分受访者都选择了自己的朋友为"大部分华人"和"一部分本土居民"。这说明外籍华人总体融入了居住国的社会环境,但在朋辈中华人所占的比例仍然相对较多,也就是说,华人在交友方面紧密深入地嵌入在国外环境中。

针对外国本土居民对华人的接纳程度,本书也将在不同行为中持

各种不同态度的人数比例进行对比。从表6-21可见，总体而言，国外本土居民对华人的接纳程度较高。与华人相处的五类行为中，占愿意及非常愿意的比例基本都能超过70%，认为本土居民愿意或非常愿意与华人结婚或联姻的受访者也达67.21%。可见在外籍华人心目中，华人在国外并没有受到本土居民的排斥。

表6-21　　　　　外国居民对华人接纳程度对比　　　　单位:%、人

	绝对不愿意	不愿意	无所谓	愿意	非常愿意	样本量
和华人聊天	1.28	2.24	13.14	51.92	31.41	315
和华人工作	0.63	3.48	17.09	50.95	27.85	316
和华人做邻居	0.63	4.13	20.32	47.94	26.98	315
和华人做好朋友	0.63	2.86	15.56	51.43	29.52	315
和华人结婚/联姻	2.25	6.11	24.44	40.84	26.37	311

然而同时，分析可发现，从"聊天"到"结婚或联姻"，交往程度是在逐渐深入的，而随着程度逐渐加深，认为本土居民"绝对不愿意"或"不愿意"的人数比例在缓慢提高，而认为本土居民"愿意"或"非常愿意"的比例却在下降。因此这也说明，尽管在华人心中，外国本土居民基本可以接纳华人，但在深入交往接触中，两者之间还是存在轻微的隔阂。

此外，笔者也对发达国家和发展中国家的不同受访者针对这五种交往类型进行了对比分析。对比方式如下：将在各种相处行为中认为外国本土居民"愿意"或"非常愿意"的比例相加，作为有正向意愿的外国本土居民比例。由表6-22可见，与上文分析结论一致，从聊天到结婚，在交往程度逐渐深入时，认为本土居民有正向意愿的受访者比例就越低。同时，也要看到在各个指标上，来自发展中国家的华人认为本土居民在聊天、工作、做邻居、做好友上有正向意愿的比例都比来自发达国家的受访者大，这说明可能发展中国家的本土居民对华人表现出的接纳程度比发达国家高。但同时，在"与华人结婚"这一指标上，发展中国家的比例却低于发达国家，这说明，实际上在

深入交往中，两类国家对华人的接纳程度都相对较低。

表6-22　　　　不同国家居民对华人接纳程度对比　　　　单位：%

	和华人聊天	和华人工作	和华人做邻居	和华人做好朋友	和华人结婚/联姻	样本量（人）
发达国家	81.7	77.5	72.1	78.7	67.6	226
发展中国家	87.2	81.6	81.6	86.2	65.1	84

在不同年龄层的融入情况对比上，可根据指标"您在当地的朋友中，该国本土居民的比例"进行对比分析。数据整理如表6-23所示。在数据分析中，可以将"全部是/大部分是本土居民"的受访者视为融入程度较高的群体，而"极少/没有本土居民"是居住国朋友的受访者视为融入程度较低的群体。从数据对比中可以发现，有六成的少年和四成的青年及中年，融入程度都较高，老年仅有不到三成；而融入程度较低的少年、青年、中年都刚超过一成，老年却超过两成。这说明在不同年龄层的融入区别中，少年、青年、中年外籍华人融入程度相对老年华人更高。

表6-23　　　　不同年龄层本土朋友比例对比　　　　单位：%

	全部	大部分	一部分（%）	极少（%）	没有（%）	样本量（人）
少年	0	62.5	25	12.5	0	8
青年	3.45	38.62	44.83	11.03	2.07	144
中年	3.76	35.34	45.11	14.29	1.5	133
老年	0	27.78	50	22.22	0	18

最后，本次研究对受访者的核心朋友情况进行了探究。本书以"您的核心朋友中，在华大致有多少人"及"在国外大致有多少人"进行指标测量，且因题目所问为"核心朋友"，故在数据处理中，笔者将"在华/在国外的核心朋友"大于50人的回答统一设定为50，

将受访者的总核心朋友数最大值设定为100。根据统计结果，受访者的总核心朋友数均值为40人，而在华核心朋友的平均值为18人，国外的平均值为20人。

从数据中我们看到，在华核心朋友数与国外核心朋友数分别与总朋友数的比例相差并不大：在华核心朋友数占总朋友数比例的均值为50.8%，而国外核心朋友数占总朋友数比例的均值为51.1%，也即国外朋友的比例略重于国内，但两者相差无几。这说明，总体来看，在朋辈关系上，受访者在国外与国内的嵌入程度相近。

但当对不同国家类型的情况进行探究时，我们可以发现，对于发达国家而言，在华朋友数的比例的平均值（52.8%）略高于发展中国家（46.6%），但在外核心朋友比例（49.4%）则略低于发展中国家（55.8%）。这说明发展中国家受访者的朋辈嵌入程度高于发达国家，而这也可能与受访者的迁移原因有关：发达国家华人更可能因工作或发展机遇而后期迁入居住国，但发展中国家华人可能因家庭或父辈等原因而长期生活在居住国，因二者的迁移原因及居住时长有所不同而导致朋辈嵌入程度不同。这也需要进一步进行实证研究。

（二）宗教：信教比例高

由于中国本身是无宗教信仰的国家，但在全球其余很大部分地区则常常出现全民信教的情况。因此，是否有宗教信仰很可能能够反映受访者在居住国的社会融入程度。根据统计（见图6-6），55.6%的受访者表示无宗教信仰，而其余接近一半都有，其中又以信佛者最多，占总体的20.34%，占所有信教受访者的45.2%，其次为基督教，占总体的18%，信教者的40.1%。由于本问卷在广州市完成，因此与2007年广州市宗教信仰概况对比分析，当年广州市人口1004.6万，而信教群众30余万，其中佛教约10万人，基督教约5万人，也即信教比例约为3%。佛教与基督教分别约占其中的30%与16.67%。因此相比较而言，外籍华人的信教比例远高于大陆本土人口，且佛教与基督教为其中主要的两大宗教。因此较高的信教比例也体现了外籍华人在居住国较高的融入程度。

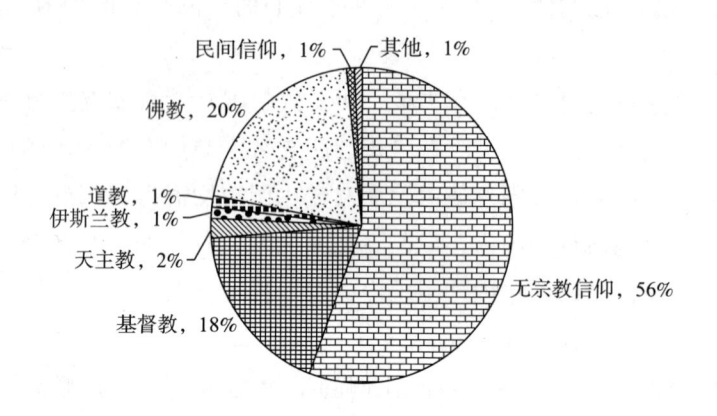

图6-6 宗教信仰分布

七 健康医疗

（一）健康认知

整体乐观，少年最好，老年最弱，到华变差。总体来说，外籍华人的身体健康程度是比较乐观的。在以选项"非常健康、健康、一般、不太好、很不好"让受访者对自身的身体健康程度进行判断时，在347位进行了填答的受访者中，认为自己非常健康的占47.6%，健康的占45.5%，一般的占6%，也就是说，只有极个别受访者认为自己身体状况"不太好"，且没有认为自己健康状况"很不好"的受访者，也就是说，绝大部分外籍华人都认为自己的身体状况良好。

这个状况在不同年龄层又存在区别。如表6-24所示，在认为自己"非常健康"的受访者比例中，老年人与少年、青年、中年人存在明显的差距，但在认为自己"一般"的受访者中，老年人的比例明显比少年、青年、中年受访者多出20%以上。由此可见，综合来看，年龄阶段越高的群体，对自己的身体健康程度有信心的比例更低。外籍华人中对自己身体健康程度有信心的少年人比例最高，老年人最低。

表6-24　　　　　　不同年龄层身体健康认知对比　　　　　　单位:%

	非常健康	健康	一般	不太好	样本量（人）
少年	45.45	54.55	0	0	11
青年	56.6	40.88	1.89	0.63	159
中年	40.41	50.68	7.53	1.37	146
老年	26.09	43.48	30.43	0	23

受访者到华以后身体健康状况发生的变化则相对不乐观。根据统计数据，六成受访者认为自己到华以后身体健康"没有变化"，而认为自己"变得很差"或"变得很好"的都仅占极个别。但认为自己变差的受访者比认为自己变好的多了两成左右。这说明整体来说，受访者到华以后身体状况变化情况不容乐观。且经统计，在认为自己身体情况变差的各年龄段受访者中，也是老年人比例最高，占老年受访者的50%。在发达与发展中国家的对比中，通过数据统计可以发现，两类国家受访者中认为自己身体没变化的比例均与总体接近，占60%。另外，认为自己到华后身体变得很差的受访者全部来自发达国家，而认为自己变得很好的则全部来自发展中国家。总体而言，发展中国家有更大比例的受访者认为自己身体变好，而发达国家中则相对有更大比例的受访者认为自己变得更差。结合前文提及的，外籍华人选择未来居住国时的重要考虑因素是自然环境，这可能说明，中国的居住环境、自然环境与健康状况的变化以及未来留华的意愿可能存在一定关联，但这一假设还需要相关研究进一步验证。

（二）医疗卫生

在华就医，医保面小，评价较低。在就医方面的问题上，本书主要探讨以下几方面的问题：其一，归国外籍华人如何处理健康方面的问题；其二，他们就医过程中有何医疗保障；其三，这一群体对中国医疗服务有何看法。

首先，在外籍华人的医疗健康出现问题的时候，受访者选择最多的分别是去医院看医生、等身体自行恢复及自行服用药品，三者的选择比例分别为69%、24%及21%。在医院的选择中，八成以上都是直接在中国医院就诊。即使在中国期间遇到比较严重的健康问题时，也有超过五成表示会直接在中国治疗，近三成则表示会先在中国做紧急处理然后回国治疗，仅有一成表示会立即回国治疗。这说明外籍华人对中国医疗服务的信任度与应用度较高。

对于在中国期间的医保情况（见图6-7），只有不足一成的受访者表示不知道自己是否有医保；近六成的受访者都没有医保，只有36%的受访者表示自己有医保，且这个数据比例在发达国家与发展中国家中也大致雷同。

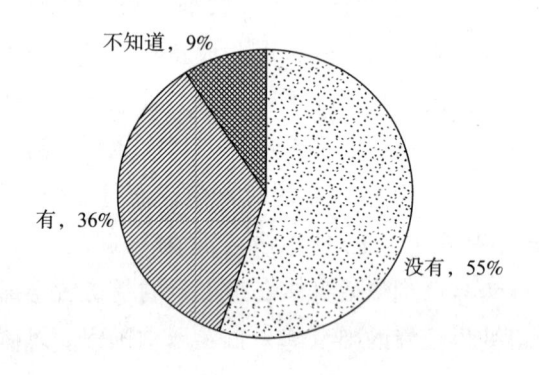

图6-7 医保拥有比例

从数据中可以看到，年龄段越大的受访者，其拥有医保的比例越低。具体而言，少年群体拥有医保的比例为75%，而青年比例降至一半，老年群体则再降至青年一半。然而根据上文对健康状况的分析，受访者对自己身体健康状况有信心的比例随着年龄段的提升在下降，且在认为自己身体情况变差的各年龄段受访者中，也是老年人比例最高。也就是说，老年人实际上应该是最需要医疗保障的群体，但其拥有医保的比例却最低。故归国老年华人的医疗健康状况最值得关注与担忧。

最后，关于外籍华人对中国医疗服务的看法，本书以"非常差、比较差、一般、比较好、非常好"五个递进指标进行衡量。数据显示，五成受访者认为中国医疗服务总体"一般"；与到华健康变化状况一致，认为"非常差"或"非常好"的都是极个别受访者，且比例相似；大部分受访者在"比较差"与"比较好"之间选择。而综合来看，认为中国医疗服务总体"比较差"或"非常差"的受访者比例略高于"比较好"或"非常好"。

表6-25　　　　　　不同年龄层医保覆盖对比　　　　单位：%、人

	没有	有	样本量
少年	25	75	4
青年	48	36	50
中年	63.46	32.69	52
老年	83.33	16.67	6

同时，来源于发达国家或发展中国家的受访者中认为中国医疗服务总体"一般"的比例也都约五成，而认为"比较差"或"非常差"的受访者中发达国家则比发展中国家多10%左右，类似地，认为"比较好"或"非常好"的受访者中发展中国家也比发达国家多10%左右。这样的数据比例分布也与不同类型来源国家受访者身体健康变化情况相类似。而这可能说明，中国的医疗环境与服务相对其他发展中国家来说具有优势，但相对发达国家则仍然落后。

具体来说，受访者对于中国医疗服务质量的看法可以从中国医护人员的服务态度、中国医护人员的治疗效果、在中国看病的价格及在中国看病的方便程度四个维度衡量。本书专门针对在中国期间有过健康问题的受访者进行了这几个维度的意见测量。首先，总体上来看，每一指标都是持"中等"看法的受访者比例最大，但持"非常好"态度的受访者比例最小，这说明中国当前的医疗水平在归国外籍华人心中整体差强人意。其次，当我们将持"比较好"或"非常好"态度视为正面态度，而将"比较差"或"非常差"视为负面态度时，可以发现，受访者对于在中国的"医疗效果"应该是几个维度中满意

度最高的一项，因这一维度中的正面态度人数比例明显高于负面态度，说明中国的医疗水平在外籍华人心中受认可度较高。但在其他三个维度上，负面都明显高于正面，尤其在价格维度上，超过四成受访者都不认可中国医疗，认为在中国看病"比较贵"或"非常贵"。综合几个维度来看，外籍华人对中国医疗所持态度是中等偏低的。

第七章　在穗外国人的社会工作服务

一　背景

(一) 政府购买社会工作服务

近年来,随着我国政府对"社会建设"的重视,社会管理服务体制改革持续推进,政府购买服务顺应社会管理体制改革的深化在全国(尤其是广州、深圳)快速发展。2013年11月,党的十八届三中全会指出"改进社会治理方式。坚持系统治理,加强党委领导,发挥政府主导作用,鼓励和支持社会各方面参与,实现政府治理和社会自我调节、居民自治良性互动。"政府透过购买社会工作服务、转变政府职能,为社会建设注入新的活力。

广州市是政府购买服务的"先行者",从2007年开始探索政府购买社工服务项目,2009年启动政府购买家综(家庭综合)服务项目的试点,此后家综服务项目逐年由点到面推广到全市,至2013年年底基本实现了"一街(镇)一家综"的服务网络,政府每年投入家综服务项目超过3亿元。与此同时,广州市政府保持每年购买十多个社会工作专项服务,包括移居人士服务、精神康复服务、农村社会工作服务等项目。

广州市政府购买社工服务的规模之大、行动之快,大大地促进了社会组织人才及管理的发展,为居民提供了前所未有的社区服务体验。更难得的是，政府予以了社会组织极大的空间让社会组织根据服务所在地的特性去探索适当的特色社区服务。一方面，家综项目除开展家庭、青少年、长者为核心服务群体外，还可以根据所在地实际需求开展两个领域及以上的服务。目前，在外国人聚集的街道积极开展外国人服务、新广州人服务、义工服务等服务，为外国人提供服务。另一方面，广州市民政局从2012年10月起购买市级移居人士服务专项服务，当中包括准赴港定居人士服务及在广州市常住外国人服务。广州市从2012年起形成了"1个市级专项服务+多个家综项目服务"外国人社工服务体系。

（二）社会组织发挥作用

针对外国人的管理服务涉及国际关系、国家声誉等敏感因素，并对中国在国际关系中担任重要的角色起到重要作用，中国政府对外国人管理服务十分重视，积极推动外国人的服务管理发展。广州市越秀区聚集了大量非洲籍人士，政府于2015年成立了全国首个区级外国人服务管理机构——"越秀区外国人服务管理办公室"，为合法入境和居留的外国人提供临时住宿登记、房屋租赁、法律咨询、生活资讯、长途电话、外币兑换等"一门式"服务。同时，该办公室统筹协调全区外国人服务管理工作。然而，政府在推动外国人管理服务过程中仍然存在一定的限制，主要包括：外国人的来源、动机等情况复杂，关于外国人的信息掌控难，专业管理人员紧缺（如小语种外语人才），对外国人的拘留或遣返成本巨大等。

社会组织（主要指社工机构）是政府多元治理的重要伙伴，发挥着重要的补充作用。由于其身份不同于政府，社会组织的政治、国际关系包袱轻，在接触外国人及建立服务关系方面更容易，体现出身份优势。同时，社会组织能运用社会工作的价值、理念及方法来掌握外国人需求并开展适切服务，服务的操作性及针对性更为明显。从2012年至今，社会组织积极探索外国人社会工作服务，并取得了一定的成效。

同样，社会组织在开展外国人社会工作服务时遇到不少困难及挑战，主要包括外国人的流动性大导致服务持续性难、投入外国人服务的经费及人力有限、社工的专业能力语言能力有限、关于移居的法律依据不明确等。

（三）新家园社工的服务探索

笔者是新家园社会服务中心、广州市新家园社会工作服务中心（统称新家园社工）的员工。新家园社会服务中心从2012年10月起至今承接广州市民政局购买的移居人士服务项目，为广州市常住的外国人提供社会工作服务。在服务过程中，笔者积极与家综项目社工共同合作，共同推进广州市在外国人社会工作服务发展，并举办针对广州市外国人的社会工作发展探讨会三次。2016年8月，广州市新家园社会工作服务中心成功竞标获得广州市越秀区来穗局购买的越秀区外国人社会工作专项服务。

我们在四年来的服务以及成功竞标的经验上撰写本报告，旨在总结近年来在穗外国人的社会工作服务情况，提出反思及建议，以促进社会各界了解、支持及改进服务。由于人力及经验有限，本报告相关数据主要来自政府报告、访问相关家综社工、服务经验等。本报告希望起到抛砖引玉的效果，不当之处，请谅解及赐教。

二 服务总览

（一）专项项目

广州市民政局从2012年10月至2016年9月购买移居人士服务专项项目，服务经费为50万元/年，主要服务对象是广州市的准赴港定居人士及在广州市常住的外国人。

广州市在2014年成立广州市来穗人员服务管理局，专门服务管理来穗人员（包括外国人）。2015年，广州市越秀区来穗人员服务管理局成立。2016年7月，广州市越秀区来穗人员服务管理局购买广州市越秀区外国人社会工作专项服务，服务经费为100万元/年。

（二）家综项目

广州市家庭综合服务中心服务项目（简称"家综项目"）主要由市级和区级财政资助，标配经费为200万元。该项目由街道办相关职能部门统筹管理，项目评估由广州市民政局委托第三方机构开展。广州市外国人聚集所在街道的家综项目涉外大体情况见表7-1。

表7-1　　　　　　广州市家庭综合服务中心涉外项目

区域	项目	主要服务对象	服务投入情况
越秀区	登峰街家综	非洲籍人士	设立外国人服务部，有4名社工、1名兼职法语老师
	建设街家综	欧美人士	曾提供中文课、文化交流服务，现无专设部门、不提供外国人服务
	华乐街家综	欧美人士	曾提供外国人义工服务，现无专设部门、不提供外国人服务
	矿泉街家综	欧美人士	无专设部门、不提供外国人服务
	白云街家综	欧美人士	无专设部门，由义工部提供外国人义工服务（主要与二沙岛美国人学校合作）
荔湾区	南源街家综	非洲籍人士	无专设部门、不提供外国人服务
	沙面街家综	欧美人士	无专设部门，以发展社区特色为目标，有多元文化宣传教育活动
白云区	三元里家综	非洲籍人士	曾提供中外交流服务，现无专设部门
天河区	猎德街家综	日籍人士 欧美人士	曾提供个案、社区导向等服务，现无专设部门、不提供外国人服务
	冼村街家综	日籍人士 欧美人士	曾提供中外交流服务，现无专设部门，由社区融合部提供外国人士服务
	林和街家综	日籍人士 欧美人士	无专设部门，由新广州人服务部（原）、义工部（现）提供外国人服务

第七章 在穗外国人的社会工作服务

三 服务人员及经费情况

（一）服务人员情况

当前，在广州市专门为外国人提供社工服务的社工数量稀少，主要为移居人士服务专项及越秀区登峰街家综项目外国人服务部的社工，不足 10 人。当前服务外国人的社工属于小众群体，并与整个广州市社工行业密切相关。

2015 年，广州市社会工作协会和中山大学教育与研究中心共同合作，出版了《广州市政府购买家庭综合服务分析研究》（2015 年）。当中，对家综服务人员进行统计分析，指出：经过 2012—2015 年的发展，广州市家综已经初步建立了一支专业的队伍，基本特征如下：

（1）以女性为主，男女比例接近 1∶4。

（2）大部分是年轻人，社工平均年龄为 26.52 岁，30 岁以下的社工甚至占到 89%。

（3）较高的学历背景，达本科及以上学历的占 60% 以上。

（4）持社工证比例高，持助理社工师或中级社工师的比例超过 70%。

同时，以下几个方面仍有提升空间。

（1）应吸引更多具有专业教育背景的社工。调查显示，只有 53% 的调查对象拥有专业教育背景。

（2）离职率高企的问题亟待解决。调查显示总体离职率（剔除试用期员工后）在 24% 左右。

（3）从业人员的经验累积不足。2013—2014 年度家综社工的平均从业年限仅为 2.02 年。

（4）社工工资待遇急需提高。2014 年一线社工、领域主管的平均每月税后工资分别为 3159.60 元、3558.70 元，均比同期广州市平均月薪 6830 元要低很多。

由于广州市社会工作的购买办法、薪酬体系、服务评估等由广州市民政局统筹并制定相关政策，因此专项和家综项目的情况大同小异。以上广州市家综项目社工的整体情况，同时也在很大程度上代表了广州市社工行业服务人员的情况。笔者在对服务外国人的服务人员进一步了解后得知，除上述特征外，仍有其他情况如下：

（1）既掌握社工专业能力又掌握外语能力的服务人才少之又少。就大部分社会工作本科毕业生来说，由于没有专门的英文口语技能要求，因此英文口语普遍较为一般，而能掌握非英文的其他外语的社工更是凤毛麟角。当前培育外国人服务人才的途径主要有两方面，其一是招聘具备专业能力及资历，但外语水平一般的社工，通过培训和在实务中不断提升外语水平；其二是招聘外语水平专长并有志于从事社工服务的人员，在实务中提升社工能力，并鼓励其考取社工资格证。

（2）涉及外国人服务需要更高的接纳度，且发展前景不明朗，影响社工加入。对社工来说，尤其是女社工，除语言能力外，为外国人提供社工服务会有各方面的顾虑，如安全性、文化差异、家人意见等。并且就广东省来说，外国人社工服务主要在广州及深圳，规模较小，发展前景不明朗，也影响社工的加入。

（3）为外国人提供服务的社工未能获得更高的待遇。在针对社工的政策及规定中，并没有专门指出针对外国人服务社工的要求，因此为外国人提供服务的社工的培训、薪酬等都参考整体的要求。因为，针对外国人服务的社工，没有专门的培训督导计划，也没有指出要增加薪酬，这些都不利于外国人服务人员的专业发展及人才队伍稳定。

（二）经费情况

目前广州市购买社会工作服务的标准约为每10万元配备一名工作人员。当前广州市专门为外国人服务的工作员不足10人，整体经费折算也不足100万元。但值得一提的是，从2016年7月起，广州市越秀区来穗局出资100万元购买越秀区外国人社会工作专项服务，拟配备工作人员10名，当中专业社工7名以上。

另外，广州市各外国人聚集的街道都十分关注外国人的服务管理工作，在社会工作介入外国人服务发展到一定程度时，相关街道亦极有可能加大外国人服务投入并购买社工服务。

四 外国人需求分析与界定

（一）外国人需求分析

据广州市公安局数据显示（下文中有关广州市外国人的数据，除注明外，均属广州市公安局发布数据），截至2014年10月25日，共有11.8万外国人在广州居住，来自各地区人口数量分布如下：

表7-2　　　　　广州地区外国人来源及数量　　　　单位：人

地区	亚洲	欧洲	非洲	北美洲	南美洲	大洋洲
人口	5.7万	2.2万	1.6万	1.4万	0.5万	0.4万

当中，仅有4.7万外国人为常住人口（指居住6个月以上，包括近万名留学生）。日本、韩国以及美国人分别位列前三，非洲人为16029人，其中常住的有4096人。外国人主要分布在越秀的登峰街、建设街、天河的林和街、白云、番禺五个区，以上区的外国人口数均超过1万人。其中，越秀区大约有10110名外国人分散居住，主要集中于登峰、华乐等七个街道。

来穗外国人面临许多适应困难。一方面是语言、文化的差异、住房交通等社会生活信息的匮乏、缺少朋友的孤独等，另一方面是外国人对中国政策法规的了解还有一定的局限。出于经济、工作性质、闲余时间、群体间接纳度差异等原因，适应困难情况更多出现在非洲裔群体。外国人遇到适应困难主要求助于非正式支持。另外，处于中高生活水平的外国人有较大的社会参与需求，但却缺乏本地资源及信息导致难以参与。

本地居民与外国人对社区的看法因各种因素而异。本地人士对外国人的跨文化观感整体趋于正向。接纳度方面，本地人认为喜欢及可接受外国人的比例较高。对比非洲裔人士，本地人对欧美人士接纳度相对较高。社区本地居民群体与外国人群体在社区中处于相对隔离的状态。除商业活动外，本地居民与外国人们甚少交往。因亲身经历或听说传闻外国人诸如醉酒吵闹、打架、非法违法行为等，部分本地居民对外国人有抵触情绪，不愿与其有接触。外国人在生活也甚少有接触本地居民的机会。他们当中，认为本地人士对他们友好和不友好者兼而有之。本地居民中，特别是高校学生，想接触不同国家或文化，却因外语能力与信心、安全考虑、缺乏渠道等原因遇到困难。社区环境方面，"外国人友善度"有待提升。宝汉地区的私人商铺在接待外国人的软、硬件上都需要提升。建设街一带的商铺外国人友好程度较高。社区的双语引导标识数量和质量也需要提升。日常交通出行方面，需在外国人集中社区增加中英对照站牌或相关指引。

接下来简要介绍涉外服务管理相关政策与状况。在广州市各区中，越秀区是来穗外国人最活跃的居住地、工作地和贸易地之一，近年来该区对外国人管理服务上较为重视。2015年成立"越秀区外国人服务管理办公室"，统筹协调全区外国人服务管理工作。越秀区在外国人服务管理上取得了不少成绩，建立外国人服务管理工作站为外国人提供临时住宿登记等基础服务，推动信息化、智能化服务，并创新外国人"实有人口管理"方式，率先建立外国人管理服务队以及"三非"专业队伍。在外国人管理方面，也会遇到一些困难，政府工作人员人才人力紧缺，因信息缺乏等原因社区内的外国人非法逾期居留情况难管控，以及外国人亚社会群体难以管理，容易成为社会不安定因素。除政府对外国人的服务与管理外，新家园移居人士服务项目及两间社区家综都在为外国人提供移居适应服务。

综上所述，广州市外国人个人、社区、涉外社区服务管理需求从三层面概括，主要需求包括：个人适应需求、社区发展需求以及社会管理需求。

个人适应需求：适应性需求，提升外国人的适应能力，主要包括

第七章 在穗外国人的社会工作服务

信息获取能力、语言沟通能力以及基本生存能力（包括法律法规知识、生活、工作技能等）。扩展外国人本土社会支持网络，协调、平衡其获得的正式与非正式资源。在外国人的适应过程中进行正向导向，认识并尊重本地文化和社会规范。参与性需求，外国人参与到本地社区的活动或服务的需求，这不仅是对诸如熟悉社区资源、拓展人际网络等一般适应性需求的升华，更重要的是能够提升外国人对移居地的社会认同及对新身份的自我认同，从而更好地适应移居地的生活。

社区发展需求：联动社区多方参与，营造社区多元文化氛围，提升社区环境的外国人友好度，增强社区中外籍居民的社区归属感，打造社区归属感强的特色创新涉外社区。

社会管理需求：社会服务与政府管理共识合力，在为外国人提供适切服务的基础上，积累服务经验与数据，发现、探索外国人管理服务的更优、创新方案，协力实现平安友好社区。

（二）外国人群体与需求界定

分析外国人的服务需求后，社工机构进一步界定目标群体及其需要。总体对象群体指机构服务范围内所有的有关的对象群体。面对危机的对象群体指总体对象群体中，那些较可能会出现问题的部分。有需要服务的对象群体指在处于危机问题的对象群体当中那些已经感受到问题困扰的人。最后能接受服务的对象指在所有面对危机问题的居民中，最终获得服务的部分，这是一个过分严格的界定，跟实际情况会有出入（张兆球等，2000）。最后能接受服务的对象界定会因机构服务范围、资源、服务对象意愿及可接触程度等因素所影响。

就群体需求取向而言，适应性、参与性需求是移居人士的共性需求，而不同的移居群体会因原居地与移居地之间的文化习俗、社会制度及经济水平等方面差异程度，群体自身特点，移居地的社会氛围等因素，在移居适应的需求上会有不同的特点。

表 7-3　　　　　　群体需求取向——适应性与参与性需求

需求群体	需求界定及社区服务重点
非裔人士	其原居地和移居地的制度、文化、语言与生活方式等差异较大，隔离现象较为明显，社会接纳度相对不高，因此其适应性、参与性需求都较大。 ——增强中文语言能力 ——适应文化及生活习惯上的差异 ——获得社区资源信息 ——扩展本地社会支持网络
日韩人士	其原居地和移居地的制度、文化与语言等差异较大，特别是因为历史与政治原因，隔离现象更为明显，社会接纳度相对不高，因此其适应性及参与性需求都较大。 ——增强中文语言能力 ——扩展本地社会支持网络
欧美人士	其原居地和移居地的制度、文化、语言与生活方式等差异较大，但因其生活经济水平、社会接纳度较高，其适应需求较低，而参与性需求较大。 ——义工服务机会 ——增强中文语言能力

社会共融是本地人士与移居人士相互包容和接纳，从而达致共同推动社会进步的状态，因此，社会共融包含了双向的需求。

表 7-4　　　　　　　社会需求取向——社区发展需求

方向	介入群体	需求界定
本地人士 →移居人士	本地人士	认识移居人士的文化和特点 接触与交流 参与移居人士社会服务 提升共融意识
移居人士 →本地人士	移居人士	认识本地人士的文化和特点 接触与交流 参与本地社会服务 提升共融意识

第七章 在穗外国人的社会工作服务

五 服务内容情况

广州市现有的外国人社会服务主要由政府购买后由社会工作机构承接的专项服务及家庭综合服务中心项目提供。新家园社会服务中心承接的广州市移居人士服务专项专门为越秀区、天河区等广州市外国人集中社区提供外国人移居适应服务，包括中文辅修、中外文化交流、社区资源导向、移居信息发布及咨询服务，以及社区友善倡导活动等。而市内在多个外国人聚居的街道的家庭综合服务中心中，设有外国人服务部的暂时只有登峰街家庭综合服务中心，白云街、林和街、冼村街、沙面街等家综有涉及外国人服务，但暂未有专设部门。

（一）市级专项服务

1. 服务基本情况

"广州市新家园移居人士服务项目"由广州市民政局资助，并由新家园社会服务中心在广州市全面推行。项目为常住广州市的外国人士以及准备赴港定居的广州居民提供专业的移居适应服务（本书将重点介绍外国人群体服务），协助服务对象适应和融入新的生活环境，并推动服务对象积极参与社区发展。项目自 2012 年 10 月启动至今，共为移居人士（在穗居住外国人、港籍人士以及准赴港人士）提供一般咨询 30870 次，咨询个案 249 个，深入辅导个案 13 个，中文辅修服务 542 次，工作坊（中小型活动、义工活动）204 个，小组 51 个，社区服务（大型活动）44 个，义工服务 200 次，服务总人次 58133 人次。项目四年来通过中文"伴学"服务、移居资讯咨询、同路人分享会等服务，有效协助服务对象跨越语言障碍等适应难题，重建移居地的社会支持网络，促进移居人士从接受服务者成长为服务者转变，参与移居及本地群体的社会服务。服务除回应移居人士的个人适应需要外，更重视社会层面的本地人士与移居人士的共融和相互接纳的社区教育工作，通过本地外语义工团队培养、文化交流活动等社区倡导活动，鼓励双方从接触到了解，减少误解，从而促进相互接纳与尊重。项目服务得到了社会关注，媒体多次报道，多个国内外高校、社会服务机构等单位或组织到中心进行移居人士服务交流。

2. 项目模式的探索与转变

项目团队6人，面向约11.8万名居住在广州的外国人，及每年新增1000名到2000名不等的准赴港定居人士。项目至今将近运营四年，在无前人经验参考的情况下探索，逐步探索出市级外国人服务项目的服务模式。

第一阶段："个人化、恒常化"模式。项目初期聚焦于个人层面需求，运用微观手法，但随着项目推进，出现种种困难：第一，服务"地域广""战线长"，未对焦、重点服务群体及关键需求；第二，服务群体流动大，外国人由于签证及工作不稳定等原因，经常穿梭于广州与来源地，赴港人士获得批准后就前往香港定居，难以持续接受服务；第三，服务零散，团队进行了各种服务探索，服务范围拓展到了广州4个行政区，但回首一年，社工的热忱及忙碌并未带来显著的成效。项目踏入第二年，不得不重新定位。

第二阶段："多层面、项目化"模式。

以移居人士服务ABC模式为基础，团队重整了项目的服务模式，以外国人、准赴港人士及品牌建设为三个主要板块，各板块服务以子项目配合恒常服务进行。

在外国人服务板块，个人层面的"快速适应"计划运用微观手法，提供语言、文化导向等适应支援服务。社区层面的"友善一条街"社区发展计划，重点是营造友善社区氛围，提倡英语餐单，提升服务从业员的英语能力。城市层面的"外国人友善城市"计划通过"友善交通倡导行动""乐融微笑行动"等行动，倡导更友善的城市出行设施，提升社会对外国人的"友善度"。在准赴港人士服务板块，开通回应服务群体资讯需求的"赴港E讯通"项目，结合线上资讯发布，包括微信公众号、QQ群等平台，与线下参与交流，包括资讯系

第七章 在穗外国人的社会工作服务

列工作坊、同路人分享会等，提供香港、内地移居相关信息发布及交流平台。赴港恒常服务则通过技能成长小组、同路人交流工作坊等服务，回应群体社会支持网络扩展及能力提升的需要（郭慧芳、罗稳怡，2015）。

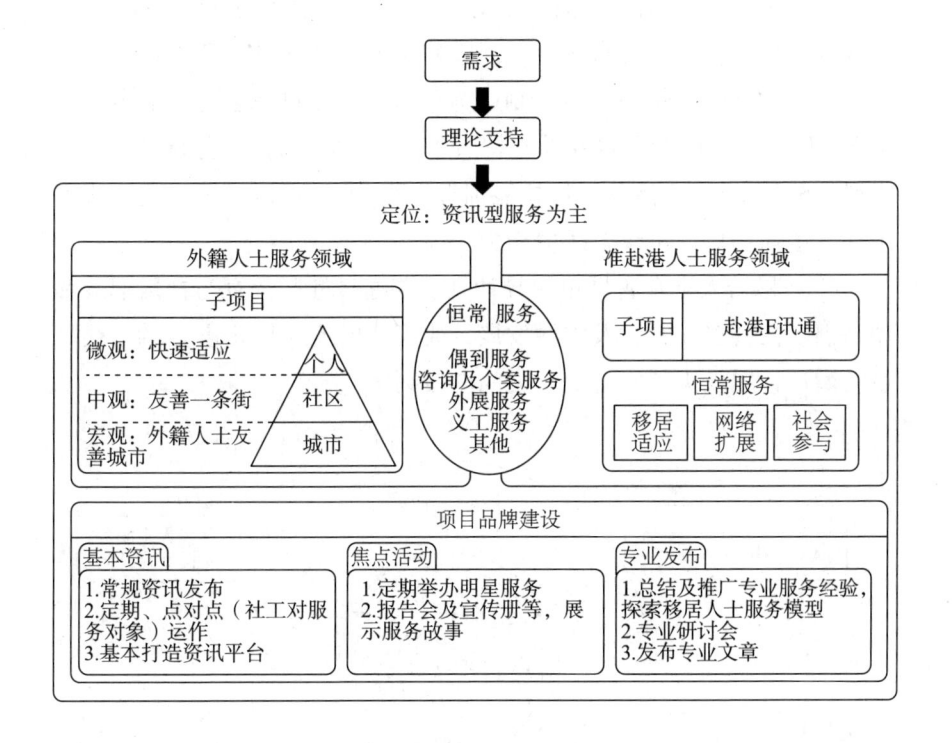

图 7-1 社区服务模式

第三阶段："以一带三"核心动力模式

第二阶段的三层次模式能全面地推动服务回应服务群体不同层次需求，但此模式仅靠社工力量推动令服务推进受限，因此，为充分激活外国人内部、社会资源，更大地推进服务，项目把以往三个服务板块转变为功能性板块，并增加一个核心动力板块——"移居人士服务支援平台"，实行"以一带三"模式。

建立移居人士服务支援平台，搭建多向服务支援平台，联动多方资源，优化移居人士之间、移居人士与本地人士之间的人力、物力等资源，作为项目核心，整体推动项目其他板块及广州市移居人士服务发展；以移居者个人、群体及社会层面中最突出的需求为基础，设置移居资讯平台、综合适应服务以及社区倡导三个模块服务，分别以三个子项目来推进。

（1）移居"资讯通"计划，通过多元化服务手法及方式，建立移居资讯库及咨询、发布平台，回应移居人士对移居信息的需求。

（2）"FAST"快速适应计划，为移居人士提供综合适应服务，包括F（Friends）同路同伴互助支持服务、A（Adjust）期望调整及情绪支援、S（Skill）生活及工作技能训练、T（Talk）语言沟通能力提升服务，增强移居人士综合适应能力。

（3）移居人士友善城市倡导计划主要通过社区教育与社区倡导活动，倡导社会多元文化及共融发展，改善移居地（广州市）的社会环境，增进移居人士与本地人士之间的接纳度。

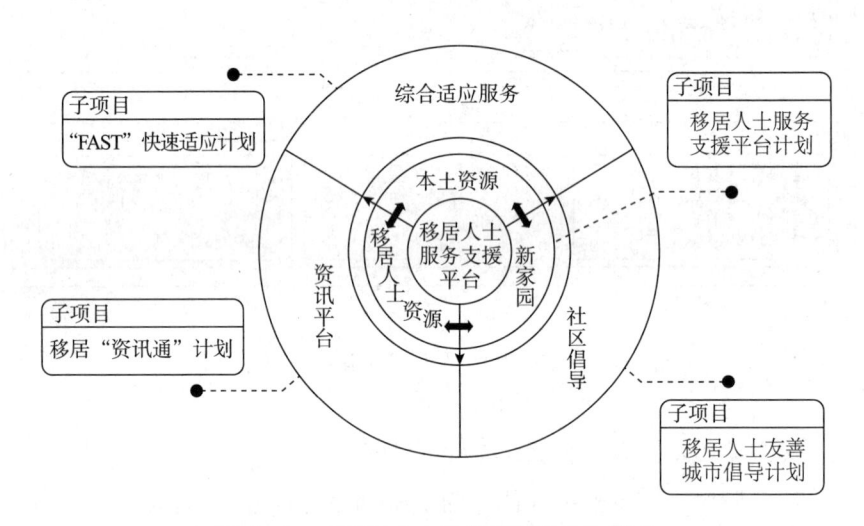

图7-2　"移居人士服务支援平台"模式

3. 主要服务内容

（1）个人适应类

中文伴学服务：中文伴学服务即"陪伴学习"中文服务。项目组织义工，陪伴、协助外国人学习中文。在中文学习的路上，给予外国

第七章　在穗外国人的社会工作服务

人支持与鼓励，一方面提升外国人中文水平，改善其语言不通的适应困境，另一方面促进本地人士与外国人的沟通交流，增进双方认识和了解。除一对一或小组学习外，也会定期开展社区实践活动，让外国人实地运用所学，与本地居民沟通交流。

服务从 2015 年 10 月开展至今，提供给外国人的中文学习服务 230 人次；特别需要一提的是，支持此项服务的 CNF 义工队核心义工人数 10 人，以及支援义工超过 30 人，长期并稳定地为外国人提供中文伴学服务。

中外语言文化交流小组："中日语言文化交流小组"小组成员由"萤之光"日语义工队义工以及日籍妇女组成。在小组中，通过一系列的小组活动，例如中日食品制作、中日节日知识分享以及布艺制作等，培养组员两种沟通模式即"主动分享知识—交流和反馈"与"主动提出疑问—提供知识"。通过多期小组，日籍妇女和义工建立了信任与互助关系。工作员通过引导组员在小组内的互助行为，有效地提升了组员的互助意识及行为，让组员把这种沟通模式延伸到生活之中。组员除小组的聚会外，日常生活中都能通过不同的途径相互联系与帮助，大家建立了微信群，除会分享生活点滴外，无论是中国还是日本组员，大家还会在群里提出各种生活和学习中的疑问。

中日语言文化交流小组能有效建立中日人士之间的社会支持网络，而小组成功的一个基础是服务对象能恒常参与服务。此服务在日籍妇女群体中成功开展，重要因素是服务对象居住集中、闲余时间稳定，但其他外国人群体就较难实现，特别是非洲裔群体工作时间机动性较大，较难参与恒常参与。

（2）资讯平台类：移居资讯平台服务

为回应服务群体对移居地生活文化、移居法律程序（手续）等资讯的需求，以及提升目标服务群体的服务覆盖率，项目着力构建移居资讯平台，建设资源库。资源库的建设以"项目社工＋服务对象＋同行"的三方联动模式进行，社工对资源库及互动交流平台进行管理，结合线上（如微信网络平台、QQ 群组、微信公众号等）和线下（赴港系列资讯工作坊等）服务双管齐下，促进服务对象及移居服务同行对资讯的交流和分享。

项目现已建立了5个电子互动或资讯发布平台，其中包括：①微信公众号。定期发布移居资讯，有1126人关注。②微信群组。"New Home Info Group"有104名群成员活跃在群组中进行信息分享和情感支持。③中心官方网站和微博，定期更新服务最新信息及移居资讯。除网上平台外，项目还编辑印制了一系列资讯小册子，包括《中文学习小册子》（四册）等。

（3）社区教育倡导类

"乐融微笑行动"友善城市社区教育活动：乐融微笑行动是由移居人士服务项目发起的一系列社区教育活动，我们倡导，以微笑打破文化与语言的隔阂，踏出互相接纳与欣赏的第一步。自2013年12月18日国际移民日起，每年的12月18日（国际移民日）及5月8日（世界微笑日）是行动的日子。我们通过向社会征集1218张微笑照片的系列活动，向大家宣扬"以微笑打破语言和文化的隔阂"的理念。"乐融微笑行动"得到了超过1000名中外人士的支持，他们通过网络或现场拍摄等方式，把他们的微笑照片汇聚在这里，成为一股充满快乐与友善的微笑力量。到目前为止，我们一共收集到了1238张微笑照片，超过三百名义工朋友与我们一起同行，共同传递微笑力量。

友善交通出行倡导计划：交通出行是外国人在广州生活中遇到的难题之一。因为出行成本及交通系统指引中认识度（英文指引）等因素，的士、地铁成为外国人主要的出行方式，而城市覆盖面最广、出行成本较低的交通工具——公交车很少能被他们所使用。另外，虽广州已有相关的公共场所英文译名规则及指引，实际应用上却较少，广州路名及公共场所的英文译名还存在一些不规范的现象。

因此，项目组织"外国人友善城市"计划的友善交通倡导行动，促进广州外国人及本地居民的参与，倡导社会对建设"外国人友善城市"的关注，促进完善城市基础设施建设及管理。2014年2月，社工向广州市交通站场建设管理中心提出申请，在外国人集中社区的公交车站张贴中英对照公交车行车路线指引。2014年3月，项目组织友善交通探索小组，邀请了15名外籍留学生义工，3名中国学生，一起

第七章　在穗外国人的社会工作服务

外出亲身体验和探索广州公共交通设施。探索小组成员表示，地铁的标识和指引做得很好，他们可以便利地搭乘地铁及使用其中的设施，如果公交系统有拼音或英文站牌，会更加有利于他们出行搭乘公交。

（4）支援平台类

移居人士服务分享会：广州市外国人社会服务处于起步阶段，服务模式、服务内容、服务资源、人才培养等还不成熟，个别家综有在外国人服务上作出尝试，但交流甚少，因此，新家园移居人士项目发挥市级项目的优势，邀请广州市正在提供及有计划提供外国人服务的机构社工、工作人员参与移居人士服务分享会。从2013年至今，新家园移居人士项目共举行了三场移居人士服务分享会，曾邀请了香港资深社工督导廖锶源、郭慧芳、中山大学梁玉成教授，以及新家园移居人士项目多位社工对外国人服务理论、服务模式、项目管理，以及广州外国人现状等主题进行分享。

本土义工团队建设：项目坚持"共融是移居与本地人士双方面的接纳"的理念，除移居人士方面的介入外，发展本土义工团队则是项目本土介入的其中一个重要策略。从一小部分人开始，逐渐影响更多的人。项目现正在培养八个本土义工小组："福到义工组"（12人）、"萤之光日语义工队"（35人）、"CNF中文伴学义工队"（20人）、"资源地图义工队"（8人）、马可波罗剧团（10人）、友善商铺策划义工组（10人）、NH constants 法律及政策咨询义工组（6人）、2015—2016年需求调查义工队（中大博雅组、社会人士组）（14人）。各个义工队因组建的时间不同，现正处于不同的发展阶段。每个义工团队都正在成长，而"团队建设""义工服务"和"共融发展"是三个相互促进的过程。专项义工组的建立与培育，深化义工的多元人才结构，通过与义工联等义工组织的合作，扩大义工招募的范围，让更优质的义工资源加入进来，同时通过义工直接接触外国人，是一种最直接的消除歧视和偏见的方式。

"义工联合社区"外籍义工发展计划：在穗居住中高收入水平外国人自我实践及社会参与的需求较大，从2016年2月开始，项目与多个外国人团体及本地社会服务组织进行沟通交流，了解双方服务需求，搭建外国人参与本土服务的平台。"义工联合社区"外籍义工发展计划正式启动后，项目首次为广州国际妇女俱乐部成员与里水儿童保护项目成功牵线，共同策划并举行了"聚爱中外，伴我同行"关爱困境儿童活动。本次活动由30名外籍义工、本地义工与本地儿童参与，外籍及本地义工陪伴本地困难儿童聊天与游戏，并捐赠儿童图书和文具。活动后，义工与儿童表示很喜欢这次的"聚会"，他们在活动中感到快乐和满足，外籍义工更表示希望项目能为他们提供更多本土义工服务的机会。

项目将积极拓展此项服务，整合外国人义工服务及本土群体需求信息，搭建更广阔的外国人社会参与平台，同时为本土服务培养新的外国人义务服务资源。

（二）家庭综合服务中心项目

据笔者了解，在广州市一百多个家庭综合服务中心里，从2013年起至今，曾有或现有提供外国人服务的家综约有8家，现在还有提供外国人服务的约有4家。由于来自不同地域的外国人在广州聚居区域不同，因此社区家综的主要服务对象也有所不同。同时因为服务群体的差异，聚集人数不同，以及基层政府部门对社区管理策略不同，家综在提供外国人服务内容和力度上也各有差异。现在广州市内设有专门的外国人服务部的家综是登峰街家庭综合服务中心，主要服务对象是非洲裔人士，而有提供外国人服务但没有专设部门的家综包括白云街、林和街家庭综合服务中心，主要服务对象分别是欧美人士和日籍人士。

1. 登峰街家庭综合服务中心

登峰街家综主要服务对象是居住在金麓山庄、宝汉直街一带的非洲裔服务对象。家综设有五个部门，其中外国人服务是其特色服务。该部门主要由三位社工以及法语助理提供服务。有两个主要服务地点，一个是在金鹿山庄（非洲裔人士聚居的一个小区），另一个是登峰街外国人服务管理服务站。

第七章 在穗外国人的社会工作服务

登峰街家综主要提供四种服务，中文教学小组、兴趣小组、社区服务以及个案服务。中文课堂主要由社工及法语义工提供，使用英语、法语两种语言教学。在外国人服务部所提供的所有服务中，最受欢迎的服务是免费中文教学，因为广州几乎不存在免费的中文机构，且以法语教学的也极少。兴趣小组主要是音乐及足球小组，足球小组开设之初主要成员是社区的中国和非洲儿童，而后逐渐转变为一支主要由非洲成年人构成的队伍，并参加了一些草根足球联赛。社区活动主要是一些外出参观活动，以及在中国传统节日中非人士参与美食文化节等。此外，家综也为面临困境的非洲人提供个案服务（牛冬，2015）。

2. 其他家庭综合服务中心

除登峰街家综外，其他家综基本没有专设的外国人服务部，但在外国人聚居的街道的个别家综会提供外国人相关服务。虽然有些家综现在已经没有相关服务，但都做了各种服务的尝试。

林和街家综位于天河东路，中心旁是天河新作小区，该小区有日籍人士聚居，而该居委也支持家综提供日籍人士相关服务。2013年开始，林和街家综与新家园移居人士项目合作，共同开展社区的日籍人士服务。主要服务是中日人士交流支持小组、中日文化交流社会活动等。由于语言原因，日籍人士服务比一般外国人服务难度大。因此，新家园社工通过与高校合作，组建日语义工团队。在新家园与家综社工和"萤之光"日语义工队的共同努力下，林和街社区的日籍人士服务逐步发展起来。经过三年的服务积累，"萤之光"与服务对象及合作伙伴建立了信任与互助支持的关系。社工通过引导组员在小组内的互助行为，有效地提升了组员的互助意识及行为，让组员把这种沟通模式延伸到生活之中。

欧美籍人士主要聚居在天河区及越秀区，华乐街、建设街、白云街、冼村街、猎德街等家庭综合服务中心及基层政府部门也在外国人服务上做出了不同尝试。建设街在2013年5月成立外国人志愿者服务站，吸纳在辖内居住多年的外国人成为志愿者，为新租住辖区的外国人提供相关法律法规、政策及生活资讯；组织外国友人参加社区文化、传统节日活动和小型趣味运动会等社区文体交流，融入广州生活（《建设街多举措规范外国人管理》，信息时报，2015）。华乐街家综在2014年也尝试了发展外国人志愿者服务，邀请外国人参与本地社区的环境保护、绿色社区建设的活动，编辑出版绿色社区知识报纸。其他中心有提供促进中外文化交流类型的服务。

在过去几年，一些外国人聚居街道的家庭综合服务中心有在外国人社会服务上做出尝试，但因上文所述的人才支持、中心服务定位、制度等多方面因素影响，现在还提供相关服务的中心数目已大大减少。

（三）小结

总的来说，外国人社会服务的提供主要回应个人、社会两个层面的需求，同时，作为政府购买的服务，社工机构的服务也在回应政府对外国人管治的需求。

表7-5　　　　　　　　　　外国人社会服务需求供需

层面	外国人的社会服务需求	具体社会服务
个人	中文能力提升	中文伴学服务、中文学习班组
	移居地信息	资讯通
	兴趣技能发展	体育、音乐兴趣小组
	移居地社会支持网络扩展	中外交流活动、聚会
	社会参与：义工服务	"义工联合国"义工服务平台
	紧急事件应对	个案服务
社会及政府治理	中外人士对双方文化了解	中外交流活动，本地义工服务
	社会接纳度提升	乐融微笑行动
	外国人服务发展	外国人服务分享会
	遵纪守法，有序地本地生活	资讯讲座（法律、政务知识等）

就外国人而言，他们的服务需求与本地居民的服务有着共通性，也有作为移居者的独特需求。服务机构主要把服务需求界定为针对移

居者表现出来的主要需求，例如中文学习。而社工在提供服务的过程中常出现有服务却无人接受服务的困境，主要是在于服务是在回应外国人的表达性需求与规范性需求的区别，这也就说明了为何中文学习服务在众多诸如兴趣活动、中外文化交流、社区导向等服务中最受欢迎，也是为提供其他服务凝聚服务对象基础的原因。社会层面需求在初始阶段更多的是规范性需求，特别是在与外国人相互共融、接纳、友善等社会意识还不高的情况下，无论是本地居民还是外国人，他们也鲜有提出对社会环境改变的看法。还有一个不可忽视的情况，来自不同国家或地域的外国人群体，因其国家文化、经济水平、职业、本地社会接纳度等因素的不同，总体的服务需求上也是有较大区别。例如，非洲裔人士更多需要回应其个人适应需求的服务，欧美裔人士则更倾向于社会参与需求的服务。

六 总结及建议

（一）服务影响

1. 政府购买社工服务开启社工服务外国人的新管理体系

政府正在进行社会管理及社会服务创新改革。政府的角色慢慢由"足球队员"及"裁判"双重身份，转变成为"裁判"身份。由于社会对社会服务及管理的需求增大了、要求提高了，政府原来的管理服务方式在人力资源、服务数量及质量上难以符合社会需求，因此政府积极动员社会力量参与社会服务及管理。近年来，社会工作在中国迅速发展，社会工作成为政府社会管理及服务创新的重要伙伴及力量，因此政府在外国人管理服务方面开启了购买社工服务。政府购买社工服务为社会工作服务提供了必要的资金保障，是社会工作服务发展的助推器。社会工作机构属于民办非企业单位，体现出社会性、公益性及专业性。其社会身份及角色与政府不同。政府主要是管理外国人及社工服务，而社会工作机构主要提供专业的社工服务，各自发挥所长，形成了外国人服务管理的新体系。

广州是全国投入购买社会服务经费最多的城市，在社会工作服务的管理方面也处于领先地位。针对社会工作服务的服务标准、评估方法、社工机构的管理等形成了一个较为成熟的体系，不断地引导社会工作服务发展。

2. 为外国人提供服务成效明显

在个人适应方面，社工开展了语言辅导或学习、社区导向活动，意在宣传各类资讯、开展咨询服务等，为外国人初来乍到广州提供了基本的适应服务，促进了外国人在中国的适应。对外国人来说，在语言、资讯及基本适应需求方面获得满足，更有利于引导外国人了解本地的社会规范、社会文化，有利于促进其更好地适应广州生活。

在支持网络方面，社工通过组织中外文化交流活动、中外义工活动等，促进了外国人与本地居民的交流与沟通，将外国人的支持网络从原来的外国人与外国人之间扩展到外国人与本地居民之间。一方面，通过扩展外国人在本地支持网络，直接促进其在广州社会关系的提升，以更容易获得各类支持；另一方面，本地居民对外国人的接触及互动又促进了本地居民对外国人的了解及接纳。除此之外，个别社工服务还尝试动员外国人群体内部资源为外国人解决困难，例如向外国人筹资为外国人返国提供必要的交通费用。

在社会参与方面，透过英文站牌、"微笑行动"、多元文化活动等服务引导外国人及本地居民倡导更友善的社区环境，吸引了大量的外国人及本地居民参与。各个社工项目中，外国人担任志愿者并提供社区服务，成为亮丽的风景线，提升了外国人社区中的参与度。

3. 凝聚各类社会资源参与服务，盘活社区资源

社工服务中，社工积累与政府部门、其他相关社会组织等合作，为外国人提供服务，将社区资源盘活，达到事半功倍作用。据调查了解，社工与中山大学、广州大学、华南师范大学等高校合作，开展外

第七章 在穗外国人的社会工作服务

国实习生、外国人服务义工服务队等合作；社工与多个国家的领事馆等沟通及合作，针对外国人的相关问题进行沟通、协调；其他关注外国人服务的团体也积极与社工合作。

需要指出的是，社工的身份及角色在国际上形成了一定的知名度，并且社工的价值观包括尊重、接纳、平等等元素，这些情况对社工在社会伙伴合作为外国人提供服务体现出明显的优势。我们了解到，当前有一些社会力量有意向为外办提供资源等支持，但直到与社工合作，才找到合适的途径。

4. 积累了丰富的服务经验，为外国人管理服务研究提供重要依据

外国人的情况复杂，变化快，敏感度高，国家对外国人管理服务的压力十分大。社工服务为外国人管理服务研究提供了重要依据，在服务过程中，相关专家访问了社工，并形成多篇针对外国人服务的研究报告及服务经验总结，例如《社区认同视角下外国人管理的探讨（2015）》《社区自组织参与涉外社区的治理——以广州市JL社区中非足球队居民自组织为例（2015）》《一个市级专项项目服务如何定位（2015）》等。

中山大学外国人领域研究专家梁玉成（2013）指出，"随着国家经济水平和社会生活水平的上升，移民问题将会逐渐从一个边缘性的社会问题发展成为重要的社会问题，将影响国家政治、经济、社会、外交和国家安全等各个方面。中国学者应该尽早开始有关研究工作。"

针对外国人的社工服务为外国人相关研究提供了重要载体，相关研究将在外国人的社工服务下不断地进行。包括外国人管理服务模式的探索及研究、外国人信息库建立、外国人动向研究、外国人融入研究等。

（二）服务限制及存在问题

1. 国家层面：无专门外国人管理法律体系，外国人管理难度大

当前针对外国人的法律法规主要由公安部门颁发，以针对外国人

193

的签证及入住登记的条例为主,未能建立一个完整的法律体系。因此,由于针对外国人的管理及服务没有立法依据,在很多方面敏感且存在争议。中国是一个非移民国家和发展中国家,也未给外国人提供系统的社会服务和社会保障。

政府在管理外国人也遇到共性的困难:如人力紧缺、专业人才紧缺;因信息缺乏等原因社区内的外国人非法逾期居留情况难管理;"三无"(无护照、无签证、无收入)外国人普遍存在,难以管理。即使发现,有的外国人生活困难缺乏返回自己国家的资金。且拘留与遣返都需要成本,而政府并没有相关预算。另外,外国人亚社会群体难以掌握,容易成为社会不安定因素。

社工服务作为国家管理及服务的补充,国家管理上的局限性也影响了针对外国人的社工服务。

2. 服务资源有限,未发挥整体效应

当前专门针对外国人服务的社工不多于10人。这样的数量面对整个庞大及复杂的外国人群体是远远不够的。虽然有部分家综项目积极开拓外国人服务,但由于家综的重点对象是本地居民,并且家综的工作量及压力庞大,导致部分家综项目最后选择以负责外国人服务转变为兼顾外国人服务。但对每个家综项目200万元、14名社工的整体资源来说,仍有较大的发展空间。

当前广州市的家综项目及专项服务主要由广州市民政局统筹,但针对外国人服务管理不是民政局的工作重点,因此较难形成一个针对外国人的社工服务体系。广州市政府从2014年起开始设立广州市来穗人员服务管理局,主要负责广州市的来穗人员(含外国人、外来工等)进行管理及服务。各个区也陆续建立区级来穗局,针对来穗人员进行管理及服务。因此,广州市来穗局及各区局将有更大空间去统筹及构建外国人的社会工作服务体系。

3. 外国人的语言、文化、来穗目的等差异性大,情况复杂

绝大多数外国人持商务签证、学习、旅游、探亲目的来华。其数

第七章　在穗外国人的社会工作服务

量不断增多、签证时间短、类别复杂、异质性强、流动性大。同时，在外国人在中国的经济、社会、文化与政治四个层面的融合度都较低，居民对外国人或外国人社区的接纳度不高，外国人与本地居民处于"隔离"状态。

在为外国人提供社工服务的同时，语言差异、文化差异、在穗时间等都严重影响服务关系建立、服务可持续性等。同时，对于社工来说，外国人社会工作服务领域，社工需要掌握必要的外语语言，还要有高度的文化敏感度及接纳度。

4. 社工服务存在人才短缺、无参考经验的情况

社工服务从2009年起蓬勃发展，也大力催生社工人才的发展，政府及行业协会都大力推动社会工作人才发展。但根据广州市家综项目的调查发现，社工出现队伍年轻化、薪酬低、流动率大、专业水平有待提高等状况。根据我们在服务过程中了解到，就整个社工界来说，社工机构水平良莠不齐，虽然广州市的社工队伍庞大但优秀社工不多。而优秀社工当中，有意愿及符合外国人服务的社工更是少数。因此，目前外国人服务的人才相对短缺，需要在服务过程中培训优秀社工。

目前，在中国内地没有成熟的外国人社工服务经验可供参考，香港或国外的服务经验也有较大差别，例如香港的外国人是入香港籍的，而内地的并没有。因此，社工开展外国人服务全靠"摸着石头过河"。社工在开展服务的最终目标是什么？经济发展？文化共融？都没有一个符合中国国情的服务经验以供参考及指引。

（三）服务建议

（1）适当加大购买社工服务经验，加强社工服务管理，充分发挥社会组织作用。社会组织应与政府管理形成共识与合力，加强信息共享，作为外国人进入社区后有效管控力量的重要补充。在为外国人服务提供适切服务的基础上，更好地积累服务经验与数据，发现、探索外国人管理服务的更优、创新方案，协力实现平安友好社区。

加强社工服务管理，制定针对外国人的服务质量标准，并加强社工人才的培训，进而加强社工服务专业水平。

（2）为外国人提供适应性及发展性的服务，引导外国人在本地的正面行为。提升外国人的快速适应能力，主要包括信息获取能力、语言沟通能力以及基本生活技能（包括法律法规知识、生活、工作技能等）。扩展外国人本土社会支持网络，协调、平衡其获得的正式与非正式资源。在外国人的适应过程中进行正向导向，加强遵纪守法意识，认识并重视本地文化和社会规范。

（3）联动社区资源，为外国人服务提供各类支持。外国人的数量庞大、情况复杂、需求繁杂，而政府针对外国人服务的人力、物力、财力等有限，因此需要在社工服务过程中不断去联动各类社区资源为外国人提供服务。例如，组织各类义工服务、联动社区中医疗资源、动员外国人资源为贫困外国人提供资助等。

联动社区多方参与，营造社会多元化氛围，既能提升社区环境的外国人友好度，又能增强社区中外居民的社区归属感，促进社区多元共治。

（4）加强外国人相关研究，为国家制定各类政策提供参考。当前政府十分关注外国人管理，但针对外国人管理及服务并没有形成一个全面的系统，各项工作处于探索阶段。因此，不断地尝试各类管理及服务模式，通过服务中收集各类信息及数据，总结服务经验，制定成研究报告或案例册，能对国家制度针对外国人管理及服务的各类政策制定、服务管理方案的调整具有重要的参考意义。

第八章 医疗服务使用及评价状况

一 前言

国际流动人口指跨越国界的短期或不定期流动的人群。与移民相比，其在他国居留的时间相对较短（戴长征、王海滨，2009）。随着国际社会之间的联系日益加强，国际流动人口的数量也呈现快速增长的趋势（高祖贵、姚琨，2007）。据联合国估计，2013年居住在中国境内的外籍人士为84.85万人，近十多年的年均增长率为3.9%（Sautman，2012）。广州作为中国改革开放的前沿以及南方地区重要的贸易港口，也吸引了许多国际流动人口，尤其是来自发展中国家的人群（Bodomo，2010）。2014年统计数据显示，在广州市居住的外国人为11.8万人（腾讯大粤网，2014），2016年通过广州各口岸出入境的外国人共达550万人次。大量国际流动人口的流动，在推动经济发展的同时也带来了健康相关的问题（Lin，2015）。

一方面，有报道指出，虽然大多数国际流动人口相对年轻、健康，但高血压、高血脂在年轻人群中日趋普遍，且来自艾滋病、肺结核、被忽略的热带病（NTD）等疾病高流行地区的人群有无症状携带疾病的风险（McLaughlin，2014）。另一方面，国际流动人口在适应国外环境的过程中，往往面临语言障碍、经济困难、社会融入等诸多挑战，加上潜在的文化冲突、种族歧视等问题，使这一人群更容易出现不同程度的压力和心理健康问题。此外，由于不同国家疾病谱的不同，部分在其他国家流行的疾病如血吸虫病、疟疾等（McLaughlin，2014）目前在中国已较为罕见，大部分医生没有实际治疗经验，给国外患者的诊疗带来困难。

促进健康公平是我国医疗卫生改革的核心（Yip，2012），然而我国目前相关的措施主要针对国内人群。在全球流动人口加剧、全球化成为趋势、中国在全球化中的作用日趋重要的今天，来华外国人的健康问题、健康需求和我国卫生体系的应对是不容忽视的问题，但针对外国人健康问题的研究尚不多见（McLaughlin，2014；Hall）。目前，国内针对来华外国人健康问题的研究主要侧重在来华非洲人群，且以定性研究为主。

一方面，目前的研究缺乏外国人对个人健康、中国卫生服务现状评价的量化数据；另一方面，现有研究局限于非洲人群，而不同社会经济地位的人群对医疗卫生服务的利用、满意度可能存在差别（Wong W. C. W.，Ho P. S. Y.，Liang J. et al.，2014；Mclaughlin M. M.，Simonson L.，Zou X. et al.，2015），因此有必要对不同社会经济地位的来华外国人进行研究。因此，本书通过探讨来自不同收入水平国家外国人的健康状况、对中国医疗卫生服务的评价及其影响因素，旨在了解这一人群的基本健康水平和卫生服务可及性的现状，为未来改善外国人在华获取医疗资源服务方面的卫生决策提供依据。

二 对象和方法

（一）调查对象与方法

本调查在 2015 年 12 月 31 日到 2016 年 1 月 31 日期间开展，调查对象为这一时间在广州市公安局出入境管理支队办证大厅办理出入境证件的所有外国人。纳入标准：（1）年龄在 18 岁以上；（2）能够阅

第八章　医疗服务使用及评价状况

读中文、英语、法语等调查语言的至少其中一种；（3）经知情同意参加调查。调查共邀请1162人参加，收回有效问卷1146份，问卷有效率为98.6%。

调查在办证大厅内进行，调查对象在排队等候叫号时完成问卷调查。调查员为经过培训的中山大学社会学系研究生，在邀请调查对象、说明调查目的、强调调查的匿名性并获得知情同意后，通过电脑平板选择调查对象熟悉的语言，由调查对象自行完成问卷。在回答问卷过程中如有问题，由调查员进行解释说明。

（二）调查内容与统计分析

调查内容包括：（1）一般人口学特征：包括性别、年龄、文化程度、婚姻、国籍等；（2）融入中国情况：有无中文名、有无在中国接受教育、中文熟练程度、英文熟练程度等；（3）在华社交网络：认识的在广东的祖国人数、认识的在广东的中国人数、是否参加广州的商会或同乡会等；（4）来华情况：签证类型、来中国的次数、在中国累计时间；（5）医疗健康状况：自评健康程度、在华期间是否有过健康问题、有无医疗保险等；（6）对中国医疗服务的看法：对服务质量的评价、在华看病的方便程度、医护人员的服务态度、有无受到歧视等。

数据结果采用SPSS 21.0软件进行分析。按世界银行对国家收入水平的分类标准，将全部人群分为三个类别：低收入国家（Low Income Country，LIC）、中收入国家（Middle Income Country，MIC）和高收入国家（High Income Country，HIC）。统计学分析方法包括采用描述性统计方法对研究对象的特征进行描述，定量变量采用均数和标准差，定性变量采用频数和百分比；比较不同收入水平组间差异定量资料采用方差分析，定性资料采用卡方检验，若不满足上述两种方法应用条件的变量采用秩和检验进行分析；最后国际流动人口对中国医疗服务的评价的影响因素采用Logistic回归进行分析，检验水准$\alpha = 0.05$。

三　结　果

（一）健康情况和对中国医疗卫生服务的评价

如表 8-1 所示，大多数调查对象认为自己身体健康或非常健康（89.6%），自认为身体健康一般或差者只占 10.4%。来华以后大多健康状况没变化（65.8%），有 21.0% 的人在中国遇到过健康问题。LIC 组认为自己身体健康和来华后健康状况变好者较多、遇到健康问题者较少，HIC 人群则刚好相反，MIC 人群则介于两者之间。调查对象中 37.2% 明确自己在中国有医疗保险，有 13.7% 不知道自己有无保险，而 49.1% 的人明确在中国没有医疗保险。HIC 组的医疗保险拥有率较高（52.4%）。

表 8-1　来自不同收入水平国家的人群医疗健康情况

变量	low income 204（17.8%）	middle income 654（57.1%）	high income 288（25.1%）	all 1146	P
身体健康程度					
一般或差	13（6.5）	65（9.9）	41（14.2）	119（10.4）	<0.001b
健康	64（31.8）	274（41.9）	117（40.6）	455（39.8）	
非常健康	124（61.7）	315（48.2）	130（45.1）	569（49.8）	
来华以后，您的健康状况是否发生变化					
变差	15（7.5）	115（17.6）	57（19.8）	187（16.4）	<0.001a
没变化	135（67.2）	412（63.1）	204（70.8）	751（65.8）	
变好	51（25.4）	126（19.3）	27（9.4）	204（17.9）	
曾经在中国期间是否有过健康方面的问题					
否	182（89.2）	513（78.9）	207（71.9）	902（79.0）	<0.001b
是	22（10.8）	137（21.1）	81（28.1）	240（21.0）	

第八章 医疗服务使用及评价状况

续表

	low income	middle income	high income	all	P
	204（17.8%）	654（57.1%）	288（25.1%）	1146	
在中国期间，有无任何医疗保险保障您在中国的医疗支出					
否	117（57.6）	331（51.40）	108（37.8）	556（49.1）	<0.001c
是	68（33.5）	204（31.7）	150（52.4）	422（37.2）	
不知道	18（8.9）	109（16.9）	28（9.8）	155（13.7）	
您认为中国的医疗服务总体状况怎么样					
非常差	7（3.5）	21（3.3）	27（9.8）	55（4.9）	<0.001c
比较差	7（3.5）	36（5.6）	36（13.0）	79（7.1）	
一般	78（39.0）	278（43.4）	146（52.9）	402（45.0）	
比较好	66（33.0）	225（35.2）	57（20.7）	348（31.2）	
非常好	42（21.0）	80（12.5）	10（3.6）	132（11.8）	
如果您在中国期间有比较严重的健康问题，需要就医的情况下，您会选择					
回国治疗	64（32.2）	260（40.9）	120（42.1）	444（39.6）	0.094
在中国治疗	125（62.8）	334（52.5）	145（50.9）	604（53.9）	
其他	10（5.0）	42（6.6）	20（7.0）	72（6.4）	

注：检验水准为 $\alpha = 0.05$，两两比较时 $\alpha_1 = 0.0167$。

a 表示三组之间两两比较各不相同。

b 表示 low income 组和 middle income、high income 组之间有差别，但 middle income 组与 high income 组之间没有差别。

c 表示 low income 组与 high income、middle income 组之间都有差别，但 low income 组与 middle income 组之间没有差别。

对中国医疗服务的总体评价，认为非常差或比较差的人较少（12.0%）、认为一般的人占45.0%、认为比较好或者非常好的人占43.0%。HIC 组对中国医疗服务差评的人较多（22.8%），LIC、MIC 组则为7%和8.9%。有53.9%的人生病后会选择留在中国治疗、39.6%的人群选择回国治疗。

（二）在中国有健康问题者对中国医疗服务的看法

如表8-2所示，在华期间有过健康问题者对中国医疗服务的评价为较差、一般、较好的比例分别为 25.4%、41.2% 和 33.3%，其中 HIC 组和其他两组比较，更倾向于评价中国的医疗服务治疗较差 (35.4%)。对于在中国看病的方便程度、医护人员服务态度、治疗效果、看病价格、医疗水平、有无歧视，17.4%—47.1% 的调查对象给出负面评价，20.6%—41.7% 给出正面评价（见表 8-2），相对最高的负面评价是看病价格 (47.1%)，LIC 组更倾向于认为在中国看病较贵 (76.2%)。

表 8-2　在中国有健康问题者对中国医疗服务的看法 (n=240)

变量	low income 22 (10.8)	middle income 137 (21.1)	high income 81 (28.1)	all 240 (21.0)	P
如何评价中国的医疗服务质量					
差	2 (9.5)	28 (21.9)	28 (35.4)	58 (25.4)	0.013c
中等	10 (47.6)	51 (39.8)	33 (41.8)	94 (41.2)	
好	9 (42.9)	49 (38.3)	18 (22.8)	76 (33.3)	
在中国看病的方便程度					
差	5 (23.8)	31 (24.8)	33 (41.8)	69 (30.7)	0.205
中等	8 (38.1)	54 (43.2)	22 (27.8)	84 (37.3)	
好	8 (38.1)	40 (32)	24 (30.4)	72 (32.0)	
中国医护人员服务态度					
差	3 (15.0)	27 (21.4)	24 (30.4)	54 (24.0)	0.005
中等	4 (20.0)	46 (36.5)	34 (43.0)	84 (37.3)	
好	13 (65.0)	53 (42.1)	21 (26.6)	87 (38.7)	
中国医护人员的治疗效果					
差	1 (5.0)	23 (18.9)	21 (27.3)	45 (20.5)	0.051
中等	9 (45.0)	49 (40.2)	30 (39.0)	88 (40.2)	
好	10 (50.0)	50 (41)	26 (33.8)	86 (39.3)	
在中国看病的价格					
贵	16 (76.2)	56 (45.2)	33 (42.3)	105 (47.1)	0.002b
中等	5 (23.8)	43 (34.7)	24 (30.8)	72 (32.3)	
便宜	0 (0)	25 (20.2)	21 (26.9)	46 (20.6)	

续表

变量	low income	middle income	high income	all	P
	22 (10.8)	137 (21.1)	81 (28.1)	240 (21.0)	
对中国医疗水平的信心					
少或没有	4 (20.0)	36 (28.8)	31 (39.7)	71 (31.8)	0.05
中等	9 (45.0)	53 (42.4)	33 (42.3)	95 (42.6)	
多	7 (35.0)	36 (28.8)	14 (17.9)	57 (25.6)	
中国医护人员对您有无歧视					
少或没有	8 (40.0)	47 (38.8)	36 (46.8)	91 (41.7)	0.509
中等	8 (40.0)	51 (42.1)	30 (39.0)	89 (40.8)	
多	4 (20.0)	23 (19)	11 (14.3)	38 (17.4)	

注：检验水准为 $\alpha = 0.05$，两两比较时 $\alpha_1 = 0.0167$。

b 表示 low income 组和 middle income、high income 组之间有差别，但 middle income 组与 high income 组之间没有差别。

c 表示 high income 组和 low income、middle income 组之间有差别，但 low income 组与 middle income 组之间没有差别。

（三）医疗服务评价的单因素分析

如表 8-3 所示，以差评或一般为参照，单因素分析 Logistic 回归结果显示，在社会人口特征中，HIC 组相对于 LIC 组更倾向于认为中国的医疗服务较差（OR = 0.27，95% CI = 0.19—0.40），和亚洲人相比，非洲人更倾向于认为中国的医疗服务较好（OR = 2.07，95% CI = 1.56—2.74）。融入中国方面，有中文名字者、流利使用中文者更倾向于认为中国的医疗服务较差（OR = 0.75，95% CI = 0.59—0.95 和 OR = 0.49，95% CI = 0.31—0.77）；来华次数越多者认为中国的医疗服务较差（OR = 0.65，95% CI = 0.47—0.9）。在健康医疗相关变量方面，身体健康者、健康变好者更倾向于认为中国的医疗服务较好（OR = 2.26，95% CI = 1.47—3.49 和 OR = 4.25，95% CI = 2.77—6.51），在中国期间遇到健康问题者更倾向于认为中国的医疗服务较差（OR = 0.48，95% CI = 0.35—0.65）。

表8-3 来华外国人对中国医疗服务评价的单因素分析（n=1146）

变量	OR	95% CI	P
人口经济学特征			
性别			
男	Ref		
女	1.13	(0.86, 1.48)	0.393
年龄	1.00	(0.98, 1.01)	0.402
教育程度			
初中及以下	Ref		
高中	1.47	(0.80, 2.70)	0.212
大专及以上	0.96	(0.57, 1.64)	0.891
婚姻状况			
已婚	Ref		
同居/有固定伴侣	0.91	(0.57, 1.46)	0.707
单身	0.99	(0.77, 1.27)	0.922
国家类别			
低收入	Ref		
中收入	0.78	(0.56, 1.07)	0.118
高收入	0.27	(0.19, 0.40)	<0.001
国籍所在洲			
亚洲	Ref		
非洲	2.07	(1.56, 2.74)	<0.001
其他	1.08	(0.80, 1.45)	0.633
家乡状况			
大城市	Ref		
小城市	1.07	(0.83, 1.38)	0.587
农村	1.04	(0.63, 1.71)	0.885
融入中国情况			
是否有中文名			
否	Ref		
是	0.75	(0.59, 0.95)	0.016

第八章　医疗服务使用及评价状况

续表

变量	OR	95% CI	P
是否在中国接受教育			
否			
是	1.14	(0.90, 1.45)	0.279
对中文的熟练程度			
完全不懂	Ref		
掌握很少	0.88	(0.63, 1.23)	0.451
能应付日常生活	0.87	(0.60, 1.24)	0.433
流利	0.49	(0.31, 0.77)	0.002
除了母语之外，对英文的熟练程度			
完全不懂	Ref		
掌握很少	1.00	(0.45, 2.21)	0.989
能应付日常生活	1.02	(0.47, 2.19)	0.966
流利	1.20	(0.57, 2.53)	0.633
社会网络			
认识并且目前在广东的中国人数			
0—10 人	Ref		
11—50 人	0.92	(0.69, 1.23)	0.572
51—人及以上	0.99	(0.75, 1.32)	0.966
认识并且目前在广东的祖国人数			
0—10 人	Ref		
11—50 人	1.17	(0.88, 1.55)	0.277
51 人及以上	1.05	(0.77, 1.44)	0.746
是否参加过在广州的商会或同乡聚会			
否	Ref		
是	0.77	(0.56, 1.06)	0.105
来华相关情况			
签证类型			
Business Visa	Ref		
Work Visa	0.93	(0.62, 1.38)	0.702
Student Visa	0.81	(0.55, 1.21)	0.309
Crewmembe Visa	1.16	(0.79, 1.71)	0.447
Others	0.91	(0.56, 1.48)	0.712

续表

变量	OR	95% CI	P
第一次来中国的时间			
2005 年	Ref		
2006—2010 年	0.78	(0.53, 1.14)	0.198
2011 年以后	1.26	(0.91, 1.75)	0.172
来中国的次数			
1 次及以下	Ref		
2—5 次	0.81	(0.59, 1.11)	0.183
6—10 次	0.77	(0.51, 1.15)	0.202
11 次及以上	0.65	(0.47, 0.90)	0.008
在中国累计共待了多少时间			
0—6 个月	Ref		
7—12 个月	0.84	(0.56, 1.25)	0.388
13—60 个月	1.05	(0.75, 1.46)	0.785
61 个月及以上	0.94	(0.62, 1.41)	0.751
健康及医疗信息			
身体健康程度			
一般或差	Ref		
健康	1.65	(1.06, 2.56)	0.026
非常健康	2.26	(1.47, 3.49)	<0.001
来华以后，您的健康状况是否发生变化			
变差			
没变化	1.43	(1.02, 2.02)	0.041
变好	4.25	(2.77, 6.51)	<0.001
是否曾经在中国期间有过健康方面的问题			
否	Ref		
是	0.48	(0.35, 0.65)	<0.001

（四）医疗服务评价的多因素分析

对以上 P<0.05 的因素纳入 Logistic 回归中进行多因素分析（stepwise），结果如表 8-4 所示。来自 HIC 国家（OR=0.32，95%CI=

0.18—0.57）、中文流利程度越高（OR = 0.51，95% CI = 0.32—0.82）者更倾向于认为中国的医疗服务较差，而来自非洲和其他非亚洲国家（OR = 1.60，95% CI = 1.08—2.37）、自评身体非常健康者（OR = 2.05，95% CI = 1.29—3.27）则更倾向于认为中国的医疗服务较好。

表 8-4　来华外国人对中国医疗服务评价的多因素分析

变量	OR	95% CI	P
国家收入水平			
低收入	Ref		
中收入	1.11	(0.72, 1.71)	0.642
高收入	0.32	(0.18, 0.57)	<0.001
国籍所在洲			
亚洲	Ref		
非洲	1.60	(1.08, 2.37)	0.019
其他	1.75	(1.21, 2.51)	0.003
中文的熟练程度			
完全不懂	Ref		
掌握很少	0.87	(0.61, 1.24)	0.451
能应付日常生活	0.94	(0.64, 1.37)	0.73
流利	0.51	(0.32, 0.82)	0.005
身体健康程度			
一般或差	Ref		
健康	1.46	(0.91, 2.33)	0.116
非常健康	2.05	(1.29, 3.27)	0.002

四　讨论与结论

本次调查发现，入境广州的外国人所来自的国家数量众多（119个国家），其中来自中等及低收入国家的人群占大多数（75%），大部分为男性、目前单身、到中国的次数较多（大部分两次以上）、融入中国社会程度较好（约一半左右有中文名、在中国接受过教育），但中文的流利程度不高（10%左右）。尽管大部分调查对象自认为自己的健康程度较好，但他们当中有20%在中国期间有过健康方面的问题，且50%在中国没有医疗保险，提示这一人群对医疗卫生服务的潜在需求，以及在获得医疗卫生服务方面（语言、保险）的潜在问题。

在以往研究中，主要关注从不发达国家到发达国家的国际人口流动和健康问题，而本书则关注人口从高、中、低收入水平国家向发展中国家流动及其健康状况和对发展中国家医疗服务的评价。随着经济的快速发展，部分发展中国家（包括金砖国家等）作为人口输出国的同时也正在成为人口输入国（新华网，2016），因此，从全球范围来看，本书展示了在目前人口流动的趋势下，相比发达国家，发展中国家的国际流动人口在获取医疗服务方面的问题。在"南南合作"和中国"一带一路"倡议的背景下（Almeida L. M., Casanova C., Caldas J. et al., 2014），可以预期未来来华的国际流动人口有着增长的趋势，这一群体的流动无疑会带来医疗服务方面的需求。从促进健康公平性的角度，应在现有卫生服务的基础上采取措施，保障国际流动人口的健康权利，这将对推动"一带一路"及"南南合作"起到积极作用，同时有助于加强中国和其他国家在卫生领域的合作，是中国对全球卫生做出的贡献（McLaughlin，2014）。

调查的一个月内，119个国家的人员从广州入境中国，这提示来华国际流动人口的多样性。国家的多样性带来语言、文化、宗教等的多样性。如何面对这一个人群的健康相关需求是中国在国际化、全球化背景下要应对的挑战。通过文献回顾，国际流动人口普遍存在的健康相关问题是在获得医疗服务中受到语言、经济、文化差异、社会地位、当地的卫生政策等因素的影响（Rechel B., Mladovsky P., Devillé W., 2012）。来中国的外国人可能也面临这些问题，但目前国内对国际流动人口健康和卫生服务利用方面的研究较少，而且绝大多数以定性研究为主。

本书研究发现来华的外国人中不少人多次往返中国。频繁的国际

第八章 医疗服务使用及评价状况

流动使流动者容易受到环境等因素的影响或更容易暴露于健康危险因素中，加重其社会脆弱性，可能带来疾病传播的潜在风险（BorkHüffer）。因此，在加强入境和离境人员健康监测的同时，向外国人（尤其是没有保险者）提供便利的基本医疗服务非常重要。对中国的就医流程不熟悉、语言不通是外国人在中国就医中的具体困难，因此向外国人提供语言协助、提供明晰的就医流程指引和说明（如适合外国人的就医医院地址、看病流程、基本价格说明等），将有助于来华外国人在遇到健康问题后能够及时获得基本的医疗信息和及时的医学处理。

本书研究发现，所有调查对象中43%认为中国的医疗服务较好，尤其是来自低收入国家者（54.0%）；与此一致，分析对医疗服务评价的影响因素时，也发现来自中低收入国家者给予好评者较多，而来自高收入水平国家者则相反，这与其他研究的结果一致（Mclaughlin M. M., Simonson L., Zou X., et al., 2015），不同收入水平国家本身的医疗服务水平不同（Bork Hüffer, 2015），来自高医疗服务水平国家者基于其既往诊疗经历，对中国医疗服务有着更高的期望。文献中，中国居民对门诊服务满意者占76.5%、对住院服务满意者占67.2%（徐玲、孟群，2014），高于本书研究数据，提示针对来华外国人的医疗卫生服务亟待改进。在中国医疗资源有限、医患关系紧张的现状下，如何采取措施提高针对外国人的医疗服务质量，需要创新的思维：通过针对性研究发现目前服务中的症结所在并采取针对性措施；结合本地和外国人中的多方力量（如社区组织、志愿者），探索适合外国人的医疗服务模式；除了卫生部门，政府其他部门（如商务部门、外事部门）应加强对外国人医疗需求和服务的重视。

研究中发现，社会融入较好者（对中文的掌握程度高）对中国的医疗服务评价较低，这一发现与研究的预期相反。分析可能的原因包括：一方面，在中国就医的过程中对语言的要求较高，尤其医疗相关检查单、结果等均无英文说明，外国人自我评价流利的中文水平还不足以应对就医中的语言要求；另一方面，中国针对外国人的医疗服务尚不完善，融入中国社会较好者往往在中国时间更长、就诊体验更多、因而更强化就医中的不良体验。

所有人均应享有健康和医疗服务的权利。中国作为在全球卫生中承担越来越多国际责任的大国，在完善本国医疗卫生服务体系的同时，应该采取措施，完善面向外国人的医疗卫生服务。同时，中国作为全球主要的发展中国家，其针对国际流动人口医疗卫生服务的新举措也将为其他国家提供有益的示范和经验。

本书具有一定的局限性。首先，由于调查地点是广州市公安局出入境证件办证大厅，所以通过其他方式办理证件的外国人没有被包含在本书内，且本书的调查时间在12月至次年1月，研究结果外推时需要谨慎；其次，本书研究为横断面研究，研究结果只能反映关联而不能进行因果推论；再次，调查在公安部门的办证大厅完成，尽管研究前进行了充分的知情同意说明，研究对象仍可能因担心对自己的不良影响而存在报告偏倚；最后，本书研究对象为通过合法途径入境的外国人，与社区的外国人群可能存在一定差异。

随着中国对外合作的增强，来华的流动人口将不断增加，但目前中国对外国人的医疗卫生服务尚有不足之处，亟待进一步开展深入研究和服务模式的探讨，为制定相应的卫生决策来保障外国人在华获得良好的医疗卫生服务提供思路和依据。

第九章 来华高技术移民的社会融入机制探讨：基于国家流动、收入流动、文化涉入

一 研究背景

为什么要研究移民？研究高技术移民？研究来华高技术移民？人口的移动是几千年来人类历史的一部分，但是移民行为是在近代才开始出现的。在现代，国家成为占统治地位的组织，国家边界则成为规范移民行为的主要划分（Hans，2016）。国家出台法律法规去控制移民的进入、居住、工作情况。同时，移民也是塑造当代社会的关键过程之一，它改变了移民的生活，并且直接作用于移出社会与移入社会（Larissa，2016），移民深刻地影响了我们的世界。早些年，全球化的劳动力流动在很大程度上局限于跨国企业的内部劳动力市场。而现在，随着许多国家提供了独立的移民政策，技术移民有了独立进行移民的可能，同时也满足了这些国家对于技术劳动力的需求。自美国最早开始实行鼓励技术移民的移民政策以来，欧洲国家、俄罗斯、日本等国家也陆续展开了对于人才的争夺。

移民与全球化是不可分的，移民促成了全球化，同时，全球化也为移民行为带来了更为低廉的成本与更加便捷的方式，这使以往漫长历史中远不可能实现移民的个人有机会漂洋过海。经济全球化以及区域经济一体化使移民流动并非完全是从发展中国家向发达国家流动，

而是逐渐表现为一种相互流动的趋势（陈纪、孙雨，2016）。Gordon M.（2007）介绍了香港重庆大厦中的来自各个不发达经济体的移民，这些人是贸易贩子、非法移民、避难者等，他们在香港居住在重庆大厦这个"看似惊涛骇浪，实则混乱有序"的地方，实现着属于他们的低端全球化。同高技术移民相对，低技术移民也在移民中扮演了不可忽视的角色。国际移民呈现出移民类型多样化、移民方向多元化、移民结构多层次化等特点，其影响从经济领域向政治、文化、社会等领域多层次、多方位扩散，并直接影响到移民迁入国的民族组成和治国理念。

我国的人口红利与空窗期即将消失，未来中国社会将会像日本那样，逐步跨入老龄化社会，人口结构中老年人比重上升，而本国的年轻人则比重下降，对于劳动力人群有着不可替代的需求。Yasushi（2012）就对日本社会的人口结构和劳动力市场与移民进行了分析：本国年轻人受教育水平较高，同时本国劳动岗位多于劳动力，因此，以往的低端劳动力的岗位受到冷落，只能依靠引进受教育水平较低的移民来满足这一情况。美—墨移民也多为低技术移民，这里的低技术移民是指相对于移入国劳动力市场来说的。低技术移民与本国的高出生率、移入国的收入情况存在很大的关联（Hanson and McIntosh，2010，2012；Hanson, Liu and McIntosh, 2017）。移民的目的地选择与国家的经济水平，经济发展速度有着很大的关系，中国已经成为世界第二大经济体，并且每年保持了6.5%—6.8%的增速，与世界各个主要国家均存在着密切的经济联系。因此，进入中国的外国人数量持续增加是必然的趋势，在未来，外籍人员将是中国社会不可忽视的一部分。自美国掀起对于人才的抢夺战之后，西欧、日本、俄罗斯相继开始了对于引入技术人才的战争，政策优惠、鼓励的手段层出不穷，而中国在这一方面才开始起步，2018年9月即将成立的国家移民管理局为时未晚，仍待进步。

除人口与经济的未来考量之外，回到现实，中国已经成为最大的发展中国家的移民接收国，越来越多的外国人进入中国的社会，同中国人发生了千丝万缕的关系，也引发了诸多社会问题。更为重要的

第九章 来华高技术移民的社会融入机制探讨

是，中国时至今日仍然具备很强的排外性，民族主义与本土思维一以贯之。从东莞的传统加工、贴牌生产，到深圳的创新工厂，再到北上杭等沿海城市的商政交流，中国在短短几十年走过了西方几百年的国际化道路。从某种意义上讲，外商外资外籍人士带来的不仅仅是机遇，更是一种民族性的焦虑。我们应该思考，中国在当今世界上应该起到怎样的作用，中国人应该如何在自己的土地上自处？几千年来，汉民族一直是一个包容性极强的民族，从最早的部落之战，到匈奴、契丹、沙陀、女真，汉民族逐渐融合了非常多的民族，才发展到今天的国家与社会阶段。正如几千年来的民族融入问题，今天的移民融入问题更加严峻，我们面对的是来自不同国家的人，其至还有来自其他国家的华人，如何让这些人妥善地融入中国社会，尽可能小地付出代价，使利大于弊，这个问题是移民迁移原因的下一步，更加艰深晦涩。

第六次人口普查显示，境外人员达到了102万人，除去港澳台人士，还有近60万人。外籍人士的进入、居住、未来再次来华是国家移民的主要活动，而当前对于这些活动的研究还很不足。庞大数字的外国人进入中国社会，他们对我们的社会起到如何的作用取决于他们同中国社会的联系是怎样的，是什么机制让他们对中国魂牵梦萦，流连忘返，而不是附骨之疽。这个问题看似遥远，但是笔者相信在不久的将来，现实所带给中国人的焦虑感会让整个民族去思考这一问题。别国经验告诉我们，盲目排外与盲目坚持文化多元主义都是不行的，如何让这些外来移民，特别是高价值的技术移民融入中国社会，产生正面作用，这是一个非常重要的问题。本书旨在探究外国技术移民融入中国的机制问题与可能性大小。

二 理论回顾与研究假设

移民行为代表了一种人类行为与社会环境的互动（Kimberlin，2009）。移民从一个社会进入到另一个社会，两个社会空间是完全不同的，相比而言，移民所进入的社会是更现代、更发达的社会（梁波、王海英，2010）。移民行为的因果机制研究非常丰富，并且历代学者先后提出了丰富的理论成果，比如推拉理论、双重劳动力市场理论（Massry，1995）、人力资本理论（Grubel and Scott，1966）、移民网络理论（Massey，1987）、累计因果理论（梁玉成，2013）等。移民潮在第二次世界大战以后实现了较大规模的跨国流动，世界经济急剧发展的数十年带来了繁荣的贸易与进出口产业，同时也促进了人口在国家间的流动，而且多为"南—北"之间的移民，即大批移民从发展中国家迁移到发达国家，这一过程是内嵌于过去世界经济的发展的，包括国际劳动力的分化（Salt，1988），国际城市中劳动市场的重建（Beaverstock，1994）和全球新经济的扩张（Xiang，2001）。

无论是站在事实的角度还是理论逻辑的角度，移民行为的因果机制研究的下一步都应该是大批他乡来客的融入机制研究。移民在进入一个国家后往往表现出不同的融入选择。不难理解，移民在到达接收国社会以后会存在融入或者隔离的多个选择，并且，这种选择往往是出于他们的主观选择，是他们在一个新的社会的生存策略。并且，笔者也注意到相当一部分针对移民接收国的研究其研究对象均为发达国家，而中国是一个发展中国家，因此对于国外学者所提出的理论需要持审慎与疑问的态度去对待。

移入（integration）是指移民对接收社会的社会与文化准则的接受，表现为移民保留了自己的母国文化与生活习惯，同时又与移入国社会产生了不可忽视的联系，绝非抛弃一方而选择另一方。而隔离则表现为移民保持了原有国家的价值与文化，而没有进入接收国家的社会环境（Kimberlin，2009）。D. Barbara 发现苏联犹太人移民到德国之后，其中一部分犹太人没有放弃俄语系的社会关系网络，从而与德国的犹太社会隔离；R. Larissa 发现移民到以色列的俄罗斯建构出了自己族群特征的飞地经济社区，拥有着自己的劳动力市场、消费服务体系、社会与媒体网络。可见，移民在达到接收国家之后存在移入与隔离、接受与拒绝的选择，同时，不同的社会在其选择之上也施加了不同的影响，比如流入地国家的移民就业、社会福利与保障、社会救

第九章 来华高技术移民的社会融入机制探讨

助、社会歧视等（梁波，王海英，2010）。真实的社会融入情况（integration）则是移入与隔离综合作用的结果。

西方移民学者对于移民融入的理论进行了梳理（Chris Lee，2009），融入理论最早只是带着种族中心主义与傲慢态度的学说，认为所有人都要路径单一化地实现社会融入（assimilation）。后来移民融入理论由古典理论发展到了现代理论，现代移民融入理论认为移民的融入的影响力来自两个方面：一是近端的组织或者个人层面；二是末端的社会结构层面。梁波、王海英（2010）指出社会融入是移民在进入一个发达国家之后必然与该国家的现代社会生产体系和现代性的社会互动规范发生联系，最终成为适应新社会生活的社会成员，即社会融合，同时，二人回顾了戈登的二维度模型，杨塔—格斯的三维度模型，恩泽格尔的四维度模型。但是这三种模型归根结底还是基于结构—行动的，移民所面临的经济与社会环境的融入成为结构性因素，而移民所面临的政治与文化融入选择成为个人能动的选择因素。研究在这种结构—行动的大的框架下进行讨论。在现代移民融入理论中，Portes 和 Zhou（1993）介绍了分段同化理论，这种理论认为移民分为很多个不同的群体，不同的群体其融入情况是不同的，而这取决于更大的社会环境，即社会结构。社会环境影响了一个个体的群体适应和行为，往往一个群体或者个体只适应社会的一部分。Bean、Stevens 和 Wierzbicki（2003）指出了分群体的融入的结果，在西方视角下最普遍的融入是对中产阶级白人群体的融入；此外，还会分化为向下的消极融入，移民进入穷困阶层；以及向上流动，同时仍然保持着移民本身的价值观。

中国是发展中国家，种种社会情况不同于西方情景，来中国的移民其融入的实际结果不会像现代移民融入理论中所阐述的那样，需要发挥社会学的想象力，摆脱欧洲中心主义的理论视角，重新定义。借此提出第一组假设，即区分国家发展水平之下的居住成本假设和社会认同假设。

居住成本假设：来自不同国家的高技术移民在中国所愿意付出的居住成本是不同的，来自发达国家的技术移民愿意付出较高的居住成本，来维系本国人小范围的聚居，所以不倾向于融入中国社会。而来自发展中国家的技术移民在这方面投入较小，因此，同中国本地人口居住，倾向于融入中国社会。

社会认同假设：来自不同国家的高技术移民对于中国的社会认同是不同的，来自发达国家的技术移民对于中国的社会认同水平较低，本土意识强烈，因此，融入中国的积极性较低；而来自发展中国家的技术移民对于中国的社会认同水平较高，更倾向于融入中国社会。

站在结构—行动的宏观角度，按照布迪厄（1986）的划分，资本可以划分为经济、社会、文化、符号四种资本。技术移民相较于其他移民，其社会资本、文化资本为其提供了竞争性优势，帮助他们更好地在目的地国家定居，融入（Bahn，2015）。学界多将资本的流动归分为代际内的流动和代际间的流动，站在这一分类框架下思考，移民的流动同其本身所携带的流动是不可分的，移民的流动包含着经济资本，如收入的流动，同时包含着文化资本，如文化距离与文化震撼、文化融入与文化隔离的现实情况。移民所携带以及所能获取的资本成为移民行为在两个社会之间权衡的砝码，决定了移民行为的走向。

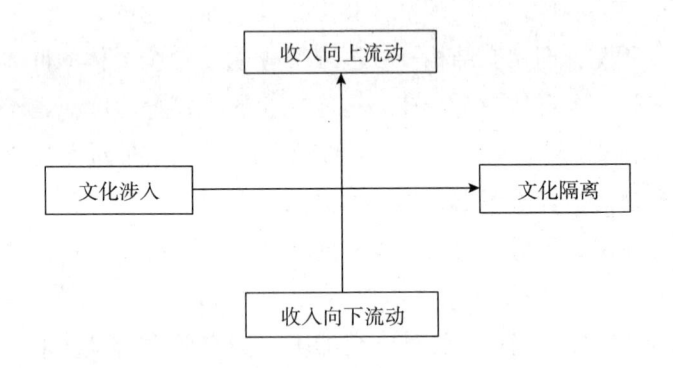

图 9-1 外国人融入社会空间

站在行动—结构的微观角度，Tseng（2011）认为在移民的迁移过程中，移民对一座城市的经济与文化的认知与社会关系的联系对于其迁移与定居的决策与实践来说是至关重要的。除去顶尖移民，绝大多数移民都要在当地站稳脚跟。另外，技术移民相比起其他移民，在

第九章　来华高技术移民的社会融入机制探讨 ◆

计划返回与继续迁移上有更强的能动性（Ajay and Clara，2017）。技术移民可转换的技能设定与多元的工作经历使他们有许多机会迁移，这种迁移可以是独立的迁移，为了寻求自我的实现与家人的更好的生活环境（Kōu, A. and A. Bailey，2014.），也可以是跨国公司内部为了在某个地方设立新的企业与子公司的需要，出于内部劳动市场需求而进行的迁移（Duysters, Cloodt and Jacob，2015）。甚至说，发展中国家在引进人才的过程中为了吸引人才，针对个人去设立岗位，从而实现了技术移民的迁移（Patra, Swapan and Venni，2015）。因此，可以发现技术移民的迁移与否相当程度上由经济动机所决定，而技术移民在接受社会的融入情况则是由文化因素起作用的。移民的文化接触又相当程度上由其职业性质所决定，举个例子，从事咨询行业的技术移民一定不同于从事高科技技术服务的技术移民，两者对于中国社会的了解程度是不一样的，自然在做融入决策时候也会有不同的考量。技术移民与文化资本有着分不开的关系，不可否认，技术移民的制度化文化资本都是优于常人的，其教育水平、学历证书、工作经验都高于平均水平。但是，技术移民在自我文化资本与个人惯习方面有着很大的差异，这表现为语言水平、生活方式等。这些既是一个技术移民融入接收国社会的原因，也是一个技术移民融入接收国社会的表现。同时，应该注意到，文化资本不等于文化。一个人的文化资本与他的文化际遇是不同的。因此提出收入流动假设与文化涉入假设。

收入流动假设：技术移民来到中国，中国所提供给他的社会地位越高，其收入上升幅度越大，那么他就越愿意融入中国社会。反之，如果技术移民来到中国，中国社会所提供给他的收入不足以使他发生大幅度的上升流动，那么他融入中国社会的意愿是比较低的。

技术移民来到中国，其与中国社会发生联系的机会是不同的，这一点受制于职业种类、社会地位等，这就影响了技术移民对于中国本土文化的涉入情况。上文提到，汉民族文化是一种融合性极强的文化。因此提出文化涉入假设：技术移民来到中国，其与中国文化接触得越多，融入中国的意愿与可能性就越大。反之，如果技术移民来到中国，无须与中国文化发生接触，反而产生排外效应，会迫使其离开中国。

三 初步探索与现实情况

研究对问题进行了初步的探索,选择"来华技术移民的签证种类""来华后月收入情况""考虑向中国移民的意愿""在中国居留的倾向"四项数据变量进行描述性统计,对来华技术移民的基本情况进行探索。

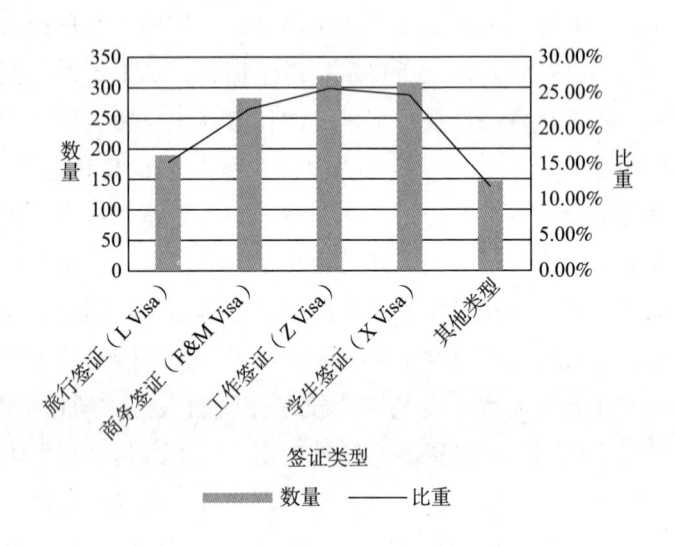

图 9-2 来华技术移民签证类型

通过对数据中来华技术移民的签证类型和月收入对数进行统计,研究发现来华技术移民中88%的人都持有旅行、商务、工作、学生四种类型的签证,在其他类型的签证占比中,居民签证占7%。签证类型的数据说明来华技术移民具有极强的经济色彩,来中国是出于商业或者工作的需要,学生签证的比重大也说明了我国目前的教育可以提供给来华技术移民良好的人力资本,这一部分技术移民出于人力资本的考量而选择了学生签证。同时,研究也考察了来华技术移民在来到中国之后的收入分布,通过图 9-3 可以发现,他们的月收入对数呈

第九章 来华高技术移民的社会融入机制探讨

反比例分布，收入越高的人数量越少，结合收入分布的正态分布曲线分析，高技术移民的收入居于正态分布曲线的右侧，即从中间水平的收入向高收入过渡。

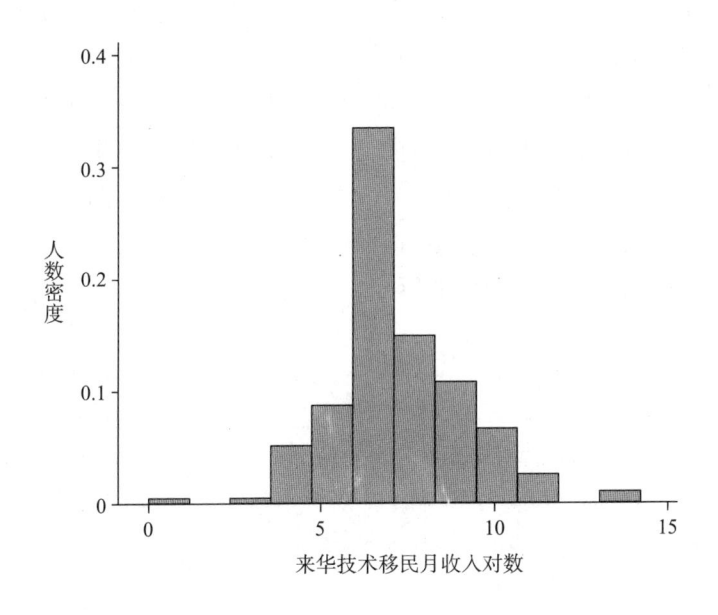

图9-3 技术移民来华后的月收入分布

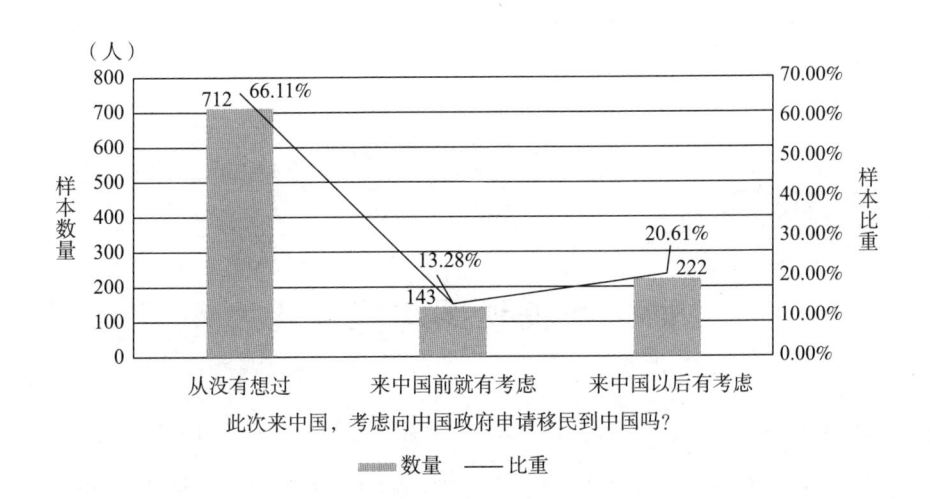

图9-4 考虑向中国移民的意愿回答

研究通过对"您是否考虑向中国移民"以及通过对"在中国社会融入进行考察",发现"来中国前或者来中国后才有考虑过移民"的回答仅占33.89%,而图9-5表明"希望尽可能多地待在中国"以及"希望永久停留在中国"的技术移民却占到了77.10%。这种看似矛盾的回答实则不矛盾,技术移民移民到中国的决策受到了中国政府的政策影响,而中国社会本身具备极大的潜力与吸引力,因此,他们愿意在中国尽可能多停留一段时间。综上所述,研究初步发现了大部分来华技术移民保持了较高的停留意愿,甚至三分之一的人考虑过移民到中国。这表明中国正在逐渐走向移民接收国,同时,研究需要探究使技术移民愿意融入中国的原因。

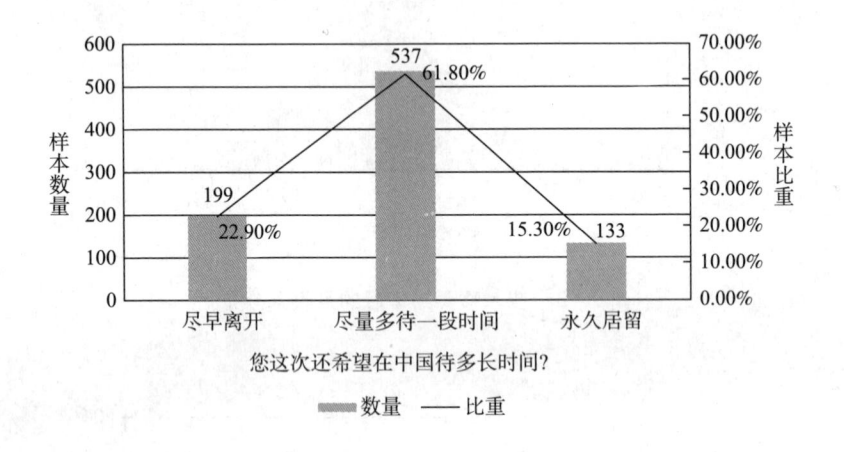

图9-5 在中国居留的倾向

四 数据说明与操作化

本篇研究的数据来源于中山大学社会调查中心2016年进行的《在华生活工作的外国人调查》(Survey on Foreign Residents in China)数据。这份数据的收集连续进行了3年,从最初的广州扩展到了广州、长春等地,是国内为数不多的以在华外国人为调查对象的数据调

第九章 来华高技术移民的社会融入机制探讨

查。2016年的移民数据收集2318名在广外国人的数据,这些外国人分布于广州的11个区县,数据所调查的方面包括个人基本情况、第一次来华的情况、此次来华的情况、目前的居住情况、在中国的生活、与家乡的联系、个人观念与态度以及健康医疗情况八个方面。移民来华的原因机制早已被探索(梁玉成,2013),与此同时,移民的社会融入问题也紧接着被提出:来华外国人来到中国之后是否实现了社会融入?他们的社会融入情况是怎样的?是什么导致了其社会融入?这些问题一直没有定论,本书旨在回答这些问题。

操作化方面,笔者使用了2016年外国人调查中的数个变量以满足假设,其中最具讨论空间的观点在于社会融入这一变量的操作化上。有关社会融入的使用定量研究方法的研究主要集中在国内的流动人口研究上,比如说第一代农民工与第二代农民工进入城市的社会融入问题。从社会融入的概念厘定(杨菊华,2009)开始,社会融入就一直是一个饱受争议的操作化概念,相关学者都认为社会融入是一个综合性的概念,包括经济整合、行为适应、文化接纳以及身份认同(杨菊华,2010)。学术界是认同这一概念拆解的,对于社会融入的讨论集中在社会融入的不同测量指标的讨论上(李培林、田丰,2012),但是对于社会融入的讨论情景一直都维系在国内城乡之间的流动人口上,其探讨的问题本质在于农村人口,比如农民工,他们怎样才能实现和城镇人口一样的城市化问题。可以说,是这一研究对象决定了测量的指标。同为劳动力,来华外国人特别是技术移民同样带有"劳动力"的色彩,存在着"本土化"的问题。2016年的调查数据显示在1565个样本的签证类型中,743个样本的签证类型是商务签证和工作签证,占比达到47.48%。近半的比重说明在来华技术移民中相当一部分都是为了谋求职业发展或者工作需要进入中国的,这部分技术移民与第一代、第二代农民工一样,作为劳动力进入中国的劳动力市场,但是不同的地方在于技术移民由于本身较高的人力资本,其进入中国社会的起点要高于农民工群体。因此,本书研究的社会融入的操作化与城乡流动人群的社会融入的操作化是不同的。

变量的选取上,笔者针对不同的假设选择相应的变量。在初始模型中,选择性别、年龄、国籍、婚姻状况以及是否在中国接受过教育作为人口学基本变量。之所以选择国籍和是否在中国接受过教育作为基本的人口学变量,是因为移民特别是技术移民,其本身最基本的迁移特征与他本身来自的国家是分不开的,其对于中国社会的社会融入与其来自的国家密切相关。一个来自美国的技术移民与一个来自越南的技术移民在移入中国的决策中行动一定是不同的。而在教育变量的选取上,笔者则选择了"是否在中国接受过教育",而不是一般定量研究中所采用的教育程度变量,这是由研究问题所限定的,笔者所研究的技术移民是指具有大学(大专)及以上学历的移民,在近两千五百名的样本中,受教育程度均为问卷调查中的"5",即最高的受教育程度,因此,这一变量对于研究问题来说是一个常量,而非变量,因此舍这一定序变量而选择"是否在中国接受过教育"这一定类变量。

表9-1　　　　　　　　　人口学变量的描述性统计

变量名称	类别	样本类别数量	样本数量占比	样本总数
性别	男	1027	76.99%	1334
	女	307	23.01%	
国籍	发达国家	337	25.41%	1326
	发展中国家	989	74.58%	
年龄	最大值	74		1300
	最小值	18		
	平均值	32.56		
是否在中国接受过教育	是	528	39.79%	1327
	否	799	60.21%	
婚姻状况	已婚	559	43.27%	1292
	同居、伴侣	94	7.28%	
	单身	639	49.46%	

在解释变量方面,针对不同的假设,笔者选择了相应的变量来对"国家流动变量""收入流动""文化涉入"进行测量。国家流动假设中,所涉及的变量主要有在华生活成本,包括居住成本。社会认同方面

第九章　来华高技术移民的社会融入机制探讨

则选取了"是否对中国的未来充满信心""是否对在中国的收入充满信心"进行测量。收入流动假设的测量则简单许多,对来华技术移民的"此次来华前的月收入"以及"来华后平均每月能赚多少钱"进行测量,取收入的差的对数。文化涉入是指高技术移民来华后对于中国文化以及文化活动的掌握、开展情况。研究选择"对中文的掌握程度""对英文的掌握程度""参加兴趣群体的频率"以及"参加志愿者群体的频率"作为测量指标。通过对这些变量的选取,来满足研究假设的需要。

表9-2　　　　　　　解释变量的描述性统计

变量名称	操作化所涉及的具体变量	统计值类别	数值	样本数量
居住成本	平均每月总的花费	最小值	1	794
		最大值	124	
		平均值	55.34	
	平均每月房租水电的花费	最小值	1	702
		最大值	107	
		平均值	51.82	
社会认同	对在中国的未来收入有信心吗	最小值	1	985
		最大值	5	
		平均值	2.39	
	对中国的未来有信心吗	最小值	1	955
		最大值	5	
		平均值	2.14	
收入流动	第一次来中国前的收入	最小值	0	499
		最大值	300000	
		平均值	4821.95	
	此次来华前的月收入	最小值	0	632
		最大值	200000	
		平均值	5686.36	
	来华后平均每月挣多少钱	最小值	0	436
		最大值	1500000	
		平均值	11074.5	

续表

变量名称	操作化所涉及的具体变量	统计值类别	数值	样本数量
文化涉入	对中文的掌握程度	最小值	1	1198
		最大值	4	
		平均值	2.38	
	对英文的掌握程度	最小值	1	1248
		最大值	4	
		平均值	3.45	
	是否参加兴趣群体聚会	是	227	22.21%	1022
		否	795	77.79%	
	是否参加志愿者聚会	是	166	16.26%	1021
		否	855	83.74%	

在因变量"社会融入"的选择上，研究没有采取城乡流动人口的社会融入的传统研究方式：即生成关于经济整合、行为适应、文化接纳、身份认同的相关因子。技术移民的社会融入与流动人口的社会融入不同，正如梁玉成、刘河庆（2016）指出，发达国家中的外国移民多从事本国人从事较少的低端职业，较为常见，因此给人造成一种移民较多的假象。同样道理，我国外国移民在某些领域嵌入较少，给人造成一种外国移民很少的假象。无论这种现象是不是真的，来到中国的外国移民的确没有介入到各个领域，我国作为移民接受国的角色仍处在初始的阶段，而城乡流动人口在改革开放之后就已经陆续开始，此类流动与社会融入较为成熟。因此，此项研究无法做到因子生成（杨菊华，2010；李培林、田丰，2012）。研究在因变量的选择上选取了"您此次还希望在中国待多长时间"这一定序变量作为因变量，借此来反映技术移民对于中国的社会融入。通过对此项变量的描述性统计，研究发现，六成的来华技术移民希望可以尽可能地在中国多待一段时间，如此也可以在某种方面反映出技术移民的确是在一定程度上保持社会融入的。

表 9-3　　　　　　　因变量的描述性统计

变量名称	变量类别	样本数量	数量占比	样本总数
还希望在中国待多长时间	尽早离开	199	22.90%	869
	尽量多待一段时间	537	61.80%	
	永久居留	133	15.30%	

五　实证分析结果与讨论

（一）国家流动假设的实证结果

研究认为来自发展中国家与发达国家的移民会在融入中国社会的决策上采取不同的决策，但是国家变量只能作为一个控制变量，因为没有移民会在决定是否移民这一问题上考虑自己来自哪种国家，要加入哪种国家。因此，研究在采用嵌套模型的基础上，对每一个模型进行了国家变量的区分，分成了发达国家和发展中国家。

统观模型 1—4 的人口学变量情况，在发达国家与发展中国家的移民中，男性比女性更愿意在中国多待一段时间，同时考察婚姻情况变量，已婚技术移民相比单身，更愿意在中国待一段时间，单身技术移民的流动性较大，这一点在发达国家或者发展中国家的技术移民中是没有区别的。在是否在中国接受过教育的问题上，来自发达国家与发展中国家的技术移民存在区别，发展中国家的技术移民如果接受过中国的教育，其融入中国社会的意愿更为强烈，但是发达国家的技术移民则不显著。年龄无论是对于发达国家还是发展中国家都不显著，可见，年龄在移民选择融入中国的过程中并非关键。

解释变量方面，研究选择来华外国人的房租水电与生活总成本作为解释变量（见表 9-4），它们的相关性为 -0.022，共线性较弱。这一组嵌套模型仅有模型 2 中的发展中国家移民生活总花费显著，生活总花费越高,其在中国停留的意愿越强烈,研究认为这是因为生活总花费越高,其生活质量越高,来自发展中国家的移民可以获得更为良好的生活。房租水电这一解释变量则不显著,可见房租水电这一居住因素对于在华移民来说并不能构成停留的决策因素。在这一组嵌套模型中,研究发现模型的解释力并没有提升,反而有所下降,这说明"房租水电"所代表的居住成本和生活总成本并不是正确的解释变量,不能解释高技术移民社会融入的问题。

表9-4 "房租水电"变量与"生活成本"变量的相关性

	房租水电	生活总成本
房租水电	1	—
生活总成本	-0.022	1

在社会认同模型中(见表9-5),研究假设得以证实,即对中国的认同越高,在中国停留与融入中国的意愿就越强烈。研究所选择的变量"对在中国的收入的信心"与"对在中国社会的信心"具有较强的相关性,相关度是0.6007。因此研究没有选择嵌套模型,而是分别进行检验。

模型1发现,对在中国收入的信心越强的来华技术移民,越是有留在中国的意愿,不区分他们来自发展中国家还是发达国家。模型2则发现,对中国社会抱有信心越强的来自发展中国家的技术移民,留在中国的意愿就越强烈,但是来自发达国家的高技术移民在这一点上不显著。

来自两种发展程度不同的国家的技术移民都面临着在中国社会停留、融入中国社会的问题,但是在认同方面有差异。来自发达国家与发展中国家的技术移民在社会认同方面有着两组不同的逻辑。来自发达国家的技术移民看重收入,而来自发展中国家的技术移民不仅看重收入,还看重中国的社会其未来本身。他们之间的停留的决策逻辑存在差异。

第九章 来华高技术移民的社会融入机制探讨

表 9-5 发展中国家与发达国家的居住成本模型

变量	模型 1 发达国家 居留意愿	模型 1 发展中国家 居留意愿	模型 2 发达国家 居留意愿	模型 2 发展中国家 居留意愿	模型 3 发达国家 居留意愿	模型 3 发展中国家 居留意愿	模型 4 发达国家 居留意愿	模型 4 发展中国家 居留意愿
性别		-0.145**	-0.195*	-0.164**	-0.278**	-0.152**	-0.280**	-0.159**
年龄			0.0481*				0.0480	
年龄平方项			-0.000568*				-0.000541	
是否在中国接受过教育		-0.106**	-0.000196	-0.120*	0.0327	-0.130**		-0.134**
婚姻状况		-0.0871***	-0.112**	-0.0676*	-0.139**		-0.132**	
生活总花费	-0.0988**		0.00118	0.00167**				
房租水电						-0.000463		
常数	2.214***	2.669***	1.475**	2.670**	1.624**	2.712**	1.498**	2.529**
样本量	199	637	138	469	123	418	119	394
R^2	0.049	0.027	0.131	0.034	0.197	0.025	0.203	0.029

注：*** 表示 $p<0.01$，** 表示 $p<0.05$，* 表示 $p<0.1$。

表9-6　　　发展中国家与发达国家技术移民的社会认同模型

	模型1		模型2	
国家	发达国家	发展中国家	发达国家	发展中国家
变量	社会融入	社会融入	社会融入	社会融入
对在中国收入的信心	-0.0717*	-0.0400*		
对中国社会的信心			-0.0439	-0.0573**
常量	2.431***	3.024***	2.269***	2.943***
样本量	180	565	177	544
R^2	0.095	0.036	0.075	0.038

注：***表示$p<0.01$，**表示$p<0.05$，*表示$p<0.1$。

（二）收入流动假设的实证结果

在收入流动假设的验证中，研究选取了三个变量作为解释变量进行检验：第一次来华前的收入、此次来华前的收入、此次来华后的收入，并且生成了此次来华前后的收入变动定序变量，并且对这些定序变量都做了取对数处理。其中，这四个变量都保持了较强的相关性，其中此次来华后的月收入的对数与此次来华收入变动的对数具有较强的相关性；此次来华的月收入的对数与第一次来华前的收入的对数具有较强的相关性。

表9-7　　　检验收入流动假设的变量相关情况

	第一次来华前的收入的对数	此次来华前的月收入的对数	此次来华后的月收入的对数	此次来华收入变动的对数
第一次来华前的收入的对数	1			
此次来华前的月收入的对数	0.8537	1		
此次来华后的月收入的对数	0.6187	0.7	1	
此次来华收入变动的对数	0.3874	0.4278	0.9041	1

模型1与模型2均不显著。模型3中"此次来华后的月收入的对数"显著，同因变量呈正相关；模型4中"来华前后收入变动的对

第九章 来华高技术移民的社会融入机制探讨

数"显著,也同因变量呈正相关。在模型 5 中,加入了前面 4 个模型的解释变量,由于共线性,"此次来华后的月收入的对数"不再显著,仍然显著的变量是"来华前后收入变动的对数",且呈正相关。

假设 2 得以验证,即收入流动幅度越大,技术移民越愿意停留在中国,融入中国社会。并且,来华以后的月收入越高,停留在中国、融入中国社会的意愿越强。

表 9-8　　　　　　　　高技术移民的收入流动模型

变量	模型 1 社会融入	模型 2 社会融入	模型 3 社会融入	模型 4 社会融入	模型 5 社会融入
第一次来华前的月收入对数	0.0403				0.0232
此次来华前的月收入对数		0.0237			0.0628
此次来华后的月收入对数			0.0549**		-0.298
来华前后收入变动的对数				0.0628*	0.272**
常数	1.751***	2.173***	2.406***	4.210***	3.325**
样本量	337	442	324	101	76
R-squared	0.026	0.026	0.033	0.13	0.196

注：*** 表示 $p<0.01$, ** 表示 $p<0.05$, * 表示 $p<0.1$。

(三) 文化涉入假设的实证结果

在文化涉入假设中,研究选择了语言水平和日常文化活动作为指标来测量高技术移民的文化涉入假设。语言水平包括"中文水平""英文水平""参加兴趣群体"和"参加志愿者聚会"。在分组模型中,中文水平、参加兴趣群体、参加志愿者群体均显著。中文水平越高,融入中国社会的意愿就越强烈。参加过兴趣群体和志愿者聚会的比没参加过兴趣群体和志愿者聚会的人意愿更强烈。

在选取的 4 个解释变量中,"兴趣群体"与"志愿者群体"具有较强的共线性,相关程度达到了 0.4071,因此在模型 5 中仅有一个变量"志愿者群体"显著。而"中文水平"与"兴趣群体"和"志愿者群体"的相关程度达到了 -0.1612 和 -0.1444,处于较高的水平,因此，中文水平变量在模型5中也不显著。

表9-9 高技术移民的文化涉入模型

变量	模型1 社会融入	模型2 社会融入	模型3 社会融入	模型4 社会融入	模型5 社会融入
中文水平	0.0474*				0.0429
英文水平		-0.0247			-0.0249
参加兴趣群体			-0.106**		-0.0416
参加志愿者聚会				-0.165***	-0.159**
常数	2.283***	2.499***	2.759***	2.817***	2.793***
样本量	793	828	776	774	729
R^2	0.03	0.026	0.037	0.042	0.047

注：***表示$p<0.01$，**表示$p<0.05$，*表示$p<0.1$。

六 结论、不足与展望

本书研究显示，来华技术移民凭社会认同、在中国实现的收入流动和对中国文化的涉入而不断加深在中国融入的意愿。社会认同假设、收入流动假设、文化涉入假设得到验证，居住成本假设没有得到验证。

研究发现，发达国家与发展中国家的技术移民有着不同的逻辑机制：发达国家的技术移民更为看重收入，收入决定了他们是否在中国停留，并融入中国社会。发展中国家的技术移民更为看重整体中国社会的未来，以及在华所能实现的收入流动，因为他们担负着将收入寄回本国，供养家庭等责任。最后，文化因素会在技术移民的停留与融入决策上起作用。

中国仍然处于移民接受国的起步阶段，技术移民来到中国仍然是以经济考量为主。来自发达国家的技术移民更为纯粹，他们的停留与离开只取决于经济因素，而发展中国家的技术移民更为理性，他们会

第九章 来华高技术移民的社会融入机制探讨

考量中国的未来与生活质量从而决定是否真的融入中国社会。麦高登（2007）曾经指出中国在全球的低端全球化的位置，但是今天的中国在全球化体系中的位置迅速上升的同时，其移民接收国的位置越发凸显，已经成为来自发展中国家的技术移民的目标国。对此，我们应该提起关注，早日做出决策。

研究的不足在于对于数据的操作化处理上，研究选择"社会融入"作为指标来测量来华技术移民的社会融入情况，这一点在逻辑上不自恰。此外，研究对于技术移民的定义局限于受教育水平高的移民，忽视了移民所从事的职业的技术要求。研究在技术移民的操作化与因变量的操作化上存在误差。

在未来的研究中，研究者可以首先在操作化上进行改进，对技术移民、社会融入的测量有更好、更精确的指标；其次研究可以运用退步回归等统计方法，对解释变量的共线性进行发现并改进；最后研究者可以在技术移民的社会融入上做改进，社会融入研究的下一步除了应集中在移民本身对于社会的融入之外，还可以去探讨来自发展中国家的技术移民与来自发达国家的技术移民在中国居留、融入的逻辑的差异，这对于预测在中国居留的移民十分有帮助。

第十章 在穗外国人管理制度

一 引言

国际移民组织（IMO）于2013年在瑞士发布的《世界移民报告》[①]指出了一个值得注意的现象：从发达经济体向发展中经济体迁移的人群近年来快速增长，甚至开始左右相关领域的政策（IMO，2003）。这一报告特别指出，中国越来越成为具有吸引力的移民目的地国。报告显示，至2010年，中国共居住着超过68万外国人，与2000年前相比增长了35%；与2006年相比，在中国拥有居留许可的外国人增长了29%。报告指出，由于经济的飞速发展和人口结构的改变，中国能够对外来移民提供越来越高的薪酬，并由此成为越来越具有吸引力的移民目的地。这些来华的外籍人员中既包括来自发达经济体的移民，例如韩国、日本、中国港澳台地区及欧美国家，也包括来自朝鲜、越南、南亚与非洲这类发展中地区的流入者。与此同时，来自澳洲和北美的外籍华人也构成了在华外籍人员的一支重要力量（IMO，2003）。2008年北京奥运会和2010年上海世博会的顺利举办，更引起了外国人来华的热潮。2010年第六次人口普查关于在华外国人的最新数据显示，接受调查和统计的在华外国人已近60万人，来自世界五大洲的190多个国家。他们主要工作和生活在我国的中东部地区。

[①] World Migration Report, International Organization for Migration (IOM), 2013.

第十章　在穗外国人管理制度

　　大量外籍人口的进入为我国经济和社会发展带来了新的活力。然而，由于我国在过去很长一段时间内并非传统的移入国，无论在政府部门制定的停居留政策、管理机构设置，还是在民众对外国人的心理接纳、文化适应方面，都缺乏足够的准备和经验。2010年以后"三非"（非法入境、非法居留、非法就业）外国人数量的增加更是引发了大量社会问题。作为一个开放的大国、新崛起的移民目标地，我国迫切地需要对境内外籍人员进行有效管理、约束。2012年6月30日，新《中华人民共和国出境入境管理法》（以下简称《出入境管理法》）通过，次年7月1日生效。这部法律及时地为外国人管理手段提供了强有力的法律依据。自此，全国范围内对外国人的有效管理加强，"三非"外国人引发的社会问题也得到了显著控制。

　　基于我国目前的立法实践，《出入境管理法》是对在华外国人进行管控的最重要执法依据。相应地，对于在华外国人的管理职责主要是由公安机关出入境管理部门来承担的。随着经济和社会的发展，涉外事务愈加复杂化，外国人管理工作涉及的内容也愈加多元。由于我国至今尚无一部对外国移民的入境、居留、就业、社会保障、遣返、避难、入籍等内容进行完整规制的移民法，对外国人的管控往往只能基于具体职能部门针对某一事务确立的单一管理规定，缺乏高效率、全方位和一体化的机制，部门和部门之间难以形成有效的衔接。这为我国的涉外管理工作增加了难度。

　　广东作为我国外籍人员居住第一大省早已进入"全员涉外"的时代，省内各个职能部门承担着日益增长和多元化的涉外职责。广州毗邻港澳，海陆交通便利，商品贸易发达，是改革开放的前沿，吸引越来越多外国人前来投资、经商、就业、读书、旅游。他们在促进经济社会发展和对外交往的同时，也给社会治安和城市管理带来一系列新情况和新问题。广州市公安机关积极推进在穗外国人管理工作，其创新和探索走在全国的前列。本章将在介绍我国外国人管理法律法规的基础上，根据部门分类介绍广州市外国人管理制度。[①]

[①] 下文数字和信息除标注外，均由相关职能部门直接提供。

二 各职能部门及其工作内容介绍

在广州市，工作内容与外国人管理直接挂钩的职能部门，除市公安出入境管理支队以外，还包括市外事办公室、市人力与社会资源保障局下属的外国专家局、市政府侨务办公室、市边防检查总站和海关警察等众多单位。目前，本市相关部门工作依据的国家性法律法规除了《出入境管理法》外，还有《护照法》《国籍法》《中华人民共和国出境入境边防检查条例》《中华人民共和国外国人入境出境管理条例》及其实施细则、人力与社会资源保障部于2017年新修订的《外国人在中国就业管理规定》、公安部于2016年批复的《支持广东自贸区建设和创新驱动发展的16项出入境政策》及其他政策性规范文件。在省一级，为适应实际工作需要，各个职能部门还制定了其他行政法规和地方性法规，如《广东省华侨权益保护条例》《广东省外国专家局外国人来华工作许可服务指南（暂行）》等。

广州市公安提供的数据显示，2016年，经广州各口岸入境的外国人达269万人次，占全国总量的9.5%；在广州市有住宿登记记录的外国人224.7万人次，同比增加9.3%。广州市每天实有外国人约8万人，最多时（"广交会"期间）接近12万人。截至2017年4月25日，广州市共有在住外国人8.8万人；来自世界六大洲200多个国家和地区，其中亚洲国家占54.1%，非洲国家占17.0%，欧洲国家占11.5%，北美洲国家占11.5%，大洋洲国家占3.2%，南美洲国家占2.7%。前六位国家分别是韩国、日本、美国、印度、俄罗斯、加拿大。非洲国家人员1.1万人，占总数的14.8%，以尼日利亚、马里、埃及、刚果（金）和几内亚为主。广州市"三非"外国人比例较低。绝大多数来穗外国人为从事正常的经商、就业、学习、探亲、旅游、访问等活动人员，能够遵守我国出入境法律法规。以2015年为例，我市公安机关共查处的"三非"外国人仅约占来穗外国人总数的0.15%。而其中42.7%为疏忽大意造成的轻微非法居留（10日以内），仅予以警告。同期刑事拘留涉嫌犯罪的外国人仅约占来穗外国人总数的 0.005%。

(一) 广州市公安出入境部门

广州公安出入境部门承担着本市外国人管理的最主要职责。在新形势下，出入境部门积极应对现实挑战，主动联动其他部门，在全国率先构建了由党委政府领导、公安机关为主力军、45 个职能部门参与的"大外管"工作格局。全市外管形势总体平稳有序，受到公安部、外交部及省领导的高度肯定。国际移民组织总干事斯温 2015 年 8 月到登峰地区考察时，对广州外国人服务管理工作赞不绝口，并于同年 10 月邀请谢晓丹副市长赴瑞士出席国际移民对话会；2016 年 3 月，国际移民组织在广州举办了"移民和城市政策研讨会"；6 月，由公安部出入境管理局主办，国际移民组织和香港入境事务处协办的 2016 年国际边检论坛在广州举行；同月，中国顺利成为该组织的第 165 个成员国，这与广州作为观察中国移民管理窗口所做出的努力和取得的成绩是分不开的。这一工作格局架构主要包括：

(1) 政府层面联席会议。从 2003 年开始，构建了由党委政府领导、公安机关为主力军、45 个职能部门参与的广州市外国人管理工作联席会议机制，市、区党政分管政法、公安工作的领导为召集人。联席会议办公室设在市公安局，日常工作由公安出入境管理部门负责，有利于公安机关推动外国人管理工作开展。

(2) 公安机关内部四级外管机制。建立了市局、区分局、派出所、社区警务室四级外国人管理机制。一是建立专业队伍。组建了专群结合的广州市涉外综合执法队、翻译志愿者服务队、查处"三非"外国人专业队、外国人管理工作基层服务队的四支队伍，形成全警抓外管的多警联动的良好局面。二是建立培训平台。以战训队的形式，对重点派出所、社区民警和出入境部门的业务骨干分期分批全脱产培训，近两年共开办 30 期轮训了 1200 多名基层民警，基层外国人服务管理能力得到大力提升。三是构建翻译平台。与翻译机构签订合作框架协议，建立社会化翻译平台，有效解决涉外警务工作中的翻译问题。

在日常管理机制方面，针对来穗外国人不断增多，部分外国人与本市居民存在隔阂，融入社区困难，广州市警方建立了一套有效的基层管理模式，将管理和服务有效地结合起来。一是全面推广"全警涉外、等同管理"理念和包括外国人综合管理、散居管理、商贸管理、交通管理、学校管理、领馆安保管理的"1+6"模式，促进基层外管工作可持续、标准化发展。二是开展社区涉外警务工作。将外国人管理工作融入社区警务工作，在社区设置英、法、日、韩、阿拉伯等多语种宣传栏和提示牌匾，并定期组织中外联欢、家园共建等活动，使居住在社区的中外公民互相了解、理解、包容，减少涉外纠纷的发生。三是强化社区服务。通过召开座谈会、举行中外公民联欢会、举办主题中文演讲活动以及各种融洽中外关系的活动，为在穗外国人融入本土生活创造条件，促使在穗外国人更好地融入社区中，使守法外国人安居乐业。四是加大涉外宣传力度。汇编政府多个职能部门的涉外服务指南，印制了外国人在穗居住、就业、经商须知的多语种"温馨提示"宣传单张，在白云国际机场、火车东站等入境口岸和外国人聚居较多的社区、物业小区、高校中派发，做到家喻户晓。通过电视、电台、互联网、服务站、社区等多种渠道，向外国人宣传我国的文化、风俗、法律政策，让外国人了解中国、自觉遵守中国法律。

在整治非法入境人员方面，近年来，广州市按照"疏堵结合"的工作思路，加强对"三非"非洲国家人员的清理力度。一是先后成立了广州市涉外综合执法队、查处"三非"外国人专业队、外国人管理工作基层服务队。二是持续开展贯穿全年的系列专项行动，加强与佛山等周边城市的联动，建立涵盖交通、生活、经济、城际交界、综治五个领域的查处网络。加大对非法容留、雇用违法外国人的出租屋主、企业单位的处罚力度，规范他们与外国人之间的权利义务，实现依法管理。三是强力推进重点地区的清理整治，针对我市越秀区登峰地区涉外治安秩序复杂的具体情况，专门在该地区开展为期半年的综合整治工作，抽调70名警力组建查处"三非"外国人专业队，会同市局反恐、国保、治安、禁毒多警种配合在该地区开展联合整治打击。通过综合整治，登峰地区"三非"外国人明显减少，社会治安环境得到明显改善，整治工作取得明显成效。2013年以来，"三非"及犯罪非洲国家人员呈不断下降趋势，占来穗非洲国家人员总量比例下降了2倍多；出境非洲国家人员数均大于入境数，累计差额近2万人次，存量不断减少。

在签证证件办理方面，公安机关通过各种方式前移服务触角、简化服务流程，方便外籍人员更快捷地完成签证事宜。一是增开签证证件签发业务办理点，实现在"家门口"办证。经公安部和省公安厅授权，广州公安出入境部门在7个区开办外国人签证证件签发业务，辖内的企业、文教等单位可直接协助外国人在本地办理签证证件，辖内外国人也可直接在本地办理相应的签证证件。二是推进办证服务信息化，外国人可在网上申请签证。对于在穗高层次人才及有特殊需求外国人提供绿色通道，先后为在穗工作的近5000名外籍高层次人才签发2年以上工作类居留许可。三是方便本市企业邀请外国人，帮助有需求紧急来华的外国人能直接在口岸申请签证入境。按照上级部署，本市大力开展口岸签证邀请单位备案登记，目前已登记备案单位1100多家，占全省备案单位一半以上，位居全省第一位。

（二）市外国专家局

市外国专家局（以下简称外专局）隶属于市人力与社会资源保障局，主要工作职责是负责国（境）外智力来华的吸引、认定和管理工作。其中重要职责是根据《外国人来华工作许可服务指南》和《广东省外国专家局外国人来华工作许可服务指南（暂行）》颁发"外国人来华工作许可"。2017年4月1日起，经部分城市试点，新的"外国人来华工作许可制度"全面实施。依照这一修改后的规定，来华工作90日以上的外籍人员须凭所在地外专局发放的《中华人民共和国外国人工作许可通知》（以下简称《外国人工作许可通知》）和《中华人民共和国外国人工作许可证》（以下简称《外国人工作许可证》）办理相关签证和居留手续。这一管理体制将启动运行全国统一的外国人来华工作管理信息化系统，与外交部、公安部等部门建立信息共享互联机制,加强事中事后监管,探索建立在华工作外国人信用评定和使用制度,完善对在中国工作的外国人奖励制度。根据我国经济社会发展实际需求,对申请人具备的知识技能水平和在华贡献按照积分要素计分赋值,将来华外国人分为三类:外国高端人才(A类)、外国专业人才(B类)和其他外国人员(C类)。在发放就业许可时,A类无数量限制,B类根据市场需求限制,C类数量限制按国家有关规定执行。这一原则简称为"鼓励高端,控制一般,限制低端"。通过这一体制机制改革,能够促进外国人才引进数量、质量和结构更好地满足国家经济社会发展需要,破除现行外国人来华工作管理体制存在的职能交叉、管理多头、政出多门等诸多障碍。

外国人来华工作许可属中央事权,因此,相关事务需在国家外国专家局统一开发和部署的"外国人来华工作管理服务系统"办理。省、市外专局是受理机构。省外专局主要负责受理与审批中央和省属驻穗单位的申请;相应地,市外专局主要负责受理与审批本市单位的相应事项。2016年11月至2017年3月,广州成为国家外国专家局首批开展外国人来华工作许可制度试点工作的10个省市单位之一。自11月1日起,外国人来华工作管理服务系统向公众开放,同时《外国人工作许可证》正式启用。广州市外国专家局以外国人来华工作许可制度试点工作为契机,结合广州实际,着力推进外国人来穗工作服务水平。一是进一步优化审批流程。推行"一窗"受理,"一网"办理、"一号"管理。二是进一步压缩办理时限。广州市外国专家局严格按照时限办理,提高审批效率。三是进一步强化分类管理。对A类高端人才提供网上申请、网上受理"绿色通道",入境前无须提交纸质材料;其申请工作许可年龄限制可适当放宽,"无犯罪记录证明"采用承诺制。通过这些举措,外专局让来穗工作的外国人才充分感受到新政策带来的便利和快捷。

(三)市外事办公室

广州市人民政府外事办公室(以下简称市外办)经中华人民共和国外交部授予邀请特定外国人(例如特定国家和地区、现任官员、前政要）来华审批权限。这一工作内容主要包括对本市党政机关及企事业单位邀请外国人来华工作进行指导、监督和管理，审核并办理上述单位邀请外国人来华进行友好访问、科技、体育、会议、留学和进修培训等来访事宜，发出《被授权单位邀请函》。2016年，广州市外办共审批发放外国人来华签证函电1255批、1627人次，密切服务全市在经贸、文化、体育等方面对外交流的需求。

市外办的另一职责是做好本市范围内涉外服务。市外办坚持每季度召开广州市涉外安全工作会议，在外交部的领导下，指导全市各单位和各区开展涉外案（事）件处置工作，协调各国驻华使领馆向其提出的该国公民协助事项。近年来，伴随着广州国际交往的加强加深，为方便在穗外籍人士的工作和生活，市外办于2009年12月编制出版了《外国人在穗指南》（以下简称《指南》），并根据实际情况多次将《指南》进行修订，印制并分发至有关市直机关、外国驻穗机构、高等院校等单位，并运用新媒体客户端进一步扩大接受人群及影响力。市外办大力推动完善涉外服务环境方面的工作，以不同形式在全市开展《公共标志英文译法规范》学习、宣传和推广活动，并及时报送信息，加强对外国媒体舆情监控，每月出版一期《境外媒体涉穗报道摘要》，供市领导及相关部门参阅。

（四）市出入境边防检查总站

广州市出入境边防检查总站隶属于公安部直接领导，属正厅级建制，下辖七个正处级出入境边防检查站，依法担负着对广州行政区域内各级客运口岸、货运码头、船舶修（造）厂、临时对外开放码头和锚地的出入境人员及其行李物品、交通运输工具及其载运的货物实施边防检查及口岸限定区域管理任务。这一部门担负着国门管控的职责，权责重大，属于中央事权，其执法依据除相关法律法规以外，还需依据大量政策性规范文件。

广州出入境边防检查总站依法执法、严格把关，维护国家主权、安全和社会秩序。据统计，自2013年7月《出入境管理法》实施以来，共查处违法违规外国人近1.2万人，其中查获偷渡类外国人近

1700人，查处非法居留外国人6500余人，依法不准入境3900人，对身份不明外国人依法拘留审查6人次，有力打击了非法出入境活动，维护了出入境秩序。同时，广州出入境边防检查总站严格落实公安部各项便民措施，想方设法创新服务举措，不断提升服务能力和水平。一是不断优化执勤模式，简化通关手续，提高通关效率，确保95%以上的旅客候检时间不超过25分钟。二是针对白云机场口岸推出的24小时过境免办边检手续和72小时过境免签政策，主动配合相关职能部门进行宣传推介，促进地方旅游业和经济的发展。据统计，2016年白云机场共为4500名符合条件的外国旅客提供72小时过境免签服务。三是提供人性化服务，开设特别通道、生命绿色通道、国家及地方重大活动境外嘉宾专用通道等，为危难、特殊、境外参赛参会外国人等群体提供通关便利。

（五）市人民政府侨务办公室

广东是全国第一大侨乡。海外有超过3000万粤籍侨胞，占全国侨胞数量的一半以上。[①]"华侨"这一概念指尚未加入外籍但长期居于国外的中国公民，包括已取得居住国永久居民身份者。华侨仍保留中国公民身份，仍然受到中国国法律保护。外籍华人经批准恢复或取得中国国籍并依法办理来中国落户手续的，称为归侨。华侨、归侨的配偶、父母、子女及其配偶以及外籍华人在中国境内的有中国国籍的配偶，统称为侨眷。[②]广州市人民政府侨务办公室（简称市侨办）是广州市政府主管全市侨务工作的工作部门。

华侨、归侨和侨眷虽然绝大部分具有中国国籍，不属于外籍人员，但基于我国国情，涉侨事务同样属于涉外事务。广大华侨华人、归侨侨眷是我国经济社会发展的宝贵资源和重要力量，维护华侨权益工作同样任重道远。市侨办的主要职责包括对华侨、华人、港澳同胞及其社团的联谊和服务工作；会同有关部门做好侨务对台工作；华

[①] 信息来源：广东省政府网，http://www.gd.gov.cn/gdgk/sqgm/201805/t20180517_270449.htm。

[②] 概念解释参考国务院侨办《关于界定华侨外籍华人归侨侨眷身份的规定》。

第十章 在穗外国人管理制度

侨、华人、港澳同胞捐赠的审核和监督管理工作、指导、推动涉侨经济、引智引资、科技合作与交流工作，协调涉侨经济投诉工作；指导、推动涉侨宣传、文化交流、华文教育及海外华裔青少年夏令营工作；依法组织协调归侨、侨眷、华侨、华人在国内合法权益的维护工作；统筹协调有关部门和社会团体涉侨工作，配合有关部门研究处置涉侨突发事件；调查研究国内外侨情和侨务工作情况，向市委、市政府和上级侨务部门提供侨务信息，向涉侨部门通报侨务工作情况，组织开展侨务政策、理论和侨务工作重大问题的调查研究等。

由于目前的《出入境管理法》对华侨并没有明确的专门规定，涉侨事务的相关规定散见于各个法律法规之中。在广东省侨务办公室牵头努力下，《广东省华侨权益保护条例》（以下简称《条例》）于2015年7月通过，当年10月正式实施。《条例》共4章35条，对华侨的投资权益、捐赠权益、财产权益、社会保障权益、教育权益、计划生育权益、人身权益、政治权益八方面保护做了规定，基本涵盖了国家和广东省现行涉侨法律法规和政策的主要内容。这是全国第一部关于华侨权益保护的省级综合性地方法规。在立法过程中，对于是否将外籍华人纳入保护范围争议较大。市侨办认为，在海外华侨华人中，外籍华人数量庞大。他们在政治上有影响，社会上有地位，经济上有实力，专业上有造诣。外籍华人群体能够大大提升侨务工作的作用和意义。考虑到外籍华人与华侨毕竟存在国籍的区别，在法律上无法等同，市侨办在《条例》中做了技术处理，在"附则"中专设一条"参照执行"，明确除法律法规规定不可享有的特定权利外，外籍华人在本省的有关权益可以参照本条例执行。《条例》正式实施以来，市侨办积极与华侨华人互动，了解华侨华人心声，梳理解决执行过程中遇到的实际困难，积极配合相关部门共同探讨解决影响政策落地的"瓶颈"，以便更好地解决华侨权益保护工作中存在的突出问题，最大限度地凝聚发挥海外侨胞和归侨侨眷蕴藏的巨大力量。

参考文献

一　中文文献

陈纪、孙雨：《西方移民政策及其产生根源的理论观点综述》，《延边大学学报》（社会科学版）2016年第5期。

代帆：《近三十年中国人移民菲律宾原因探析》，《华侨华人历史研究》2010年第1期。

戴长征、王海滨：《国际人口流动中的反恐问题探析》，《中国人民大学学报》2009年第2期。

高祖贵、姚琨：《国际移民问题概况、影响及管理》，《国际资料信息》2007年第8期。

郭慧芳、罗稳怡：《一个市级专项项目服务如何定位》，《中国社会工作》2015年第21期。

韩松、杨春雷：《我国城镇居民非预期收入对消费影响的实证分析》，《经济理论与经济管理》2009年第6期。

李明欢：《20世纪西方国际移民理论》，《厦门大学学报》（哲学社会科学版）2000年第4期。

李明欢：《低端全球化：香港重庆大厦的隐喻》，《读书》2012年第10期。

李培林、田丰：《中国农民工社会融入的代际比较》，《社会》2012年第5期。

梁波、王海英：《国外移民社会融入研究综述》，《甘肃行政学院学报》2010年第2期。

梁玉成：《在广州的非洲裔移民行为的因果机制——累积因果视野下

的移民行为研究》,《社会学研究》2013年第1期。

梁玉成、刘河庆:《本地居民对外国移民的印象结构及其生产机制——一项针对广州本地居民与非洲裔移民的研究》,《江苏社会科学》2016年第2期。

麦高登:《香港重庆大厦》,华东师范大学出版社2015年版。

孙烨:《外籍人士的社会融入状况》,硕士学位论文,华东师范大学,2010年。

田慧:《非裔黑人社会融入障碍与社工介入研究》,硕士学位论文,吉林大学,2015年。

田凯:《关于农民工的城市适应性的调查分析与思考》,《社会科学研究》1995年第5期。

王处辉、孙晓冬:《分类融入:流动民工社会融合的能动选择与效果》,《南开大学学报》2015年第4期。

王宁:《消费行为的制度嵌入性——消费社会学的一个研究纲领》,《中山大学学报》(社会科学版)2008年第4期。

温国砫:《非洲商人在广州的社会融合度及其影响研究:基于移民适应理论的视角》,《改革与开放》2009年第5期。

徐玲、孟群:《第五次国家卫生服务调查结果之一——居民满意度》,《中国卫生信息管理杂志》2014年第2期。

杨菊华:《从隔离、选择融入到融合:流动人口社会融入问题的理论思考》,《人口研究》2009年第1期。

杨菊华:《流动人口在流入地社会融入的指标体系——基于社会融入理论的进一步研究》,《人口与经济》2010年第2期。

杨菊华:《中国流动人口的社会融入研究》,《中国社会科学》2015年第2期。

叶俊焘、钱文荣、米松华:《农民工城市融合路径及影响因素研究——基于三阶段Ordinal Logit模型的实证》,《浙江社会科学》2014年第4期。

张文宏、雷开春:《城市新移民社会融合的结构、现状与影响因素分析》,《社会学研究》2008年第5期。

张兆球、苏国安、陈锦汉:《活动程序计划、执行和评鉴》,香港城市大学出版社 1999 年版。

周大鸣、杨小柳:《浅层融入与深度区隔:广州韩国人的文化适应》,《民族研究》2014 年第 2 期。

周敏、林闽钢:《族裔资本与美国华人移民社区的转型》,《社会学研究》2004 年第 3 期。

朱秉渊:《在京韩国人及其社会融合状况》,硕士学位论文,山东大学,2013 年。

朱力:《论农民工阶层的城市适应》,《江海学刊》2002 年第 6 期。

朱力:《中外移民社会适应的差异性与共同性》,《南京社会科学》2011 年第 5 期。

二 英文文献

Alba, Richard & Nee, Victor, *Remaking the American Mainstream: Assimilation and Contemporary, Immigration*, Harvard University Press, 2009.

Almeida L. M., Casanova C., Caldas J. et al., "Migrant Women's Perceptions of Healthcare During Pregnancy and Early Motherhood: Addressing the Social Determinants of Health", *Journal of Immigrant and Minority Health*, 2014, 16 (4).

Bahn S., "Managing the Well-being of Temporary Skilled Migrants", *International Journal of Human Resource Management*, 2015, 26 (16).

Bailey A., Mulder C. H., "Highly Skilled Migration between the Global North and South: Gender, Life Courses and Institutions", *Journal of Ethnic and Migration Studies*, 16 (43).

Bernard W. S., "The Integration of Immigrants in the United States", *The International Migration Review*, 1967, 2 (1).

Bodomo A., "The African Trading Community in Guangzhou: An Emerging Bridge for Africa-China Relations", *The China Quarterly*, 2010, 203.

Bodomo, A., "The African Trading Community in Guangzhou: An Emerging Bridge for Africa – China Relations", *China Quarterly*, 2010 (203).

Chris Lee, "Sociological Theories of Immigration: Pathways to Integration for U. S. Immigrants", *Journal of Human Behavior in the Social Environment*, 2009, 19 (6).

Entzinger, Han & Biezeveld, Renske Laura, *Benchmarking in Immigrant Integration*, Erasmus University Rotterdam, 2003.

Gaillard J., Gaillard A. M., Krishna V. V., "Return from Migration and Circulation of Highly Educated People: The Never – ending Brain Drain", *Science Technology & Society*, 2015, 20 (3).

Gordon, Milton Myron, *Assimilation in American Life: The Role of Race, Religion, and National Origins*, Oxford University Press on Demand, 1964.

Hall, B. J. et al., "Africans in South China Face Social and Health Barriers", *The Lancet*, 12.383 (9925).

Hanson G., Liu C., Mcintosh C., "The Rise and Fall of U. S. Low – Skilled Immigration", *Brookings Papers on Economic Activity*, 2017 (1).

Haugen H., "Nigerians in China: A Second State of Immobility", *International Migration*, 2012, 50.

Hirschman, Charles, "America's Melting Pot Reconsidered", *Annual Review of Sociology*, 1983 (9).

Junger – Tas, Josine, "Ethnic Minorities, Social Integration and Crime", *European Journal on Criminal Policy and Research*, 2001, 9/1.

Kallen, Horace Meyer, *Culture and Democracy in the United States*, Transaction Publishers, 1970.

Kurki T., Masoud A., Niemi A. M., et al., "Integration Becoming Business: Marketisation of Integration Training for Immigrants", *European Educational Research Journal*, 2017 (4).

Lee J., J. Carling and P. Orrenius, "The International Migration Review at 50: Reflecting on Half a Century of International Migration Research and Looking Ahead", *International Migration Review*, 2014, 48.

Liang M., "Why Japan Isn't More Attractive to Highly – skilled Migrants", Morita, *Cogent Social Sciences*, 2017, 3 (1306952).

Lin, L. et al., "Health Care Experiences and Perceived Barriers to Health Care Access: A Qualitative Study Among African Migrants in Guangzhou, Guangdong Province, China", *Journal of Immigrant and Minority Health*, 2015, 17 (5).

Marston, Wilfred G. & Van Valey, Thomas L., "The Role of Residential Segregation in the Assimilation Process", *The Annals of the American Academy of Political and Social Science*, 1979, 441/1.

Massey D. S., Espinosa K. E., "What's Driving Mexico – U. S. Migration? A Theoretical, Empirical, and Policy Analysis", *American Journal of Sociology*, 1997, 102 (4).

Mathews G., "Chungking Mansions: A Center of 'Low – End Globalization'", *Ethnology*, 2007, 46 (2).

Mathews G., "Taking Copies from China Past Customs: Routines, Risks, and the Possibility of Catastrophe", *Journal of Borderlands Studies*, 2015, 30 (3) 5.

Mathews, Gordon, and Yang Yang, "How Africans Pursue Low – End Globalization in Hong Kong and Mainland China", *Journal of Current Chinese Affairs*, 2012, 41 (2).

McCann, T. V. et al., "Sub – Saharan African Migrant Youths' Help – seeking Barriers and Facilitators for Mental Health and Substance Use Problems: A Qualitative Study", *BMC Psychiatry*, 2016, 16 (1).

Mclaughlin M. M., Simonson L., Zou X. et al., "African Migrant Patients' Trust in Chinese Physicians: A Social Ecological Approach to Understanding Patient – Physician Trust", *PLOS ONE*, 2015, 10 (5).

McLaughlin, M. M. et al., "Improving Health Services for African Migrants in China: A Health Diplomacy Perspective", *Glob Public Health*, 2014, 9 (5).

Mérove Gijsberts, Jaco Dagevos, "The Socio-cultural Integration of Ethnic Minorities in the Netherlands: Identifying Neighbourhood Effects on Multiple Integration Outcomes", *Housing Studies*, 2007, 22 (5).

Oesch D., "What Explains High Unemployment Among Low-skilled Workers? Evidence from 21 OECD Countries", *European Journal of Industrial Relations*, 2010, 16 (1).

Pei-Chia Lan, "White Privilege, Language Capital and Cultural Ghettoisation: Western High-Skilled Migrants in Taiwan", *Journal of Ethnic & Migration Studies*, 2011, 37 (10).

Pieke F. N., "Immigrant China", *Modern China*, 2012, 38 (1).

Ramanujan Nadadur, "Illegal Immigration: A Positive Economic Contribution to the United States", *Journal of Ethnic & Migration Studies*, 2009, 35 (6).

Ratha, D. and Shaw, W., "South-South Migration and Remittances", *World Bank Working Paper*, No. 102, The World Bank, 2007.

Rechel B., Mladovsky P., Devillé W., "Monitoring Migrant Health in Europe: A Narrative Review of Data Collection Practices", *Health Policy*, 2012, 105 (1).

Riemsdijk M. V., "International Migration and Local Emplacement: Everyday Place-Making Practices of Skilled Migrants in Oslo, Norway", *Environment & Planning A*, 2014, 46 (4).

Sara E. Kimberlin., "Synthesizing Social Science Theories of Immigration", *Journal of Human Behavior in the Social Environment*, 2009, 19 (6).

Sautman, B., "Africans in China: A Sociocultural Study and Its Implications on Africa-China Relations", *China Quarterly*, 2012 (212).

Tabea Bork Hüffer, "Healthcare-Seeking Practices of African and Rural-to-Urban Migrants in Guangzhou", *Journal of Current Chinese Affairs*, 44 (4).

Thondhlana J., Madziva R., Mcgrath S., "Negotiating Employability: Migrant Capitals and Networking Strategies for Zimbabwean Highly Skilled

Migrants in the UK", *Sociological Review*, 2016, 64 (3).

Triandafyllidou A., Gropas R., "Voting with Their Feet: Highly Skilled Emigrants from Southern Europe", *American Behavioral Scientist*, 2014, 58 (12).

Yen Fen Tseng, "Shanghai Rush: Skilled Migrants in a Fantasy City", *Journal of Ethnic & Migration Studies*, 2011, 37 (5).

Yip, W. C. et al., "Early Appraisal of China's Huge and Complex Healthcare Reforms", *Lancet*, 2012, 379 (9818).

Zhigang Li, Laurence J. C. Ma, Desheng Xue, "An African Enclave in China: The Making of a New Transnational Urban Space", *Eurasian Geography & Economics*, 2009, 50 (6).

Zwysen W., Longhi S., "Employment and Earning Differences in the Early Career of Ethnic Minority British Graduates: The Importance of University Career, Parental Background and Area Characteristics", *Cream Discussion Paper*, 2017.